Tim LaHaye

SO VERSCHIEDEN — DOCH GLÜCKLICH VERHEIRATET

Tim LaHaye

So verschieden — doch glücklich verheiratet

Leuchter-Verlag eG · 6106 Erzhausen

Titel der Originalausgabe:
I LOVE YOU, BUT WHY ARE WE SO DIFFERENT
Übersetzung: Karl Schanz
Umschlaggestaltung: Frank Decker

1. Auflage: Juni 1992

ISBN 3-87482-158-7

Gesamtherstellung: Schönbach-Druck GmbH

IM GEDENKEN

an Nia Jones vom Zondervan Publishing House,
die mich ermutigte, dieses Buch zu schreiben.
Während der Fertigstellung
dieser Publikation ist sie durch einen tragischen Unfall
von uns genommen worden und ist nun beim Herrn.
Den Hinterbliebenen, ihrem Mann Donald
und ihren Kindern Sabrina, Nicholas und Adam,
wünsche ich viel Trost und den besonderen Segen des Herrn.

WIDMUNG

Dieses Buch ist Dr. Henry Brandt gewidmet,
der als einer der ersten christlichen Psychologen
es sich zur Aufgabe machte,
die Grundlagen der Psychologie am Wort Gottes auszurichten.
Er wies mir nicht nur den Weg
zu einem geisterfüllten Leben — mit seinen Auswirkungen
auch auf die Beziehung zu meiner Frau Beverly —,
sondern machte mich auch mit den biblischen Prinzipien
der Seelsorge bekannt. Er ist eine der drei Personen,
die den größten Einfluß auf unser Leben hatten.
Und wir sind kein Einzelfall.
Dr. Brandt wurde Tausenden von Christen
im In- und Ausland zum Segen.

INHALTSVERZEICHNIS

ZWEI ARTEN, ETWAS ZU TUN

Wenn es zwei Arten gibt, etwas zu tun, wählt meine Frau bestimmt die eine und ich die andere.

Meine Frau fährt immer so früh ab, daß sie Zeit übrig hat, während ich es immer auf die letzte Minute ankommen lasse.

Meine Frau fährt immer weit unter der erlaubten Höchstgeschwindigkeit, während ich, wenn ich nicht aufpasse, leicht fünf bis zehn Stundenkilometer mehr fahre — einerseits so wenig darüber, daß kein Führerscheinentzug droht, andererseits so schnell, daß ich keine Zeit vergeude.

Meine Frau denkt, der Tank sei fast leer, wenn die Benzinuhr noch halbvoll anzeigt. Ich bin dafür bekannt, beinahe bis auf den letzten Tropfen zu fahren.

Wenn meine Frau in ein Lebensmittelgeschäft geht, kauft sie nur sehr wenig ein, während ich gleich den Bedarf für einen ganzen Monat mitnehme.

Meine Frau geht jeden Kontoauszug der Bank genau durch. Mir genügt es, wenn ich merke, daß der Saldo in etwa stimmt.

Meine Frau ist introvertiert und tut fast nie ihre Meinung kund, wenn sie nicht gefragt wird. Ich dagegen bin ein extravertierter Mensch und neige dazu, regelmäßig meine Ansichten bekanntzugeben, ob ich nun gefragt werde oder nicht.

Meine Frau steht früh auf und geht auch am liebsten früh schlafen. Ich hingegen bin ein Nachtmensch, der am besten nachts arbeitet, wenn die anderen schlafen, und der dann morgens ziemlich muffelig ist.

Meine Frau liebt es, alles im voraus zu planen, während ich für kurzfristige Entscheidungen bin — mit denen ich, zugegeben, auch öfters falsch liege.

Meine Frau ist in Rechtschreibung „Spitze“, während ich öfters mal im Wörterbuch nachschlagen muß.

Meine Frau trägt nur gut aufeinander abgestimmte Kleidung — ich auch, denn sie wählt sie für mich aus!

Als Gründerin und Vorsitzende von „Concerned Women for America", der größten Frauenorganisation im Lande, liebt meine Frau den Umgang mit Angestellten und die Verwaltungsarbeit. Ich, der ich Gründer von 14 verschiedenen christlichen Organisationen bin, habe im Laufe der Zeit die Verantwortung anderen Personen übertragen, weil es mir nicht liegt, die Leute herumzudirigieren. Mir ist es viel lieber, die Menschen zu inspirieren und zu motivieren und ihnen dann die Freiheit im Dienst zu lassen.

Meine Frau, die nie laut wird, ist so nett, daß sogar die Leute Mitleid mit ihr haben, die sie entlassen muß. Ich hingegen brauche öfters Zeit, mich zu entschuldigen und seelische Wunden zu verbinden.

Meine Frau liebt Musik und Kunst. Ich dagegen bin ein Sportstyp, der keine Ader dafür hat.

Meine Frau ißt langsam und nimmt nur ausgewählte Sachen zu sich. Ich esse alles — leider zu schnell und zuviel davon.

Als wir heirateten, war Beverly eine zurückhaltende, zarte Person. Ich hingegen war ungestüm und hatte öfters Zornausbrüche. (Dank sei Gott für den Dienst des Heiligen Geistes in dieser Hinsicht!)

Meine Frau und ich sind fast so gegensätzlich, wie zwei Menschen nur sein können — doch mit Gottes Hilfe führen wir eine sehr gute Ehe. Das war nicht immer so, denn wir hatten große Anpassungsprobleme, die schon gleich nach den Flitterwochen begannen. Obwohl unsere Temperamente extrem am Ende des jeweiligen Spektrums liegen, sind wir heute die besten Freunde und lieben uns sehr.

Wir bedauern nur, daß wir, als wir heirateten, nicht viel über die Temperamentsvorgaben des anderen wußten und wie man zu ihnen die richtige Einstellung gewinnt.

Mit dem vorliegenden Buch will ich auf dieses Thema eingehen. Dankbar erinnere ich mich an Nia Jones, die mir nahelegte, dieses Buch zu schreiben. Mein Dank gilt auch Bob Hawkins und Eileen Mason von Harvest House Publishers, die um die Fertigstellung besorgt waren.

Sie können sich Jahre der Frustration und Auseinandersetzungen ersparen, wenn Sie dieses Buch lesen.

Mit Gottes Hilfe und Willensbereitschaft können es zwei Menschen, ungeachtet der Unterschiede in Temperament, Herkunft und Erziehung, lernen, sich auf den Partner einzustellen und in einer schönen, erfüllenden, dauerhaften Beziehung leben.

Dieses Buch soll nicht gelesen und dann vergessen werden, sondern, wenn nötig, Ihr Leben und Ihre Ehe verändern und Sie befähigen, auch anderen durch Ihre erlangten Kenntnisse zu helfen.

All denjenigen, denen die Prinzipien, die einer glücklichen Ehe zugrunde liegen, nicht bekannt sind, ist dieses Buch sehr zu empfehlen. Lesen auch Sie es: Sie werden — das sage ich mit großer Zuversicht —nicht enttäuscht werden.

Tim LaHaye

TEIL I

WARUM SICH GEGENSÄTZE ANZIEHEN

1. Kapitel

Hilfe, ich habe einen Sanguiniker geheiratet

Bei keinem Paar geht es während der Flitterwochen emotional so hoch her wie bei einem Sanguiniker und einer Melancholikerin, denn beide besitzen die reichste Gefühlsskala der vier Grundtemperamente.

Der sanguinische Herr Hitz ist ein heiterer, stark extravertierter Mensch und eine charmante Persönlichkeit. Es fällt ihm leicht, auf andere zuzugehen und Kontakte aufzubauen.

Er ist eine begeisterungsfähige, gefühlsorientierte Person. Die Traurigkeit anderer kann auch ihn zum Weinen bringen, und umgekehrt das Glück der anderen zu Lachen und Heiterkeit. Er ist sehr freundlich, und es gelingt ihm, innerhalb kürzester Zeit Freundschaft mit wildfremden Menschen zu schließen. Er liebt es, anderen zu gefallen, und freut sich über ihr Lob. Sanguiniker gehen eben nie unauffällig durchs Leben.

Fräulein Rück hingegen ist eine schwermütige, introvertierte Person. Sie ist überdurchschnittlich intelligent und neigt zum Perfektionismus. Musik, Kunst und Theater bedeuten ihr viel. Es fällt ihr nicht leicht, Freundschaften einzugehen, aber zu denen, die sie als Freunde gewonnen hat, steht sie treu. Ihr äußeres Erscheinungsbild ist makellos, kein Haar ist unordentlich. Die Kleidung ist farblich abgestimmt, sogar das Make-up paßt dazu. Ihre natürliche Zurückhaltung und die Angst, Fehler zu machen, halten sie davon ab, öffentlich ihre Gedanken auszusprechen und über ihre Begabungen zu reden. Sie ist voll Mitgefühl für andere Menschen und bringt gerne Opfer für sie.

Obwohl sie sehr begabt ist, fehlt es ihr an Selbstvertrauen. In Gesellschaft kommt sie, wenn sie nicht gefühlsmäßig stark bewegt ist, kaum aus sich heraus und ist eher schweigsam. Und wenn sie einmal das Wort ergreift, denkt sie noch tagelang darüber nach und schämt sich über die Fehler, die sie dabei gemacht hat.

Aber Herr Hitz und Fräulein Rück fanden zusammen. Sie war zu einer Feier bei einer Freundin eingeladen. Etwa 20 Personen waren anwesend, aber es kam keine Stimmung auf. Wahrscheinlich, weil kein Sanguiniker da war. Die Gastgeberin hatte zwar einen eingeladen, aber er war nicht gekommen. Es ist schon so: Wenn man einen Sanguiniker bei einer Feier haben will, muß man mindestens drei einladen: Der eine wird die Einladung vergessen, der andere weiß nicht mehr, wie er hinkommt, und der dritte kommt zu spät.

Gerade als Martha Rück die Langweiligkeit des Abends richtig bewußt wurde, klingelte es an der Tür. Die Gastgeberin öffnete, und da stand er: Herr Hitz!

Bevor er auf den Klingelknopf drückte, dacht er noch: „Dieter, heute hältst du einmal deinen großen Mund. Gib anderen auch eine Chance, etwas zu sagen. Du mußt nicht immer im Mittelpunkt stehen!“ Ja, das nahm er sich vor — bis die Tür geöffnet wurde und er sich umsah. Wie viele nette Leute warteten da auf seinen Auftritt! Da konnte er nicht untätig bleiben. Er stieg auf die „Bühne“ (trat in das Wohnzimmer der Gastgeberin) und spielte seine Rolle.

Jetzt kam Leben in die Gesellschaft. Er begrüßte jeden, als ob er ihn schon lange nicht mehr gesehen hätte, und entschuldigte sich sehr, eine Dreiviertelstunde zu spät zu sein. Dann ging es los. Er begann aus seinem großen Vorrat an Anekdoten, Witzen und humoristischen Bemerkungen zu schöpfen, und ehe sie sich versahen, wurden auch die anderen von diesem Feuer angesteckt. Es wurde eine lebendige Party, und alle waren zufrieden.

Ungefähr um halb Zwölf war sein Akku leer (sein Reservoir an Witzen aufgebraucht), er entschuldigte sich, daß er gehen müsse, stieg in sein Auto und fuhr nach Hause. Während er auf das Gaspedal seines eleganten Wagens drückte, ging er mit sich selbst ins Gericht: „Dieter, wann lernst du es jemals, still zu sein! (Nie!) Warum kannst du nicht wie Martha sein?"

Ja, er hatte sie sorgfältig beobachtet! Sie war hübsch anzuschauen und war so natürlich. Alles war in bester Ordnung — vom Make-up der Lider bis zur Politur der Schuhe. „Sie ist anscheinend eine intelligente junge Frau, sie hat bei meinen Witzen herzlich gelacht!" dachte er. Und dann sagte er plötzlich vor sich hin: „Eigentlich könnte ich sie anrufen und zu einem Rendezvous einladen, sobald ich zu Hause bin!"

Während Dieter diesem Gedanken nachging, befand sich Martha ebenfalls auf der Fahrt nach Hause. Sie fuhr ein kleines, benzinsparendes Modell. Auch sie dachte über die Party nach: „Martha, wann gelingt es dir endlich, deine Hemmungen abzulegen, aus deinem Schneckenhaus herauszukommen und richtig an einer Party teilzunehmen?" Sie dachte über die klugen Bemerkungen nach, die sie gerne in die Unterhaltung eingestreut hätte — aber nie aussprach, weil ihr der Mut dazu fehlte. „Warum kann ich nicht so wie Herr Hitz sein — so frei und ungezwungen? Was für ein Mann ist das doch!"

Als Martha ihre Wohnung betrat, klingelte das Telefon. Es war Herr Hitz. Er lud sie für den nächsten Tag zum Abendessen ein, und sie hatte gerade diesen Abend frei. Dieses Zusammensein war der Beginn eines Verhältnisses, das seinen Höhepunkt am Traualtar fand und in den anschließenden — auch emotional exotischen — Flitterwochen auf Hawai.

Wenn nur die Flitterwochen eine Dauereinrichtung sein könnten! Aber die Realität holte sie ein! Das Hochgefühl ließ sich nicht dauerhaft in den Alltag hineinnehmen. Es gab keine Fortsetzung der romantischen Wonne dieser Zeit. Wenden wir uns den beiden am Montag morgen zu, dem ersten Tag, an dem sie wieder arbeiteten.

Martha erwacht durch das unmelodische Singen ihres Gatten, der sich unter der Dusche befindet. Plötzlich kommt ihr zum Bewußtsein, daß sie ihm das Frühstück machen sollte.

Nachdem er sein Frühstück eingenommen hat, eilt Dieter zur Arbeit. Jetzt kommt für Martha der Moment der Wahrheit. Als sie zum Schlafzimmer zurückgeht, bemerkt sie große Unordnung. Mitten auf dem Bett, das er nicht gemacht hat, liegt sein nasses Handtuch, und die Kleider vom Abend zuvor sind über das ganze Zimmer verstreut, nur das Hemd hat er über die Stuhllehne gezogen.

Martha geht ihren hausfraulichen Pflichten nach und hebt die Kleider auf. Sie sagt zu sich selbst: „Ich muß ihm nur beibringen, daß er mehr auf Ordnung achtet. (Die Tatsache, daß das schon seine Mutter ohne Erfolg versucht hat, ist ihr nicht bekannt!)

Als Martha die Tür des Kleiderschranks öffnet, fallen ihr Kleidungsstücke entgegen. Sie weiß, man kann die Menschen aufgrund der Haken und Bügel in zwei Gruppen einteilen: Die einen sind sorgfältig und hängen alles fein ordentlich auf, und die anderen sind schlampig und hängen alles an den nächstbesten Haken. Martha wird klar, daß sie ein Individuum der zweiten Kategorie geheiratet hat. Ihm war es möglich, neun Kleidungsstücke auf einen Haken zu hängen! Das ging natürlich nur so lange gut, bis jemand die Schranktür öffnete.

Sie geht weiter durch die Wohnung, um nach dem Rechten zu schauen, und kommt ins Badezimmer. Sie findet es in katastrophalem Zustand vor. Dieter hat anscheinend alle Handtücher benutzt, sogar das Dekorationstuch. Das Kosmetikschränkchen steht offen, alles liegt durcheinander vor dem Spiegel. Im Waschbecken befinden sich die abrasierten Bartstoppeln. Und wie er die Zahnpastatube behandelte! Er hatte sie einfach in der Mitte zusammengedrückt. Als sie ihre Zähne putzen wollte, fand sie, daß ihre Zahnbürste bereits naß war. Er hatte also ihre benutzt.

Nun frage ich Sie: Glauben Sie, daß diese beiden Verliebten Schwierigkeiten haben werden, sich aufeinander einzustellen? Mit Sicherheit! Wenn sie nicht dahin kommen, einander zu akzeptieren, aber auch willens sind, sich zu bessern, wird ihre Beziehung bald darunter leiden. Ja, die Liebe kann in Haß umschlagen und ein weiteres Paar in die Scheidungsstatistik eingehen, wenn sie nicht das beachten, was zur Anpassung erforderlich ist. Und auf diese Dinge werden wir zu sprechen kommen!

Dieter und Martha sind kein Einzelfall. Auch andere Temperamentsmischungen stehen vielen Problemen gegenüber.

2. Kapitel

Wehe mir, ich habe einen Choleriker zum Mann

Hartmut Jäh und Rosa Ruh lernen sich auf einem christlichen College kennen. Er, drei Jahre älter als sie, hatte seine Sportkarriere abgebrochen und wollte in den vollamtlichen christlichen Dienst gehen. (Sie hatte ihr Leben ebenfalls Gott ausgeliefert und wollte Missionarin werden).

Für das Mittagessen waren sie drei Wochen lang demselben Tisch zugeteilt. Am ersten Tag hatte sich Hartmut neben das nette Mädchen gesetzt, und im Gespräch entdeckten sie, daß sie aus derselben Gegend stammten. In angeregter Unterhaltung verließen die beiden den Eßsaal — und waren seither zusammen.

Rosa fand Hartmut faszinierend. Er war ein willensstarker Mann, der unbeeindruckt seine Meinung vertrat. Er hatte Ziele und wußte, wie er sie erreichen konnte. Außerdem hinterfragte er alles, sogar die Schulregeln.

Rosa war vor allem von Hartmut so angetan, weil er entschlossen handelte. Ihr, der es nicht lag, Entscheidungen zu treffen, war es recht, wenn er den Kurs ihrer Beziehung bestimmte. Er war auch phantasiereich, und sie liebte es, ihm zuzuhören, wenn er von Zukunftsplänen träumte. Die Möglichkeit, Fehler machen zu können, kam ihm nie in den Sinn.

Weil er nicht der beste Student war, half ihm Rosa bei den

Vorlesungen, die sie zusammen besuchten. Und während des zweiten Semesters konnte es Hartmut so einrichten, daß sie die meisten Vorlesungen zusammen besuchten. Irgendwie gelang es ihm immer, obwohl es eigentlich nicht den Schulregeln entsprach, neben Rosa zu sitzen. Drei andere Studenten hatten ebenfalls ein Auge auf Rosa geworfen, aber Hartmut schaffte es, sie abzuschütteln.

Rosa hatte Gefallen an dieser Verbindung — keine Entscheidungen treffen zu müssen, nicht mehr im unklaren darüber zu sein, wer sie als nächstes zu einem Rendezvous einladen würde, keine Aktivitäten zu planen. Ihr Freund hatte immer einen Plan.

Hartmut hatte sich gleich in Rosa verliebt. Sie war sehr fraulich, redete so sanft, und nichts schien sie in Aufregung versetzen zu können. Seine Freunde gratulierten ihm zu seiner Wahl, zu dieser attraktiven, gutangezogenen, netten jungen Frau, die ihn offensichtlich auch mochte. Er profitierte davon, daß sie sich seiner Führerschaft anvertraute, seine Entscheidungen nicht in Frage stellte und ihm half, wenn er in letzter Minute noch für das Examen büffeln mußte.

Weil ihre Scharfsinnigkeit sie schon vorher ahnen ließ, welche Fragen der Professor stellen würde, brachte sie das gemeinsame Studium nicht nur näher zusammen, sondern verbesserte auch Hartmuts Noten. Ihm war schon längst aufgegangen, was für eine gute Pastorenfrau sie abgeben würde und daß sie die ideale Mutter für seine Kinder sein würde.

Weder von Schulseite noch von den Eltern aus war man für diese Verbindung, zumindest nicht im ersten Jahr, aber der Widerstand verstärkte nur seine cholerische Entschlossenheit, so daß er die Heirat durchsetzte und die beiden schließlich im Juli getraut wurden. Während der Sommerferien arbeitete er, und im Herbst gingen sie dann beide wieder aufs College.

Hartmut hatte sich entschlossen, die Flitterwochen zu verschieben, da er zwei Tage nach der Trauung die Arbeit (während der Semesterferien) aufnehmen mußte und die Arbeitsstelle 500 km entfernt war.

Als er dann wieder zurück war, erkannte Rosa innerhalb kurzer Zeit, daß dieser Hansdampf in allen Gassen, den sie zum Gatten hatte, ein Perpetuum mobile war. Er war immer in Bewegung und hatte ständig etwas zu tun. Er liebte sie sehr, das stimmte, aber noch mehr liebte er Arbeit und Betriebsamkeit. Es war ihr beinahe unmöglich, ihn dazu zu bewegen, einmal still zu sitzen, sich des Geruchs der Blumen zu erfreuen usw.

Wenn sie schwach protestierte, daß er so selten Zeit für sie hatte, verteidigte er sich und wurde sarkastisch. Sie vergoß Tränen. Nun wurde es ihr klar, daß sie keinen Einfluß auf ihren gemeinsamen Lebenstil hatte. Er, der so schnelle Entscheidungen traf, explodierte gleich, wenn sie Einwände vorbrachte. So blieb ihr nur der Rückzug ins eigene Schneckenhaus.

Können Sie sich vorstellen, welche Gefühlsspannungen sich in dieser Anpassungsphase (gewöhnlich drei, in diesem Fall aber vielleicht 13 Jahre) ergaben? Als sie in den Dienst gingen — er wild entschlossen dazu und sie bereit, es durchzustehen —, dachte keiner von ihnen an Scheidung. Aber mit jedem Jahr und jedem Kind wurde es schwieriger, bis sie schließlich mit Gottes Hilfe erkannten, wie sie sich auf ihre gegensätzlichen Temperamente einzustellen hatten. Von da an erfuhr ihre Ehe eine durchgreifende Veränderung.

Auch cholerische Frauen heiraten

Sara war Cholerikerin. Schon mit vier wußte sie, wie sie die Kinder in der Nachbarschaft motivierte und dazu brachte, nach ihrer Pfeife zu tanzen. Was auch gemacht wurde, sie war immer der Boß, und jeder, der an ihrer Autorität zweifeln wollte, hatte bald nichts mehr zu lachen. Im Geschäftsleben bezeichnet man solch eine Person als „starke, natürliche Führerpersönlichkeit“.

Als sie Kurt kennenlernte, befand er sich im letzten Jahr seines Medizinstudiums. Er, gut aussehend, mit vorzüglichen Noten, fühlte sich etwas unsicher im Umgang mit dem anderen Geschlecht und hatte viel mehr Selbstvertrauen, mit der Pathologie zurechtzukommen, als mit einer jungen Frau auszugehen.

Als Sara ihn kennenlernte, gelang es ihr verhältnismäßig leicht, ihn herumzukriegen. Sie gingen zwei Jahr miteinander.

In dieser Zeit war sie fleißig am Arbeiten, um in ihren letzten beiden Studienjahren gute Noten zu erreichen.

Nach dem Studienabschluß wollten sie heiraten. Sie einigten sich auf ein Datum, und Sara begann Hochzeitsvorbereitungen zu treffen. Im Verlaufe dieser Vorbereitungen hatte sie öfters Auseinandersetzungen mit ihrer Mutter, die schließlich nachgab und ihr ihren Willen ließ.

Das hätte Kurt schon zu denken geben müssen. Aber zu der Zeit war er so verliebt in sie und hatte es akzeptiert, daß sie alle Entscheidungen traf. Sara konnte sich warmherzig, verführerisch und sexy geben und Charme zeigen, wenn sie einen bestimmten guten Zweck erreichen wollte — was gewöhnlich bedeutete, ihren eigenen Kopf durchzusetzen.

Nachdem sie geheiratet hatten, merkte Kurt, daß er kaum eine Minute für sich hatte. Wenn er nicht seinen Dienst im Krankenhaus gehabt hätte, hätte ihn Sara ständig mit Beschlag belegt. Aus diesem Grund verbrachte er mehr Zeit im Ärzte-Gesellschaftsraum, der für ihn der einzige Zufluchtsort war, wo er die Zeitung oder ein Buch, das ihn interessierte, lesen konnte.

An einem Samstag hörte Kurt zu, wie sich seine Frau am Telefon unterhielt. Als er auf der Leiter stand und die Fenster putzte, hörte er mit, wie seine Frau zu ihrer Freundin sagte: „Mein Motto ist: wenn du ihn schon in Schwung bekommen hast, dann sieh zu, daß er in Bewegung bleibt!“ Womit sie sich auf ihren Mann bezog.

Kurt gingen die Augen auf. Auf diese Erkenntnis hin begann Kurt, es langsam angehen zu lassen und Entschuldigungen zu finden, um Saras endlosem „Liebster, mach noch das!“ zu entgehen. Aber je mehr er sein Tempo verlangsamte, desto mehr plagte sie ihn und versuchte, ihn zu schieben und zu manipulieren. Wenn das auch nichts nützte, explodierte sie — wobei dann alle aufgestauten Aggressionen in giftige Worte gekleidet wurden.

Natürlich hatte sie hinterher ein schlechtes Gewissen, daß sie ihrem Ärger auf diese Weise freien Lauf ließ, aber Kurts Abneigung verstärkte sich.

Weil Sara sich besser auszudrücken verstand, war Kurt bei ihren Wortgefechten immer der Unterlegene. Wenn sie Sieger geblieben war, versuchte Kurt, sie auf die Verliererstraße zu bringen, indem er Verzögerungstaktiken anwandte — was Sara sehr aufbrachte. Wenn alles andere nichts half, verfiel er einfach in Schweigen. Ja, einmal sprach er drei Wochen lang nicht mit ihr.

Schließlich ging Sara zur Eheberatung. Dort wurde ihnen geholfen, die Gründe ihrer Verschiedenheit zu erkennen, und sie waren bereit, die Anweisungen zur Überwindung dieser Probleme zu befolgen. Heute sind sie glücklich verheiratet — aber es war nicht leicht. Wenn sie vergessen, sich auf die Bedingungen zu besinnen, fallen sie leicht in ihre alten Verhaltensweisen zurück.

3. Kapitel

Wer möchte einen „Hansdampf in allen Gassen" zur Frau?

Sally war das temperamentvollste Mädchen im College. Eine Persönlichkeit, lebensprühend, mit viel Frohsinn und Energie. Wo sie war, scharten sich gleich die anderen um sie. Sie war die Freundin von Ned, dem Spielführer des Fußballteams. Dessen imposante Statur hinderte die anderen Sportler daran, seine Freundin auszuspannen.

Im College gab es viele Aktivitäten, und überall waren die beiden gern gesehen. Ned führte dies auf sein Ansehen als Mannschaftskapitän zurück, aber in Wirklichkeit war es Sallys Popularität, daß sie immer wieder eingeladen wurden. Sie war eine gute Unterhalterin, voller Witz und Esprit, und stand immer im Mittelpunkt. Ned hörte geduldig ihrem Redefluß zu. In ihrer Nähe zu sein, gab ihm ein gutes Gefühl.

Manchmal regte er sich innerlich darüber auf, wenn andere Männer sie begehrlich anblickten, aber er wußte, daß sie nur ihn im Auge hatte. Er wünschte allerdings, sie würde nicht so oft übertreiben, und fühlte sich peinlich berührt, wenn sie zum Beispiel behauptete: „Im letzten Spiel hat Ned wieder viele Tore geschossen!", wenn es in Wirklichkeit nur eines war.

Ned und Sally gingen während der ganzen vier Jahre auf dem College miteinander und heirateten zwei Wochen nach dem Abschluß. Sally wurde Lehrerin, während Ned Jura studierte.

Wer um die Verschiedenheit ihrer Temperamente wußte, konnte ahnen, daß diese Ehe Probleme bringen würde. Schon während der Flitterwochen begannen die Verstimmungen und Zänkereien.

Als sie abends nach einer Feierlichkeit, bei der sie wieder einmal alle Aufmerksamkeit auf sich gelenkt hatte, ins Hotel zurückkehrten, bemerkte Ned ziemlich spitz, daß sie es wohl mit der Wahrheit nicht so genau nähme. Ja, an jenem Abend hatte sie die gleiche Geschichte erzählt wie bei ihrer Hochzeitsfeier, aber mit anderen Einzelheiten. Sally starrte ihn erstaunt an und rechtfertigte sich: „Aber sie lachten doch!“ Ned protestierte trotzdem: „Aber es stimmt nicht mit dem überein, was du früher erzählt hast!“

Wenn Ned etwas berichtete, stimmte es haargenau. Sally aber ging es beim Erzählen nur darum, eine bestimmte Wirkung zu erzielen. Ned hingegen verzichtete lieber darauf, etwas zu erzählen, wenn er nicht alle Fakten wußte. Sally würde in diesem Fall einfach fortfahren, auch wenn sie ein wenig dazudichten mußte.

„Du bist ein alter Miesepeter!“ hielt sie ihm vor. „An deinen trockenen Berichten, so genau sie auch sein mögen, hat keiner Interesse, und dann nörgelst du noch an mir herum, wenn ich es besser mache!“ Nach heftigem Hin und Her fühlten sich beide so verletzt durch das Verhalten ihres Partners, daß sie an diesem Abend ohne Liebeskontakte zu Bett gingen, und das während der Flitterwochen! Ned bemühte sich sehr, Sallys Leichtfertigkeit Einhalt zu gebieten — was beinahe unmöglich ist, ohne die Stimmung des Sanguinikers zu töten.

Wenn deshalb Ned in ihrer Nähe war, hörte die fröhliche Sally entweder auf, lustig zu sein, um seine Kritik zu vermeiden (denn Sanguiniker können Kritik nicht ertragen), oder sie machte weiter und beschwor damit Neds Rache herauf. Und als er erst einmal angefangen hatte, sie vor allen zu kritisieren, ging es nicht lange, daß er bald alles an ihr bemängelte. Eines Tages hatte sie das so satt, daß sie ihn anschrie: „Wann hörst du endlich auf, mich verändern zu wollen, und fängst an, mich so zu akzeptieren, wie ich bin!“

Eine mir bekannte Sanguinikerin, die einen Melancholiker

heiratete, wurde noch während der Flitterwochen so zornig, daß sie ihren Ehering aus dem Fenster warf und rief: „Mit dir will ich nicht mehr verheiratet sein!“ Später, als sie sich wieder versöhnt hatten und draußen nach dem Ring suchten, ihn aber nicht fanden, riet ihr der Mann: „Komm, wir warten bis es dunkel ist. Wenn wir dann mit der Taschenlampe leuchten, werden wir ihn finden!“

Sally meinte, er sei verrückt, und dachte nicht daran, daß Diamanten ja funkeln, wenn sie vom Lichtstrahl getroffen werden. Können Sie sich das Bild vorstellen: die beiden versöhnten Flitterwöchner, auf Händen und Knien kriechend, auf der Suche nach ihrem Ehering? Nach etlichen anderen heftigen Auseinandersetzungen lernten sie es aber, sich auf die Verschiedenheit des Partners einzustellen. Heute haben sie eine sehr starke, beständige Beziehung — obwohl sie immer noch beinahe völlig gegensätzliche Persönlichkeiten sind.

4. Kapitel

Die Fröhliche, die eine Maschine heiratete

Melancholiker heiraten im allgemeinen einige Jahre später, wenn überhaupt. Sie sind von Natur aus Perfektionisten und gewöhnlich klug, begabt und kreativ, und so stehen sie einem großen Problem gegenüber: Sie können den perfekten Partner nicht finden! Und sie werden es auch nie. Aber sie haben die Fähigkeit, tief zu lieben, obwohl ihnen immer noch die offensichtlichen Unvollkommenheiten ihres Partners zu schaffen machen.

Fred und Bonnie, beide christlich erzogen, heirateten schon bald, nachdem sie sich kennengelernt hatten. Die Flitterwochen waren erregend und gefühlsgeladen. Bonnie wußte, daß sie den perfekten Mann geheiratet hatte. Er war 28, sie 24. Nach ihrem Zeugnis waren sie füreinander bestimmt.

Sie war schon zwei Jahre lang als Lehrerin tätig, als Fred seine Ausbildung als Internist beendete und in einem städtischen Krankenhaus innerhalb eines Ärzteteams Anstellung fand. Sie war stolz, die Frau eines Arztes zu sein, der, wie viele meinten, zu Großem berufen war. Sie waren beide aktiv in ihrer Gemeinde, und es lag ihnen daran, eine christliche Familie zu führen.

Bei Fred wurde Organisation und Ordnung groß geschrieben. Bei ihm war es wie bei einer Maschine: alles mußte planmäßig und genau nach Programm ablaufen. Er verstieß zum

Beispiel nie gegen eine Geschwindigkeitsbeschränkung, hielt seinen Kleiderschrank und andere Dinge tadellos in Ordnung und bewies damit eigentlich die Eigenschaften, die man von einem Arzt erwartet.

Aber mit ihm 24 Stunden zusammenzuleben war nicht leicht. Er war oft in Gedanken vertieft und unansprechbar. Die frohsinnige Bonnie hatte Schwierigkeiten zu verstehen, warum Fred dem Lesen medizinischer Zeitschriften so viel Zeit widmete. Um in seinem Beruf auf dem laufenden zu sein, genügte es doch, hin und wieder eine medizinische Tagung zu besuchen!

Unglücklicherweise war es sein Bestreben, immer der Erste zu sein. Er lebte für morgen, während für Bonnie nur das Heute galt. Sie kam jedenfalls mit Freds Art nicht zurecht. Und er fühlte sich unverstanden. Jeder von ihnen dachte: „Wenn ich vor der Heirat gewußt hätte, wie wenig wir gemeinsam haben, hätte ich ihn nie geheiratet. Er ist zwar ein feiner Mensch, aber wir sind total gegensätzlich!"

Alle diese Geschichten sind wahr, auch wenn die Namen geändert sind. Sie stellen das Leben mir bekannter Ehepaare dar, denen das Studium der vier Temperamente in ihrer Situation eine große Hilfe war. Mit Gottes Beistand führen sie heute gute, stabile Ehen. Aber, wie bei fast allen gegensätzlichen Paaren, hatten auch sie ihre Schwierigkeiten.

5. Kapitel

Warum verhalten sie sich so?

Die meisten Eheberater, die ich kenne — darunter Vertreter verschiedener therapeutischer Systeme —, geben zu, daß sich beim weitaus größten Teil der Eheschließungen das Sprichwort bewahrheitet: „Gegensätze ziehen sich an!“ Zumindest in der westlichen Welt, wo die Menschen ihren Partner selbst auswählen. Die allgemeinen Erklärungen, die man für dieses Phänomen hat, mögen Wahrheitselemente enthalten, aber sie haben mich nie befriedigt, und ich bin zu meinen eigenen Schlußfolgerungen gekommen.

Bitte lesen Sie dieses Kapitel sorgfältig durch. Ich werde meine Auffassung gleich zu Beginn erklären. Sie stützt sich auf mein langjähriges Studium und auf die Beratung von über 6000 Menschen, von denen viele wegen ehelicher Disharmonien kamen. Und danach will ich auf die Gründe eingehen, die mich zu dieser Auffassung brachten.

Gleiches stößt sich ab, Ungleiches zieht sich an

Auf jedem Gebiet, das ich kenne, von der Elektrizität bis zur Chemie, wird das Plus vom Negativ angezogen. Ähnliches gilt auch im zwischenmenschlichen Bereich: Gewöhnlich werden introvertierte Personen von extravertierten angezogen. Zugegeben, Sie und ich können Ausnahmen finden, was auch eine Erklärung dafür ist, daß die Einteilung der Menschen in zwei Kategorien, wie man sie ursprünglich in der Psychologie vertrat, nicht ausreichend ist. Ich gehe von zwei Arten von Introvertierten und zwei Arten von extravertierten Personen aus. Im nächsten Kapitel, wenn wir die Temperamentsformen betrachten, werde ich auf zwölf verschiedene Temperamentsmischungen zu sprechen kommen.

Im Grunde geht aber meine Auffassung durchaus von der Tendenz aus, daß sich gegensätzliche Temperamente des anderen Geschlechts anziehen. Aber um mein Konzept richtig zu verstehen, bitte ich Sie, zunächst mit mir zusammen einen Blick auf die Temperamente des Menschen zu werfen. Ohne daß sie es anfangs merken, werden die Menschen von den Stärken der anderen Person angezogen, die ein Gegenstück zu den eigenen Schwächen bilden.

Es liegt am Temperament

Schon vor vielen Jahren wurde mir bewußt, welch großen Einfluß das ererbte Temperament — genauer gesagt, die ererbte Temperamentsform, die fast immer aus einem Primär- und einem Sekundärtemperament besteht — auf das Verhalten einer Person hat.

Seitdem mir dies klargeworden ist, habe ich Tausende von Personen beraten, Hunderte von Seminaren in Dutzenden von Ländern gehalten, habe mehrere Bücher über dieses Thema geschrieben und meinen Temperaments-Test bei vielen Personen angewandt. Ich bin durch all dies nur noch überzeugter geworden, daß meine Auffassung richtig ist. Mein Erklärungsschema ist keine perfekte Theorie, aber sie gibt meiner Meinung nach die bestmöglichste Begründung für das menschliche Verhalten.

In Andeutungen finden wir diese Interpretation auch im Buch der Sprüche, wo der Schreiber vier Arten von Menschen benennt. Bedenken Sie aber, wenn Sie die Verse lesen, daß er nur die negativen Züge betrachtet, hauptsächlich wohl deshalb, weil man Menschen leichter durch ihre Schwächen als durch ihre Stärken charakterisieren kann.

Die biblische Basis für die vier Grundtemperamentsarten

Sprüche 30 (Worte Agurs)

Melancholisch: „*Es gibt eine ART, die ihrem Vater flucht und ihre Mutter nicht segnet*" (Vers 11).

Phlegmatisch: „*(Es gibt) eine ART, die sich rein dünkt, und ist doch von ihrem Schmutz nicht gewaschen*" (Vers 12).

Sanguinisch: „*(Es gibt) eine ART, die ihre Augen hoch trägt und ihre Augenlider emporhebt*" (Vers 13).

Cholerisch: „*(Es gibt) eine ART, die Schwerter als Zähne hat und Messer als Backenzähne und verzehrt die Elenden im Lande und die Armen unter den Leuten*" (Vers 14).

Sie sind damit geboren

Menschlich gesprochen hat kaum etwas größeren Einfluß auf Ihr Verhalten als Ihr ererbtes Temperament. Die Kombination der Gene und Chromosomen Ihrer Eltern hat bei der Zeugung schon Ihr Grundtemperament festgelegt — bereits neun Monate bevor Sie den ersten Atemzug tun. Diese dabei festgelegte Temperamentskombination hat weitgehenden Einfluß auf Ihre Aktionen und Reaktionen.

Die meisten Menschen nehmen diesen starken Einfluß auf ihr Verhalten gar nicht wahr, so daß sie nicht darauf eingehen und positiven Gebrauch davon machen, sondern eher mit ihm in Konflikt kommen. Sie versuchen vielleicht etwas aus sich zu machen, wozu sie gar nicht geartet sind. Dies wiederum bewirkt eine Verkrampfung ihrer Persönlichkeit, die sich ihrerseits negativ auf die Beziehungen zu anderen Menschen, insbesondere zu den nahen Familienangehörigen, auswirkt.

Das ist auch einer der Gründe dafür, daß so viele Menschen klagen: „Ich mag mich selbst nicht", oder „Ich kann mich selbst nicht akzeptieren", oder „Ich kann nicht zu mir selbst finden". Wenn jemand sein eigenes Grundtemperament erkannt hat, fällt es ihm leichter, seine Möglichkeiten einzuschätzen. Er merkt auch, auf welche natürlichen Schwächen er achten muß, und er kann deshalb sein Leben wirkungsvoller gestalten.

Was ist eigentlich Temperament?

Temperament ist die Mischung von Charakterzügen und Wesensmerkmalen, die wir von unseren Eltern erben. Diese fließen also mit ein zu den anderen menschlichen Eigenschaften und stellen dann unsere grundsätzliche Veranlagung dar. Die meisten von uns sind sich eher der Ausdrucksformen dieser Quellen als ihrer Funktion bewußt.

Das Temperament veranlaßt den Träger des Temperaments, entweder aus sich herauszugehen (extravertiert zu sein) oder zurückhaltend (introvertiert) zu sein. Es verursacht, daß manche künstlerisch begabt sind oder musikalische Fähigkeiten haben, während andere wiederum dem Sport zuneigen oder unternehmerisch tätig werden. Kinder gleicher Eltern können ganz unterschiedliche Temperamente haben. Ich kenne hervorragende Musiker, deren Sprößlinge überhaupt keine musikalische Ader haben.

Das Temperament ist natürlich nicht der einzige Einfluß auf unser Verhalten. Elternhaus, Erziehung, Ausbildung, Geschlecht und Motivation üben ebenfalls starken Einfluß auf unser Handeln aus.

Das Temperament jedoch bildet den Schwerpunkt. Nicht nur, weil es von Anfang an wirkt, sondern weil es uns auch, wie Körperbau, Augenfarbe und andere körperliche Merkmale, lebenslang gegeben ist. Ein extravertierter Mensch bleibt extravertiert. Er mag den Ausdruck seiner Extravertiertheit mildern, aber er wird immer der aus sich herausgehende Typ sein. Genauso wie ein Introvertierter es fertigbringen mag, seine Verschlossenheit zu durchbrechen und aggressiv zu agieren, aber er wird sich nie zu einem Extravertierten verwandeln.

Das Temperament prägt das Verhalten einer Person, gibt sozusagen ein Muster vor, das während des ganzen Lebens auf sie wirkt. Dabei sind sowohl Stärken als auch Schwächen vorgegeben. Der große Gewinn des Studiums der Temperamente besteht darin, die bei uns am meisten ausgeprägten Stärken und Schwächen zu erkennen und dann mit Gottes Hilfe unsere Schwächen zu überwinden und die Stärken nützlich zu machen. Auf diese Weise können wir unsere persönliche Bestimmung maximal erfüllen.

Das Temperament, das uns durch die Gene der Eltern weitergegeben wird, ist von Adams Fall her beeinträchtigt. Wir wollen das Gute tun und handeln doch böse. Der Apostel Paulus beschreibt diese Dissonanz in Römer 7,18-20 so: *„Denn ich weiß, daß in mir, das ist in meinem Fleisch, nichts Gutes wohnt, denn das Wollen ist bei mir vorhanden, aber das Vollbringen des Guten nicht. Denn das Gute, das ich will, übe ich nicht aus, sondern das Böse, das ich nicht will, das tue ich. Wenn ich aber das, was ich nicht will, ausübe, so vollbringe nicht mehr ich es, sondern die in mir wohnende Sünde."*

Paulus sah diesen Zwiespalt zwischen seinem Willen und dieser anderen Kraft in ihm: *„So vollbringe nicht mehr ich es, sondern die in mir wohnende Sünde."* Seit Adams Fall zeigt unsere menschliche Natur diese Sündengeneigtheit, und Teil dieser menschlichen Natur ist auch das Temperament. Im Falle des Paulus wohl ein cholerisch-melancholisches. Aber der Heilige Geist konnte in starker Weise an ihm wirken und benutzte seine Willenskraft und seine hervorragenden geistlichen Fähigkeiten für den Bau des Reiches Gottes, so daß die Spuren seines Wirkens in weitreichender Weise sichtbar wurden.

Die natürliche, sündliche Veranlagung, die wir alle von unseren Eltern geerbt haben, wird in der Schrift mit verschiedenen Bezeichnungen belegt: „der natürliche Mensch", „das Fleisch" oder „der alte Mensch", um nur ein paar zu nennen. Um ihre Auswirkung auf unsere Aktionen und Reaktionen recht zu verstehen, sollten wir sorgfältig zwischen Temperament, Charakter und Persönlichkeit unterscheiden.

Das TEMPERAMENT ist eine Mischung von angeborenen Wesenseigenheiten, die unbewußt auf unser Handeln abfärben. Diese Züge werden durch die Eltern weitergegeben. Manche meinen, daß wir genauso viel Gene von den Eltern wie von den Großeltern besitzen, was auch eine Erklärung dafür wäre, daß manche Kinder ihren Großeltern so ähnlich sind. Die Zusammensetzung der Temperamentszüge ist menschlich genauso wenig voraussagbar wie Augenfarbe oder Körpergröße.

Der CHARAKTER: Die Bibel nimmt auf ihn als „der verborgene Mensch des Herzens" Bezug. Er wird durch Temperament, Erziehung, Ausbildung, Lebensanschauung, Glaube, Prinzipien und Motivation usw. geformt.

Unter PERSÖNLICHKEIT verstehe ich den Eindruck, den wir nach außen hin abgeben. Wie weit er mit dem Charakter übereinstimmt, kommt darauf an, wie aufrichtig wir sind oder nicht. Oft ist die dargestellte Persönlichkeit nur eine angenehm aufgemachte Fassade, hinter der sich ein unangenehmer oder schwacher Charakter verbirgt.

Manche Leute handeln mehr aufgrund dessen, was sie sein möchten, als danach, was sie wirklich sind. Das ist der Weg zum gefühlsmäßigen und geistlichen Chaos. Die Ursache liegt darin, daß wir oft den menschlichen Vorstellungen für akzeptables Verhalten entsprechen wollen. Die Bibel sagt uns: *„Ein Mensch sieht, was vor Augen ist; der Herr aber sieht das Herz an.“* Das Verhalten soll nicht von außen, sondern von innen verändert werden.

Zusammenfassung: Das Temperament ist die Mannigfaltigkeit der Wesenszüge, mit denen wir geboren werden, und übt von den dreien den größten Einfluß auf unser Verhalten aus.

In den letzten Jahren ist viel über das Temperament geschrieben worden, sowohl auf dem christlichen als auch auf dem säkularen Buchmarkt. Weil ich auch selbst schon ausführlich über dieses Thema geschrieben habe, will ich hier auf eine detaillierte Beschreibung der Temperamente verzichten und gebe nur eine verhältnismäßig kurze Darstellung der vier Arten. Wer sich weiter informieren möchte, dem empfehle ich meine folgenden Bücher, die das Thema eingehender behandeln: „Spirit-Controlled Temperament“ (in deutsch: Geisterfülltes Temperament), „Why You Act the Way You Do“, „Understanding the Male Temperament“ (in deutsch: Kennen Sie Ihren Mann?) und „Spirit-Controlled Woman“ (in deutsch: Das geistliche Leben der Frau).

Wenn Sie noch keines der erwähnten Bücher gelesen haben, möchte ich Ihnen jetzt eine Beschreibung jedes der vier Temperamente geben:

Der Sanguiniker

Der Sanguiniker ist ein lebensfroher, lebhafter Mensch. Er ist eine leicht ansprechbare Person. Was er an äußerlichen Eindrücken aufnimmt, läßt ihn innerlich nicht unberührt. Bei seinen Entschlüssen spielen mehr die Gefühle als das Nachdenken eine Rolle. Er geht leicht aus sich heraus, weshalb ich ihn gern als Superextravertierten bezeichne.

Bei seinem Frohsinn gelingt es ihm leicht, die anderen mit seiner Freude anzustecken. Wenn er ein Zimmer betritt, trägt seine gesellige, heitere Art und seine lebhafte Unterhaltung zur Lockerung der Atmosphäre bei.

Er ist ein fabelhafter Unterhalter, der in faszinierender Art seine Geschichten erzählt. Seine warme, gefühlsbetonte Natur läßt ihn selbst die Ereignisse wieder durchleben, während er sie erzählt.

Dem Sanguiniker mangelt es nie an Freunden. Jemand hat es einmal so ausgedrückt: „Seine einfache, spontane, freundliche Art öffnet ihm überall die Türen." Er fühlt aufrichtig die Freuden und Sorgen seines Gegenübers mit und hat die Fähigkeit, ihm das Gefühl zu geben, er sei sein besonderer Freund — und er ist es, solange ihn der Sanguiniker anschaut. Dann geht er zu der nächsten Person und schenkt ihr die gleiche Beachtung. Der Sanguiniker hat, wie ich es gern ausdrücke, „anhängliche Augen". Ich meine, seine Augen hängen an jemand, bis er das Interesse verliert oder jemand anders daherkommt und seine Aufmerksamkeit auf sich zieht.

Der Sanguiniker ist nicht auf den Mund gefallen und redet oft, ohne zu denken. Seine Offenheit und Aufrichtigkeit haben eine entwaffnende Wirkung auf den Zuhörer und läßt diese leicht auf seine Stimmung einschwenken. Seine freie, begeisternde Lebensart wird von den mehr schüchternen Temperamentsarten beneidet.

Der gesellige Sanguiniker freut sich am Zusammensein mit anderen und haßt die Einsamkeit. Am besten fühlte er sich, wenn er, von Freunden umgeben, den Mittelpunkt bildet. Er hat ein großes Repertoire von interessanten Geschichten und Erlebnissen, die er sehr dramatisch vor Augen stellt, was ihn zum Liebling der Kinder, aber auch von vielen Erwachsenen macht.

Seine frohe und laute Art läßt ihn zuversichtlicher erscheinen, als er in Wirklichkeit ist, aber seine Energie und sein liebenswertes Wesen helfen ihm über die rauhen Stellen des Lebens hinweg. Die Leute sind geneigt, seine Schwächen zu entschuldigen: „Das ist eben seine Art!"

Wie die anderen Temperamente haben auch die Sanguiniker erhebliche Schwächen, die ihnen sehr schaden und ihr unglaublich großes Potential stark einschränken. Ihre größte Schwäche besteht meiner Meinung nach in ihrem schwachen Willen und dem Mangel an Disziplin. Weil sie hochemotional reagieren, über beträchtlichen natürlichen Charme verfügen und gerne betasten (sie berühren gewöhnlich die Leute, mit denen sie sprechen), hat bei ihnen das andere Geschlecht eine große Anziehungskraft. Deshalb kommen sie in mehr sexuelle Versuchungen als andere. Unglücklicherweise läßt der schwache Wille sie leicht solchen Versuchungen erliegen, wenn sie nicht durch gestärkte geistliche Kraft Widerstand zu leisten imstande sind.

Durch die Willensschwäche und den Mangel an Zucht können sie auch leicht unehrlich und betrügerisch werden. Außerdem haben sie die Neigung, zu viel zu essen und infolgedessen Gewicht anzusetzen. Eine alte Regel sagt: „Ohne Selbstbeherrschung kein Erfolg!" Dem kann man nur zustimmen. Nehmen wir einmal die Sportler: keiner ist so begabt, daß er ohne Selbstdisziplin auskommen könnte.

Es ist eine altbekannte Tatsache, daß schon etliche hoffnungsvolle Talente und potentielle Spitzensportler absackten, weil sie undiszipliniert lebten. Auf der anderen Seite gelingen einem eher durchschnittlich veranlagten Athleten ausgezeichnete Leistungen, weil er diszipliniert ist und an sich arbeitet. Ihm gelingt wahrscheinlich eine lange Karriere, weil er seinen Körper in Zucht hält.

Mangelnde Willenskraft und fehlende Disziplin müssen an erster Stelle genannt werden, wenn über die Schwächen des Sanguinikers gesprochen wird, denn ich bin davon überzeugt, daß er, wenn er diese Tendenz durch die Kraft Gottes überwindet, ein riesiges Potential zum Guten freisetzen kann.

Alle Temperamente haben Stärken und Schwächen. Das natürliche Potential kann durch die Schwächen gehemmt werden. Erfolg oder Versagen des Temperaments hängt davon ab, wie die Person die Schwächen überwindet. In der Ehe kann es zur Kollision dieser gegenseitigen Schwächen kommen, wodurch Konflikte erzeugt werden. Und bei selbstsüchtigen Partnern können selbst die Stärken der Grund der Unzufriedenheit des anderen sein.

Die Stärken und Schwächen des Sanguinikers

Dieser lebhafte, fröhliche Typ ist sehr gesellig und gibt einen guten Geschäftsmann ab. Keiner hat so viel natürliche Begabung, zu motivieren und mit anderen zu arbeiten. Er faßt freudig vor ihm liegende Aufgaben an. Obwohl es ihm hauptsächlich an Selbstdisziplin mangelt, tauchen auch andere Schwächen auf, wie die folgende Aufstellung zeigt:

Stärken:	*Schwächen*:
warmherzig	Mangel an Beherrschung
freundlich	schwacher Wille
froh	egoistisch
nach außen gewandt, extravert.	emotionell sprunghaft
begeistert	instabil
gesprächig	neigt zu Übertreibungen
mitfühlend	hitzköpfig
auf andere eingehend	unordentlich
stimulierend	manipulierend
ehrgeizig	ruhelos

Diese unbefangene, zugängliche Person ist mit guten beziehungherstellenden Fähigkeiten ausgestattet. Wenn sie ihre Schwächen überwinden kann und es lernt, zuverlässig und beständig zu sein, ist ihr Potential fast unbegrenzt.

Der Choleriker

Der Choleriker ist ein aktiver, praktischer, willensstarker, aber auch hitzköpfiger Mensch, der sehr eigenständig und unabhängig, aber auch eigenwillig ist. Er handelt entschlossen, und es fällt ihm leicht, Entscheidungen für sich und andere zu treffen. Wie der Sanguiniker ist auch der Choleriker extravertiert, aber nicht so stark.

Der Choleriker ist ein besonders aktiver Typ. Das Leben besteht für ihn aus Betriebsamkeit. Er bedarf nicht erst der Stimulation durch seine Umgebung, sondern er selbst stimuliert seine Umgebung mit seinen vielen Ideen, Plänen, Zielen und Ambitionen. Er ist scharfsinnig und praktisch veranlagt. Er hat die Fähigkeit, gut begründete, kurzfristige Entscheidungen zu treffen und lohnende Projekte zu planen. Er nimmt seinen Standpunkt ein und läßt sich dabei nicht durch die Meinung anderer unter Druck setzen.

Der Choleriker hat keine Angst vor Mißgeschick. Seine Entschiedenheit läßt ihn selbst da, wo andere versagen, erfolgreich sein, denn seine Pläne sind besser als ihre. Während andere sich entmutigen lassen und aufgeben, geht er eisern vorwärts. Wenn die Aussage stimmt, daß Führerpersönlichkeiten geboren und nicht gemacht werden, dann ist er der geborene Führer.

Das Gefühlsleben ist die am wenigsten entwickelte Seite seines Temperaments. Es fällt ihm nicht leicht, mit anderen gut Freund zu werden, und er zeigt auch wenig Mitgefühl. Er ist verlegen, wenn bei anderen Tränen fließen. Es stößt ihn ab. Er reagiert wenig sensitiv auf die Nöte anderer. Musik und feine Künste finden bei ihm kaum Würdigung, es sei denn, daß es sich bei seinem sekundären Temperament um das melancholische handelt. Er strebt nach den nützlichen, produktiven Werten des Lebens.

Der Choleriker wäre eine sehr gewinnende Person, wenn er nicht ernste Schwächen aufwiese, unter denen hauptsächlich sein Jähzorn zu nennen ist. Manche lernen es, ihren Zorn zu zügeln, aber die meisten bleiben schlummernde Vulkane, bei denen jederzeit ein gewaltsamer Ausbruch droht. Wenn ihr starker Wille nicht durch angemessene elterliche Disziplin schon früh unter Kontrolle gebracht wird, entwickeln sie rücksichtslose Gewohnheiten, die ihnen ihr ganzes Leben lang anhängen. Es braucht nicht lange, bis die Choleriker merken, daß sich die anderen vor ihren stürmischen Ausbrüchen fürchten, und so gebrauchen sie Drohungen als Waffe, um das zu bekommen, was sie wollen — nämlich die Durchsetzung ihres eigenen Willens.

Der Zorn des Cholerikers ist anders als der des Sanguinikers. Der Ausbruch eines Cholerikers ist zwar selten so laut wie der eines Sanguinikers (denn er ist nicht ganz so extravertiert wie er), aber er ist gefährlicher. Sanguiniker haben eine sanfte Ader, die es ihnen erschwert, andere absichtlich zu verletzen, so daß sie mehr oder weniger gedankenlos kränken. Nicht so der Choleriker. Mit bewußter Böswilligkeit kann er anderen Schmerzen zufügen und sich noch darüber freuen. Seine Frau fürchtet sich gewöhnlich vor ihm, und er neigt auch dazu, die Kinder in Angst und Schrecken zu versetzen.

Der Choleriker ist sozusagen ein Vulkan auf zwei Beinen, ständig Rauch abgebend und grollend, bis sich bei einem Anlaß seine giftige Lava über jemand ergießt. Er ist einer, der Türen zuknallt und mit der Faust auf den Tisch haut. Jeder, der ihm in den Weg tritt, sein Fortkommen hindert oder seinen Erwartungen nicht gerecht wird, muß damit rechnen, bald die Ausbrüche seiner Rache zu erfahren. Anders als der Sanguiniker, der gewöhnlich seinem Ärger Luft macht und dann schnell sich wieder beruhigt und zur Tagesordnung übergeht, kann der Choleriker seinen Groll lange Zeit weiterhegen. Vielleicht ist das der Grund, warum viele von ihnen um die Vierzig anfällig für Geschwüre werden.

Keiner stößt bissigere Bemerkungen aus als ein sarkastischer Choleriker. Auch der Sanguiniker ist ihm darin nicht gewachsen. Der Choleriker hat keine Hemmungen, seinen Gegner mit beißendem Spott zu verletzen. Deshalb hinterläßt er auf seinem Weg viele verletzte Seelen.

Der ist ein glücklicher Choleriker (und seine Familienangehörigen), der es gelernt hat, seine Zunge im Zaum zu halten und sie nicht als tückische Waffe, sondern als heilendes Mittel zu verwenden. Dazu braucht es viel Geduld, und Rückfälle sind vorprogrammiert. Wenn er es einmal geschafft hat, sich zu mäßigen und seine Zunge zu Lob und Ermutigung einsetzt, kann doch in Kürze der Gaul wieder mit ihm durchgehen. Er kann die Worte des Jakobus verstehen: „*Die Zunge kann keiner der Menschen bändigen; sie ist ein unstetes Übel, voll tödlichen Giftes*" (Jakobus 3,8).

Er hat das unempfindsamste aller Temperamente und wirkt schon beim Gedanken an jede öffentliche Gefühlsbezeugung wie gelähmt. Eheliche Zuneigung bedeutet bei ihm einen Kuß bei der Hochzeit und dann wieder bei der Feier des fünften Hochzeitstages.

Eine Frau, die 24 Jahre an der Seite eines cholerischen Mannes lebte, kam zu mir in die Beratung und klagte: „Mein Mann ist schrecklich gefühlskalt und unempfänglich für Zärtlichkeiten. Er läßt mich seine Lippen berühren, aber da ist keine Gefühlsregung dahinter. Ihn zu küssen ist so aufregend, wie das Küssen einer Marmorstatue an einem kalten Wintertag."

Choleriker können viel erreichen, wenn sie ihre Schwächen überwinden. Wenn sie vom Geist Gottes erfüllt sind, wandelt sich ihre Eigenwilligkeit und boshafte Härte zu einem heroischen, bewunderungswürdigen Eintreten für die Sache des Herrn. Durch ihren opferwilligen Eifer für das Reich Gottes haben sie große Taten zur Ehre des Herrn vollbracht, und die Gemeinde Christi hat viel Nutzen aus dem Einsatz dieser aktiven, wirkungsvollen Menschen gezogen.

Viele kirchliche Institutionen sind von diesen kühnen Kämpfern gegründet worden. Aber sie müssen sich auch immer wieder das göttliche Prinzip echter Wirksamkeit vor Augen halten: „*Nicht durch Macht und nicht durch Kraft, sondern durch Meinen Geist, spricht der Herr der Heerscharen*" (Sacharja 4,6).

Die Stärken und Schwächen des Cholerikers

Der aktive Choleriker, der voller Energie und Schaffenskraft ist, gibt einen guten Führer, aber auch fleißigen Arbeiter ab.

Stärken:	*Schwächen*:
starker Wille	gefühllos, kalt
entschieden	dünkelhaft
unabhängig	ungestüm
entschlossen	dominierend
aktiv und energisch	nicht vergebend
praktisch	feindselig und launisch
starker natürlicher Führer	sarkastisch und unbarmherzig
optimistisch und zuversichtlich	ungeduldig
produktiv	nicht mitfühlend
zielorientiert	eigensinnig

Auch bei dem sich stark behauptenden und wenig empfindsamen Choleriker kommt es darauf an, inwieweit er seine Schwächen überwindet und die Zusammenarbeit mit anderen Leuten sucht. Für den Aufbau zwischenmenschlicher Beziehungen hat er wenig Neigung, auch da hat er viel zu lernen.

Der Melancholiker

Der Melancholiker besitzt das reichste aller Temperamente. Er ist sehr begabt und hat eine empfindsame Gefühlswelt. Er handelt selbstaufopferungsvoll, hat aber eine perfektionistische Art an sich. Niemand kann mehr Freude an den feinen Künsten empfinden als er. Von Natur introvertiert, hat er, da seine Gefühle die Vorherrschaft haben, mannigfaltige Gemütsbewegungen. Manchmal lassen sie ihn die Höhen der Ekstase erleben, was ihn zu mehr extravertiertem Verhalten veranlaßt. Zu anderen Zeiten jedoch kann er ganz gegensätzlich sein: zurückgezogen, schwermütig und depressiv. Seine Neigung zu trüben Stimmungen hat dazu geführt, daß man bei ihm vom „dunklen Temperament" spricht.

Der Melancholiker ist ein treuer Freund, aber es fällt ihm, anders als dem Sanguiniker, schwer, mit anderen Kontakt aufzunehmen. Er gibt sich selten einen Stoß, auf andere Leute zuzugehen, sondern verhält sich eher passiv und läßt die anderen auf sich zukommen. Er ist vielleicht das verläßlichste aller Temperamente, denn seine perfektionistische Neigung erlaubt es ihm nicht, Drückeberger zu spielen oder andere hängen zu lassen, wenn sie mit ihm rechnen.

Seine Zurückhaltung und seine Abneigung, sich selbst in den Vordergrund zu stellen, sind keine Anzeichen dafür, daß er die anderen nicht mag. Wie wir alle hat er nicht nur Zuneigung für andere, sondern auch den starken Wunsch, von ihnen geliebt zu werden. Erfahrene Enttäuschungen lassen ihn jedoch davor zurückschrecken, die Menschen nach ihrem Äußeren zu bewerten. Es kommt ihm verdächtig vor, wenn andere ihn aussuchen oder ihm starke Beachtung schenken.

Seine ausgezeichneten analytischen Fähigkeiten lassen ihn genau die Hindernisse und Gefahren von Projekten erkennen, bei denen er beteiligt ist. Das steht im starken Kontrast zum Choleriker, der kaum Probleme und Schwierigkeiten zur Kenntnis nimmt, sondern zuversichtlich ist, daß er mit allen Krisen, sollten sie je kommen, fertig werden wird.

Diese Züge lassen den Melancholiker vor allem dann Zurückhaltung üben, wenn ein neues Projekt in Angriff genommen wird. Dabei kann er mit denen in Konflikt kommen, die von dem Vorhaben hellauf begeistert sind.

Weil er oft auf die Hindernisse anstatt auf die Mittel und Ziele sieht, kann er schon entmutigt sein, bevor er beginnt. Wenn jemand dem Melancholiker seine pessimistische Haltung vorhält, verteidigt er sich gewöhnlich mit Erklärungen wie: „Ich bin nicht negativ eingestellt. Ich bin nur Realist!“ In anderen Worten: Seine Denkweise macht ihn realistisch pessimistisch. Zu Zeiten besonderer Inspiration und bei Gefühlsaufwallungen gelingt es ihm, große Kunstwerke zu schaffen. Aber nach solchen Leistungen folgen dann wieder Zeiten starker Depression. Manches große Genie war bekannt für seine langen melancholischen Phasen.

Die größte Bedeutung im Leben des Melancholikers hat das

persönliche Opfer. Er scheint darauf aus zu sein, zu leiden, und wählt auch oft einen schwierigen Beruf, der Opfer einschließt. Aber hat er ihn einmal gewählt, identifiziert er sich mit dieser Aufgabe und ist bei der Verfolgung seines Zieles außerordentlich gründlich. Und er erreicht dabei Großes und Gutes, wenn er nicht unter dem Druck, die ganze Verantwortung zu tragen, so depressiv wird, daß er aufgibt. Kein Temperament hat so viel natürliches Potential, wenn es durch den Heiligen Geist mit Kraft ausgerüstet wird.

Der Kreativität und den anderen Stärken der Melancholie stehen aber auch ausgeprägt schwache Seiten gegenüber. Zum Beispiel sind die an und für sich bewundernswerten Qualitäten der Gewissenhaftigkeit und der Perfektion oft mit einer negativen Einstellung, mit Pessimismus und Kritizismus verwoben. Jeder, der lange Zeit mit einem begabten Melancholiker zusammengearbeitet hat, weiß, daß seine erste Reaktion auf etwas Neues immer negativ ist. Ob in der Schule, in der Gemeinde oder sonstwo, sie erwidern instinktiv: „Unmöglich! Das geht nicht! Es wird nicht klappen!“ oder „Wir haben es schon einmal versucht, und es ist nicht gegangen!“ oder „Die Leute werden nicht darauf eingehen!“

Der schädlichste Einfluß, der vom Melancholiker ausgeht, ist sein Kritisieren. Er hat ständig dagegen anzukämpfen. Er leidet an negativen Gedanken, vergrößert dann aber nur das Problem, wenn er diesen Gedanken verbal Ausdruck verleiht. Dadurch wird die Atmosphäre vergiftet, und Frau und Kinder sind dann bedrückt.

Der Melancholiker untersucht ständig sein geistliches Leben und sieht dabei immer wieder seine — seiner Meinung nach große — Unzulänglichkeit, ungeachtet der Tatsache, daß er wahrscheinlich größere Hingabe praktiziert als die anderen. Ein Melancholiker hat einmal das, was ihn quälte, so ausgedrückt: „Ich habe zwar alle Sünden, deren ich mich erinnern konnte, bekannt, aber ich weiß, es muß noch andere geben, die mir entfallen sind!“ Solche Gedanken halten ihn von der Freude an der Erlösung und von der Zuversicht, die wir in Gott haben dürfen, ab.

Die Stärken und Schwächen des Melancholikers

Das begabte melancholische Temperament, ob männlich oder weiblich, ist das umfassendste Temperament, aber es weist auch viele Schwächen auf. Kein Temperament bietet mehr Potential, aber bleibt auch so oft hinter den Erwartungen zurück — aufgrund negativer Stimmungen und Mangel an Selbstvertrauen.

Stärken:	*Schwächen*:
begabt	niedergeschlagen
analytisch	sehr gefühsbetont
gründlich	leicht verletzlich
diszipliniert	pessimistisch
eifrig	negativ
aufopferungsvoll	kritisch und mäkelig
ästhetisch	theoretisch
kreativ	unpraktisch
empfindsam	argwöhnisch und rachsüchtig
treu	selbstzentriert
zuverlässig	unentschlossen

Bei diesen wenig aggressiven, aber hochempfindsamen Menschen muß die Motivation von außen kommen — durch Gott, andere oder Projekte. Es ist schlecht für sie, untätig zu sein, denn wenn sie nicht durch andere motiviert werden, neigen sie zur Introspektion. Wenn sie dann beginnen, sich selbst zu „psychoanalysieren", können sie sehr bald das letzte Selbstvertrauen verlieren.

Viele herausragende Diener Gottes waren Melancholiker, darunter Propheten, Jünger und Apostel. Auch der Melancholiker kann sein Potential nur durch ein geisterfülltes Leben ausschöpfen (Epheser 5,18-20), was ihn von einem schwermütigen Meckerfritzen zu einem dankbaren Lobpreiser werden läßt.

Der Phlegmatiker

Der Phlegmatiker ist ein ruhiger Mensch, der einen so hohen Siedepunkt aufweist, daß er selten überkocht. Er ist ohne Frage die Person, mit der man am leichtesten auskommt, und er ist von Natur aus das liebenswerteste aller Temperamente.

Das Leben ist für ihn eine nette Erfahrung, in die er sich so wenig wie möglich einbringt. Er ist gleichgültig und träge und läßt sich nicht aus seiner Ruhe bringen. Er ist sehr verträglich, und hinter seiner beherrschten, zurückhaltenden, beinahe scheuen Art verbergen sich eine ansehnliche Anzahl von positiven Fähigkeiten. Er ist mehr emotional, wie das von außen her scheint. Er weist künstlerische Begabung auf und schätzt die feinen Dinge des Lebens.

Der Phlegmatiker kennt keinen Mangel an Freunden, denn er hat Menschen gern und hat einen natürlichen, trockenen Humor. Er kann die Leute zum Lachen bringen, ohne selbst die Miene zu verziehen. Er besitzt die einzigartige Fähigkeit, bei anderen und ihren Tätigkeiten immer etwas Humorvolles zu entdecken. Er hat eine positive Einstellung zum Leben.

Mit einem guten Gedächtnis ausgerüstet, ist er ein feiner Imitator, und es macht ihm auch Spaß, sich über die anderen Temperamente lustig zu machen. Zum Beispiel kann er dem ziel- und ruhelosen Enthusiasmus des Sanguinikers nichts abgewinnen und ist abgestoßen von der schwermütigen Stimmung des Melancholikers. Der erstere sollte nach Ansicht des Phlegmatikers mit seiner Nutzlosigkeit, der andere mit seiner Überempfindlichkeit konfrontiert werden. Und dem Choleriker würde er gern Eiswürfel in seine heißen Pläne und Ambitionen schütten.

Der Phlegmatiker neigt dazu, ein Beobachter des Lebens zu sein und versucht, sich so wenig wie möglich in die Aktivitäten anderer hineinziehen zu lassen. Nur sehr widerwillig läßt er sich zu einer Tätigkeit, die außerhalb seiner täglichen Routine liegt, bewegen. Wenn er aber einmal zugreift, zeigt er seine Tauglichkeit und Tüchtigkeit.

Er wird sich niemals freiwilig für eine Führungsaufgabe anbieten, aber wenn er sie gezwungenermaßen übernimmt, erweist er sich als sehr fähiger Leiter. Er hat eine versöhnende Wirkung auf andere und ist ein guter Friedensstifter.

Trotz dieses Bildes vom netten Kumpel und seiner unbekümmerten Art ist der Phlegmatiker keineswegs ohne Schwächen. Aber welches Temperament wäre es auch? Die offenkundigste Schwäche des Phlegmatikers ist der Mangel an Antrieb und Ehrgeiz, Schwung und Energie. Es kommt selten vor, daß er eine Handlung initiiert. Er bringt lieber Entschuldigungen hervor, damit er nicht in die Aktivitäten anderer einbezogen wird. In der Familie läßt er sich oft gehen und kümmert sich einfach nicht um den Handlungsbedarf im eigenen Haus.

Eine weniger auffällige Schwäche des Phlegmatikers ist sein Egoismus. Jedes Temperament kennt dieses Problem, aber der Phlegmatiker ist von dieser Neigung besonders bedroht. Doch er ist so nett und anständig, daß es nur wenige Leute merken.

Nirgendwo kommt sein Egoismus klarer zum Ausdruck als im Gebrauch des Geldes. Er ist ein Geizhals und ein Pfennigfuchser, es sei denn, es handelt sich um Kleider für ihn selbst und um Werkzeug für seine Arbeit.

Der Phlegmatiker kann sehr eigensinnig sein, aber er ist so diplomatisch, daß die anderen es erst viel später mitbekommen. Er stellt sich nie jemand feindlich gegenüber, und er lehnt es nicht ab, etwas zu tun — aber er schafft es doch irgendwie, den Forderungen nicht nachkommen zu müssen.

In der Familie schreien Phlegmatiker nicht herum, sie gehen einfach extrem langsam oder rühren sich nicht von der Stelle. Sie erinnern mich oft an einen Esel, der störrich den Aufforderungen seines Halters widersteht. Stoßen oder ziehen bringt nichts. Manchmal würde man ihnen gern eine Ladung Dynamit unter den Hintern legen.

Während Phlegmatiker nie großen Wirbel machen, können sie trotzdem den anderen, mehr aggressiven Partner durch ihre passive, sich zurücklehnende Art auf die Palme bringen.

Ihre passive Haltung ist bei ihnen das große Problem. Erst kürzlich kamen bei einem Familiensemiar sechs Frauen zu mir, und ihre Frage lautete: „Wie kann ich meinen phlegmatischen

Gatten motivieren?“ Ehrlich gesagt, das ist ganz schön schwierig. Denn bei allen Schwächen (wie wir auch in einem späteren Kapitel sehen werden) ist ohne die Mitarbeit der betreffenden Person kaum etwas auszurichten. Und selbst dann, wenn die Person die Bereitschaft dazu zeigt, bedarf es der Hilfe Gottes. Aber es ist möglich!

Die Stärken und Schwächen des Phlegmatikers

Diese netten, sanften Leute, die sich oft schon vor der Bekehrung mehr wie Christen benehmen als viele von uns danach, sind weit davon entfernt, vollkommen zu sein. Sie sind einfach höflicher und diplomatischer im Ausdruck ihrer alten sündigen Natur. Eine ihrer Hauptschwächen ist die fehlende Motivation.

Stärken:	*Schwächen*:
ruhig, gemütlich	passiv
unbekümmert	zögernd, hinausschiebend
diplomatisch	unentschlossen
verläßlich	ängstlich
sachlich	unsicher
tüchtig	eigensinnig
ordentlich	selbstsüchtig
praktisch	geizig
humorvoll	langsam und faul
liebenswürdig	unmotiviert

Der Phlegmatiker ist superintrovertiert. Er will gerne im Hintergrund bleiben und sein eigenes Arbeitstempo einschlagen, das mit jedem Jahr langsamer wird.

Zusammenfassung

Das war ein Überblick über die vier Grundtemperamente. Mit dieser knappen Einführung in die Temperamentsarten können Sie das nächste Kapitel besser verstehen, bei dem es darum geht, daß sich Gegensätze anziehen.

6. Kapitel

Gleiches stößt sich ab, Ungleiches zieht sich an

In all den Jahren als Eheberater bin ich noch keinem Ehepaar begegnet, bei dem beide Partner genau dasselbe Temperament aufwiesen. Das heißt natürlich nicht, daß es solche Fälle nicht gibt. Jedenfalls wurden bei den Ehepaaren, die meinen Temperamentstest durchliefen, 89 Prozent als klar gegensätzlich identifiziert, und die restlichen elf Prozent wiesen auf wichtigen Gebieten erhebliche Unterschiede auf.

Die Menschen, die den Eindruck hatten, einen Partner des gleichen Temperaments geheiratet zu haben, verstanden die Temperamentslehre nicht: Entweder stellten sie eine falsche Diagnose oder berücksichtigten nicht, daß jeder von uns mindestens zwei Temperamente hat, ein primäres und ein sekundäres. Mehr davon im nächsten Kapitel.

Wir neigen dazu, Leute unseres eigenen Temperaments nur mäßig zu lieben. Zum Beispiel mögen zwei lustige, unterhaltsame Sanguiniker miteinander gehen, aber es würde sie gefühlsmäßig sehr erschöpfen, denn jeder würde versuchen, dem anderen immer um eine Nasenlänge voraus zu sein. Keiner kann das lebenslang aushalten.

Shakespeare hat es so ausgedrückt: „Für den Sanguiniker ist die ganze Welt eine Theaterbühne!" Sanguiniker sind Darsteller, deshalb heiraten sie Beobachter. Andere Sanguiniker sind ihnen eine Bedrohung. Jeder Schauspieler wird Ihnen erzählen, daß es keinen Spaß macht, ein Stück aufzuführen, ohne daß das

Publikum anwesend ist und Applaus spendet. Können Sie sich zwei Sanguiniker vorstellen, die sich gegenseitig ansehen und auf Lob warten? Sie würden es nicht lange tun — gewöhnlich nicht so lange, daß es zur Heirat kommt.

Und ich bin noch überzeugter davon, daß sich auch zwei Choleriker nicht heiraten würden. Wahrscheinlich würde es nicht einmal zu einem Rendezvous kommen. Können Sie sich vorstellen, daß zwei eigenwillige, angriffslustige, sarkastische Leute, von denen jeder gewohnt ist, Entschlüsse selbst zu fassen, zu einer Entscheidung kommen, wohin sie gehen, was sie essen und wer bezahlen soll? Bevor sie überhaupt aus der Garage fahren, begännen schon die Auseinandersetzungen. Rendezvous vielleicht, Heirat aber niemals!

Zwei Phlegmatiker mögen lange Zeit miteinander gehen. Einer würde wahrscheinlich infolge seines hohen Alters gestorben sein, ehe der andere genügend Energie aufbrachte, ihm einen Heiratsantrag zu machen. Generell sitzen Phlegmatiker lieber herum und warten darauf, daß die andere Person die Initiative ergreift und um die Weiterführung der Beziehung bemüht ist. Gewöhnlich ist das ein Choleriker.

Wenn ein Temperament eines seiner Art heiraten würde, dann könnte das höchstens beim Melancholiker der Fall sein. Wenn beide längere Zeit in einer sadistischen Gemütsverfassung bleiben, werden sie vielleicht Heirat ins Auge fassen — aber auch das ist nicht sehr wahrscheinlich.

Offen gesagt, wenn ein Perfektionist nur lange genug mit einer Person geht, wird er schon etwas an dem potentiellen Partner finden, was ihm nicht gefällt. Und wenn seine Kritik, in Gedanken oder auch in Worten ausgedrückt, lange genug anhält, wird sie die Liebe mehr und mehr schwinden lassen — entweder vor oder nach der Heirat.

Im allgemeinen ist es also so, daß Melancholiker mehr von sanguinischen Typen angezogen werden, die sie mitreißen und zum Altar schleppen, bevor sie die Fehler des Partners richtig zur Kenntnis genommen haben.

Gegensätze ziehen sich an

Ein junger Ingenieur, der zu mir in die Beratung kam, verbrachte die erste halbe Stunde damit, sich über seine Frau zu beklagen. Dann schlug er die Hände vors Gesicht und stöhnte: „Ich kann einfach nicht verstehen, warum ich diese Frau überhaupt geheiratet habe." Und das war ein Mann, der vier Jahre zuvor so verrückt nach dieser schönen, jungen Frau war, daß er kaum noch arbeiten und schlafen konnte, ohne an sie zu denken.

Und er dachte immer noch an sie, nur auf eine andere Weise. Vor der Heirat war er ganz hin und floß nur so über vor Liebe. Und vier Jahre später hatten seine kritischen Gedanken seine romantischen Gefühle völlig verdrängt.

Die Antwort auf seine Frage, warum er sie geheiratet hatte, ist ziemlich klar. Während er Hals über Kopf in sie verliebt war und ihr den Hof machte, bemerkte er nur ihre guten Seiten, also ihre Stärken. Das ist gewöhnlich alles, was wir von unserem Partner *vor* der Hochzeit sehen. Warum? Aus zwei Gründen: Liebe macht bekanntlich blind, und wie alle Menschen in der Zeit der jungen Liebe, zeigt man sich nur von der besten Seite.

Es war in ihrem Fall also kein heuchlerisches Verhalten, sondern sie ging einfach positiv auf ihn ein und wollte, daß die Beziehung bestehen blieb. Wenn wir in unserer Beziehung unser wahres Ich zeigten, würden wir keinen finden, der so töricht wäre, uns zu heiraten. Statt dessen geben wir uns so attraktiv, wie wir nur können, und stellen nur unsere Stärken zur Schau. Und so kommt es, daß wir folgendes feststellen können:

Sanguiniker üben auf Melancholiker Anziehungskraft aus

Als allgemeine Regel gilt, daß sich der heitere Sanguiniker zum schwermütigen Melancholiker hingezogen fühlt, und der Melancholiker am besten auf den hemmungsfreien Sanguiniker eingeht. Letzterer braucht, wie wir schon festgestellt haben, einen Partner, der sein Auftreten und seine Zurschaustellung würdigt. Der Melancholiker, der ein Zuhörer ist, kommt ihm da gerade

recht. Melancholiker sind ordentliche, fähige Leute mit innerem Tiefgang, die bewußt oder unbewußt die Qualitäten besitzen, die dem Sanguiniker, wie er weiß, fehlen.

Auf der anderen Seite merkt der Melancholiker, daß er zu Verdrießlichkeit und Depression neigt und daß er deshalb jemanden braucht, der Freude in sein Leben bringt. Sanguiniker, männlich oder weiblich, haben diese Gabe, denn sie sind die natürlichen Aufheiterer. Setzt sich der Melancholiker lange genug dem munteren, lebensfrohen Sanguiniker aus, so wirkt dieser wie ein Betäubungsmittel für seine melancholischen Gefühle.

Es sind die gegensätzlichen Stärken dieser zwei Menschen, die sie zusammenbinden.

Choleriker wirken Anziehungskraft auf Phlegmatiker aus

Der betriebsame Choleriker fühlt sich zum gemächlichen Phlegmatiker hingezogen. Choleriker sind aggressiv und ungestüm, Phlegmatiker passiv. Deshalb brauchen sie einander. Der Phlegmatiker benötigt jemand, der den Kurs der Beziehung angibt, und der Choleriker wünscht sich einen Partner, den er führen kann.

Der energische, dynamische Choleriker fühlt sich wohl bei dem sanften, phlegmatischen Gemüt, das keine Bedrohung seiner Führerschaft darstellt. Viele Choleriker erklären: „Ich fühle

mich einfach entspannt in seiner Nähe“ (das war vor der Heirat!).

Auf der anderen Seite wartet der Phlegmatiker, den oft die Gesellschaft mit seinesgleichen und der Mangel an Beteiligung langweilt, auf jemand, der ihn zu etwas ermutigt und anspornt.

Keiner kann einen anderen besser zu einer Tätigkeit motivieren als der Choleriker — und das trifft auf beide Geschlechter zu. Eine cholerische Frau weiß intuitiv, wie sie einen phlegmatischen Mann aus der Reserve lockt und motiviert (vor der Hochzeit im allgemeinen viel taktvoller als danach!). Der Choleriker bringt ein großes Potential zu Kurzweil, Spiel und Vergnügen mit, was einem Partner, der von Natur aus jemand folgen möchte, viel Freude bereitet. Auch hier sehen wir wieder, wie sich die unterschiedlichen Temperamente ergänzen.

7. Kapitel

Wie es funktioniert

Wir fühlen uns unbewußt von den Stärken unseres gegensätzlichen Partners angezogen, denn sie bilden den Ausgleich für unsere Schwächen. Wenn wir einer Person mit unserem eigenen Temperament, Fähigkeiten und Begabungen gegenüberstehen, sind wir nicht besonders beeindruckt, denn wir alle sehen unsere eigenen Stärken mehr oder weniger als selbstverständlich an. Die Leute, die am meisten Eindruck auf uns machen, sind deshalb die, die Stärken auf jenen Gebieten aufweisen, auf denen wir schwach sind.

Deshalb sind wir, wenn wir jemanden mit gegensätzlichem Temperament und Geschlecht — innerhalb einer vernünftigen Altersspanne und der eigenen Lebensanschauung — begegnen, positiv beeindruckt. Das kann dazu führen, daß wir uns verlieben. Wenn wir uns diesem Gegenüber lange genug aussetzen, führen diese Gegensätze zu einer Liebesbeziehung, die für die meisten Menschen schließlich zur Heirat führt.

Heiraten bedeutet Enthüllung

Emerson, Poet und Philosoph, beschrieb Liebe als eine Gefühlsaufwallung, die mit (der) Heirat endet. Ich bin da nicht so pessimistisch und glaube, daß die Ehe, diese von Gott befohlene Einrichtung, die Tür ist (oder zumindest sein kann) zu der wunderbarsten Beziehung, die zwei Menschen auf Erden haben können. Aber es bedarf auf beiden Seiten der richtigen Einstellung auf den Partner.

Die Ehe ist eine Enthüllung. Wenn zwei Menschen sich vor Gott, dem Pastor und den Trauzeugen die Treue versprechen, geloben sie, in guten und schlechten Zeiten zum Partner zu halten und ihn zu lieben, bis der Tod sie scheidet.

Im Grunde bestätigen sie: Weil ich auf deine Zusage der Liebe und Hingabe eingehe, werde ich mich dir ganz offenbaren — nicht nur körperlich, sondern auch seelisch. Bisher habe ich dir nur meine Stärken gezeigt. Jetzt, wo wir verheiratet sind, kann ich dir mein ganzes Ich aufdecken, und ich glaube aufgrund deiner Hingabe, daß du mich gleichwohl liebst.

Mein Freund Dr. Henry Brandt pflegte bei einem der Familienseminare, die wir zusammen durchführten, zu sagen: „Es gibt keine Nacktheit, die mit der seelischen Nacktheit zu vergleichen ist!" Und das ist der wunde Punkt! Die Ehe ist nicht immer süß und hell. Sie schließt auch die Offenbarung der anderen Seite des Partners ein — seiner Schwächen. Was vielleicht in seiner Person verborgen geblieben wäre, kommt nun ans Licht, und das stellt die Liebesbeziehung auf die Probe.

Der Vorteil der vorehelichen Enthaltsamkeit

Gerade hier muß ich das biblische Konzept klar machen: den Erhalt der Unberührtheit vor der Ehe. Ich bin mir im klaren darüber, daß die Statistiker behaupten, daß heute 70 Prozent der jungen Paare vorehelichen Geschlechtsverkehr praktizieren. Ich persönlich bin bezüglich dieser Statistiken eher etwas vorsichtig, denn erstens wollen die humanistischen Relativierer gerne Fakten vortäuschen, um ihr eigenes Gedankengut zu stützen, zweitens mag ihre Einschätzung keine Christen einschließen, drittens werfen sie die sexuell ausschweifenden Paare mit jenen jungen Leuten zusammen in einen Topf, die verhältnismäßig früh in ihrem Leben ein oder zwei Verhältnisse hatten, aber dann ihre Lehren daraus ziehen und sich zurückhalten. Die Tatsache, daß die höchste Scheidungsrate bei denen besteht, die vorehelichen Geschlechtsverkehr hatten, bestätigt, daß Tugend und Moral sich wirklich lohnen.

Bezüglich der Anpassungszeit der Neuverheirateten (die die meisten Berater auf drei bis sieben Jahre schätzen), bin ich zu der Überzeugung gekommen, daß geglückte, schnelle Anpassung sehr viel häufiger unter denen zu finden ist, die sich entschlossen von sexuellen Aktivitäten vor der Ehe zurückhielten. Das sexuelle Erlebnis unter den unerfahrenen Neuverheirateten ist so aufregend, daß diese ihnen die Anpassungsphase erleichtert und sie mit einem Minimum an Konflikten auskommen — trotz der offenkundig gewordenen Unterschiede, besonders der Schwächen.

Wenn die eine Person, der gegenüber man seine sexuellen Bedürfnisse zum Ausdruck bringt, solches Vergnügen bietet, sieht man die offenkundigen menschlichen Schwächen auf anderen Gebieten nicht mehr als unüberwindbare Größe an. Bis zu der Zeit, wo die jugendliche sexuelle Ekstase etwas nachläßt, sind beide Partner reifer geworden, kennen ihren Partner und lieben ihn trotzdem.

Wie wir sehen werden, liegt einer der Schlüssel zu einer schnellen und dauerhaften Anpassung darin, sich während der Ehe auf die Stärken des Partners zu konzentrieren und es zu vermeiden, seine Schwächen in den Mittelpunkt zu rücken.

Warum wird überhaupt geheiratet?

Stellen Sie sich selbst einmal die Frage, warum die Leute hauptsächlich heiraten. Zu zweit zu leben ist sicherlich nicht leichter und billiger. Aber wir heiraten, weil wir grundsätzliche Bedürfnisse haben, die nicht zur Erfüllung kommen, wenn wir unabhängig für uns selbst leben. Wie Adam, der im Garten Eden in einer wunderbaren, von Gott geschaffenen Umgebung lebte und sich doch unbefriedigt fühlte, bis Gott ihm eine Gefährtin schuf, geht es auch dem Menschen unserer Tage.

Einige unserer wichtigsten Bedürfnisse können nur durch eine Person des anderen Geschlechts erfüllt werden. Wir haben das Verlangen nach intimer Partnerschaft, nach sexueller Vereinigung, nach einem eigenen „Nest“, nach dem Entzücken, das Kinder bringen — man könnte diese Liste noch weiterführen.

Fast jeder wird mit der Aussage übereinstimmen, daß Paare einander brauchen. Dies wird auch durch die hohe Zahl der Geschiedenen (oder deren Gatte verstarb) deutlich, die schließlich wieder einen Partner suchen, mit dem sie das Leben teilen können. Diese Neigung hat Gott in uns hineingelegt. Auch nach den vielen Jahrhunderten menschlicher Geschichte ist die Ehe die erstrangige Beziehung geblieben, die von der weitaus größten Zahl der Menschen angestrebt wird. Keine andere Beziehung kommt an sie heran.

Die Tatsache, daß Gegensätze sich anziehen, sollte uns im Blick auf die Ehe nicht entmutigen. Im Gegenteil, sie sollte uns inspirieren und uns auf Gottes Hilfe auch bei der Anpassung an den Ehepartner vertrauen lassen. Ich denke, daß die Heirat mit einem Partner des gegensätzlichen Temperaments kein Minus-, sondern ein Plusposten ist. Zwei Menschen akzeptieren sich, stellen sich auf den anderen ein, ergänzen sich und erreichen so zusammen viel mehr, als jeder einzeln erreichen würde. Die sich ergänzenden körperlichen Unterschiede in der Geschlechtlichkeit sind eine fühlbare, positive Illustration dessen, was an Freude, Wohlergehen und an Vorteilen bewirkt werden kann, wenn sich zwei gegensätzliche Partner zusammenfinden und ergänzen.

8. Kapitel

Temperamentsmischungen

Während der 25 Jahre, in denen ich immer wieder begründet habe, weshalb ich der Temperamentslehre so großen Wert beimesse, habe ich vor allem zwei Themenkreise angeschnitten, die ich hier besonders erwähnen möchte. An erster Stelle, weil am Wichtigsten, nenne ich hier das Werk des Heiligen Geistes, der nach unserer Bekehrung unsere Schwächen ausgleichen hilft und unsere natürlichen Stärken richtig lenkt, so daß wir unser Potential gut ausschöpfen können.

An zweiter Stelle möchte ich den Themenkreis der richtigen Temperamentserkenntnis und -zuordnung nennen. Keiner von uns ist zu 100 Prozent einem der vier Grundtemperamente zuzuordnen, denn wir weisen alle Temperamentsmischungen auf. Wir sind zumindest Träger von zwei Temperamenten. Und manche Leute haben sogar, wie ich aufgrund meiner Tests feststellen konnte, drei Temperamente, ein vorherrschendes und zwei schwächere.

Jeder Mensch hat von der Abstammung her zunächst mindestens sechs Menschen vor sich, die durch die Gene zum Zeitpunkt der Zeugung zu seiner physischen und temperamentsmäßigen Ausstattung beitrugen: die Eltern und die Großeltern. Deshalb sieht ein Kind gelegentlich weder Vater noch Mutter ähnlich, sondern eher dem Großvater oder der Großmutter. Dasselbe trifft auch auf das Temperament zu.

Ich möchte hier ausdrücklich vermerken, daß das Temperament nichts mit dem Geburtsdatum zu tun hat, sondern alles mit dem Zeugungsdatum beginnt. Das Temperament einer Person wird von Gott durch die Anordnung der Gene während des Zeugungsprozesses bestimmt. Was der Mensch im Mutterschoß ist, bestimmt, was er im Leben sein wird. Ich habe genügend Mütter gefragt, die mir bestätigten, daß ein Treter im Schoß der Mutter auch ein Treter im Leben ist. Und andererseits ist ein passives Kind im Schoß der Mutter gewöhnlich auch ein fügsames Kind im Leben.

Deshalb habe ich auch nie jenen Kritikern viel Beachtung geschenkt, die mich beschuldigten, ich würde eine Theorie propagieren, die sich auf das Horoskop stützt. Letzteres, das ich als Aberglaube einstufe, bezieht sich nämlich auf den Geburtstag, nicht auf den Zeitpunkt der Zeugung.

Die Zeugung kann als der wichtigste Tag des Lebens angesehen werden, denn an diesem Tag entsteht eine Person mit einer ewigen Seele. Und sie ist auch schon mit der Temperamentskombination ausgerüstet, die sie wiederum an ihre Kinder weitervererben kann. Diese Weitergabe geschieht im Rahmen einer Beziehung zu einem Partner des anderen Geschlechts. Und um diese Partnerschaft geht es ja in diesem Buch.

Es wäre natürlich sehr viel einfacher, wenn ich von nur vier Temperamenten ausgehen würde. Ich stimme zwar damit überein, daß eines der vier in jeder Person dominiert, aber ich konnte feststellen, daß noch ein zweites, wenn auch nicht in gleichem Ausmaß, ebenfalls Einfluß ausübt.

Als der Schreiber der Sprüche und später auch Hippokrates, auf den man die Temperamentslehre zurückführt, diese vier Temperamente erkannten, mögen die Rassen reiner und die Haupttypen viel ausgeprägter in Erscheinung getreten sein als heute.

Nehmen Sie zum Beispiel meine Frau und mich. Ich bin schottischer, französischer und irischer Abstammung, sie walisischer und schottischer. So leiten wir unsere Herkunft von mindestens vier verschiedenen Nationalitäten ab, was auch irgendwie in unser Wesen einfloß. So ergab sich bei mir eine cholerisch-sanguinische Temperamentskombination und bei meiner Frau eine phlegmatisch-sanguinische (mit einem Tupfer Melancholie).

Ein Psychiater bestätigt die Mischformen

Während unseres Sabbatjahres von unserem Pastorat in San Diego besuchten meine Frau und ich viele Länder und hielten dort unsere Familienseminare ab. Als ein Psychiater in Sydney, Australien, hörte, daß wir kommen würden, arrangierte er es, uns vorher zu einem Essen einzuladen. „Ich möchte Ihnen etwas Wichtiges mitteilen", meinte er.

Nachdem wir uns den besonders schönen Hafen von Sydney angesehen hatten, erklärte er uns, daß er ein Experte in der Lucher Farbenprüfung sei. Er war verschiedene Male nach London geflogen, um eine besondere Ausbildung auf diesem Gebiet zu bekommen, was ihm eine Hilfe bei der Einschätzung seiner Patienten war.

Es erwies sich, daß die Testpersonen aus den zwölf Farbmischungen jeweils die auswählten, die ihrem Temperament aus den zwölf Temperamentsmischungen zugeordnet worden war.

Er holte eine abgegriffene Ausgabe meines Buches „Understanding the Male Temperament" hervor — von dem ich noch gar nicht wußte, daß es auch den Weg nach Australien gefunden hatte — und schlug das 6. Kapitel auf. Dann sagte er: „Nachdem ich die Temperamentsmischung einer Person aufgrund ihrer Vorliebe für bestimmte Farben bestimmt hatte und mich dann Ihren Erklärungen über die betreffende Temperamentsform in diesem Buch zuwandte und sie dem Patienten vorlas, kam fast jedesmal der Kommentar: „Diese Beschreibung trifft ganz auf mich zu. So bin ich!"

Natürlich kann auf diesem Gebiet noch mehr Forschung betrieben werden, aber interessant ist jedenfalls, daß sich mit diesem Farbtest die Temperamentskombinationen nachweisen lassen. Das ist an und für sich ja nicht überraschend, denn unser Temperament beeinflußt fast alles, was wir tun oder wählen, einschließlich unserer Vorliebe für bestimmte Farben. Was mich besonders fasziniert, ist die Tatsche, daß dieser Test zwölf Farbmischungen kennt, die den zwölf Temperamentsmischungen entsprechen.

Auch auf die Gefahr hin, daß ich die natürliche Anziehungskraft der Temperamente komplizierter als nötig erscheinen lasse, muß ich doch bemerken, daß es eine vereinfachte Darstellung ist, wenn ich sage, daß Sanguiniker Anziehungskraft auf Melancholiker und Choleriker auf Phlegmatiker ausüben (und umgekehrt).

Meist ist es so, daß wir durch die Temperamentskombination angezogen werden, die als Gegenpart unsere eigene vervollständigt. Während es viele Ausnahmen gibt, weil es oft nur eine dünne Linie ist, die jede der drei Mischformen eines Grundtemperaments trennt, finden wir, daß häufig die folgenden Temperamentsformen zueinander finden:

San-Chols ziehen Mel-Phlegs an

In der Regel wird die stärkste Extravert-Kombination, nämlich San-Chol, von Mel-Phleg angezogen. Das vereinigt die frohe, aktive Triebfeder mit dem ruhig gehenden, gemächlichen Uhrwerk. Auf das Gefühlsleben bezogen: Der heiße, mutige, explosive Typ heiratet oft eine empfindsame, zu Angst neigende Person. Hier kann der scharfe Sarkasmus des zornigen Extravertierten, der oft einfach sagt, was ihm in den Sinn kommt, das Gemüt des Mel-Phlegmatikers, das einen Mangel an Selbstvertrauen aufweist, leicht verletzen.

San-Mels ziehen Mel-Sans an

Es ist nichts Ungewöhnliches, daß das gefühlsmäßig ausdrucksvollste Temperament, San-Mel, einen Mel-San heiratet. Beide sind extrem gefühlsbetont und von Natur aus anteilnehmende Personen. Man liebt, um andere glücklich zu machen. Und der andere liebt es, glücklich gemacht zu werden. Hoffentlich geschehen ihre Stimmungsschwankungen, die von der Ekstase bis zur Depression reichen, nicht an demselben Tag, so daß sie einen aufrichtenden, aufmunternden Einfluß auf den Partner ausüben. Wenn diese Kombination in der Ehe zusammenkommt, können sie gegenseitig die Stimmungsumschwünge des anderen gut verstehen.

Beide sind gesprächige Leute, wobei der San-Mel sich ausdrücken will, ob es nun seinem Partner gefällt oder nicht. Der Mel-San erinnert sich jeden Fehlers, jeder Kränkung und jeder Gedankenlosigkeit des Partners, und beide neigen leicht zu Tränen. Mel-Sans können zum Herzerweichen weinen. Ja, Tränen sind ihre erste gefühlsmäßige Reaktion auf irgend etwas Trauriges oder Enttäuschendes — einschließlich verlegter Eintrittskarten, vergessener Telefonnummern und aufdringlicher Verkäuferinnen. Ein Tag ohne Tränen ist kein richtiger Tag für sie.

San-Phlegs ziehen Mel-Chols an

Diese Kombination bringt die liebenswerteste und gemächlichste Art mit der ernsthaftesten zusammen. Dem lustigen San-Phleg macht es nichts aus, ob der Hörsaal geschlossen ist oder nicht, er verbringt ein gute Zeit. Der andere mißt den Erfolg des Tages an der Menge Arbeit, die er leisten konnte. Diese zwei Typen werden sich endlos aneinander reiben, wenn sie nicht lernen, sich anzupassen. San-Phlegs, die Lob und Anerkennung lieben, werden statt dessen mit Kritik und Beschuldigungen von ihren Mel-Chols überhäuft.

Ich habe erlebt, wie San-Phleg-Frauen ihre Anmut und ihren Liebreiz unter den ständigen Mißfallenskundgebungen und Gewittern ihres Mel-Chol-Gatten verloren haben. Manche San-Phleg-Männer neigen dazu, auf ständige Kritik dergestalt zu reagieren, daß sie eine Liebesaffäre beginnen — manchmal nur, um den Partner zu verletzen.

Chol-San ziehen Phleg-Mel an

Der ungestüme und andere überredende Chol-San heiratet oft den ganz introvertierten Phleg-Mel. Der Chol-San, ob männlich oder weiblich, ist der automatische Führer der Familie, was stillen Groll im Partner erzeugen kann. Ein Phleg-Mel ist meistens fähiger, als er meint. Wenn er sich deshalb von seinem aktivistischen Gatten motivieren läßt, wird er sehr viel mehr erreichen, als wenn er allein ans Werk ginge.

Wenn das Antreiben jedoch zu stark geschieht und er sich ärgert, wird er bockig und weigert sich weiterzumachen. Wir haben dann den alten Fall von der unwiderstehlichen Gewalt, die auf das unbewegliche Objekt trifft.

Chol-Mel ziehen Phleg-San an

Chol-Mel sind maximale „Arbeitspferde". Motiviert, zielorientiert handelnd, sind sie entschlossene, erobernde Typen, die jedoch mit ihrer Kritik nicht hinterm Berg halten und bissige Bemerkungen machen können. Der Phleg-San-Partner ist jedoch der umgängliche Typ, mit dem man am leichtesten auskommt. Er hat eine liebenswürdige, humorvolle Art und ist der geborene Friedensstifter. Sehen sie den Kontrast? Derjenige, der am meisten dazu neigt, einen Streit vom Zaun zu brechen, heiratet jemand, der sehr friedlich ist. Ob es in der Ehe klappt, wird davon abhängen, ob die Diplomatie des einen die dominierenden Tendenzen des anderen zu regulieren vermag.

Chol-Phleg ziehen Phleg-Chol an

Der bescheidenste aller Extravertierten, der besonnene Aktivist Chol-Phleg, ein systematisch vorgehender Mensch und der netteste der drei cholerischen Arten, ist ein gutes Gegenstück zum Phleg-Chol, der manche gleiche latente Neigungen aufweist, aber meistens wartet, bis er einen Anstoß bekommt, bevor er sich aufmacht. Die beiden können, wenn der Groll und der störrische Widerstand nicht die Oberhand gewinnen, eine gute, wertvolle Beziehung beibehalten.

Das war eine Kurzbeschreibung der Hälfte der Kombinationen. Die anderen sind dann genau umgekehrt. Zum Beispiel wird der Phleg-Chol vom Chol-Phleg angezogen werden usw.

Keine falschen Temperamentskombinationen

Seien Sie nicht überrascht, wenn Sie und Ihr Partner sich nicht zu einer der erwähnten Kombinationen zuordnen können. In der Tat sind nur vier der möglichen zwölf total gegensätzlich: San-Mel/Mel-San oder umgekehrt; Chol-Phleg/Phleg-Chol oder umgekehrt; Bei allen anderen sind die vorherrschenden Temperamente zwar gegensätzlich, aber die Begleittemperamente mögen ähnlich sein.

Außerdem kann es sein, daß Sie gar nicht in eine der erwähnten Kategorien fallen, denn ein San-Chol mag eine Chol-Mel heiraten oder eine andere Kombination. Ich sage nicht, daß allein diese sechs Kombinationen möglich sind, sondern daß sie zu überwiegen scheinen. Tatsächlich sind meine Frau und ich, wie schon angedeutet, eine Chol-San/Phleg-San-Kombination, und als solche gehören wir auch nicht zu den bereits erwähnten gängigen Formen.

Normalerweise sind es die beiden Haupttemperamente, auf die es ankommt. Sie sind gewöhnlich gegensätzlich, wenn nicht andere Heiratsgründe überwiegen. Zum Beispiel mag jemand bei dem Versuch, ein unglückliches Elternhaus zu verlassen, auf den erstbesten Zug aufspringen, der vorbeifährt.

Gerade diese Woche gestand mir eine fünfzigjährige Frau, daß sie schon mit 15 heiratete, weil sie vor ihrem Vater fliehen wollte, der sie schon belästigte, als sie zwölf Jahre alt war. Unglücklicherweise heiratete sie in ihrer Eile einen Mann, der in seiner Art dem Vater ähnelte, so daß die nächsten 15 Jahre für sie zu einem wahren Alptraum wurden.

Es liegt mir sehr daran, daß Sie diesen Punkt verstehen: Während, allgemein gesehen, bestimmte gegensätzliche Temperamentskombinationen aufeinander anziehend wirken, bedeutet dies noch lange nicht, daß sie sich gut aufeinander einspielen und eine harmonische Ehe führen. Denn:

Andere Faktoren spielen auch eine Rolle

Bis jetzt habe ich sehr wenig über die anderen Faktoren, die ebenfalls zu unserem Verhalten beitragen, gesprochen. Das Temperament ist zwar ein starker Faktor, aber eben nur einer. Herkunft, Kindheit und Erziehung haben ebenfalls einen nicht zu unterschätzenden Einfluß, genauso wie religiöse und moralische Einstellung und Selbstbeherrschung (oder deren Mangel). Das ist der Grund, warum zwei Menschen von gleicher Temperamentskombination verschiedene Verhaltensweisen an den Tag legen. Die nächste graphische Darstellung zeigt diese verschiedenen Faktoren.

Ich meine, daß der Einfluß des Temperaments auf unser Verhalten schätzungsweise 20 bis 35 Prozent ausmacht. An zweiter Stelle stehen die Umwelteinflüsse, einschließlich Erziehung, die Liebe, die wir als Kind erfuhren (oder ermangelten), traumatische Erfahrungen (Scheidung, Unrecht, Verletzungen, häufiger Wohnungswechsel in der Kindheit), Ausbildung usw. Die dritte wichtige Kraft bildet die religiös-moralische Überzeugung und Bindung. Die humanistische Psychologie mißt diesem Faktor zwar wenig Bedeutung zu, aber ich habe erlebt, daß religiöse Überzeugungen tatsächlich einen umfassenden Einfluß auf das Leben eines Menschen haben können und daß hier die einzige Kraft für wichtige Veränderungen vorhanden ist.

Lassen Sie mich das illustrieren. Zwei Menschen mit der gleichen Temperamentskombination, ähnlicher Herkunft und ähnlichen Umwelteinflüssen können aufgrund ihrer religiösen Werte bzw. deren Nichtachtung völlig verschiedene Wege gehen.

Nehmen Sie zum Beispiel einen feinen, hingegebenen jungen Christen, der sich zu Treue, Wahrheit und anderen moralischen Werten bekennt, die in der Heiligen Schrift gelehrt werden. Und auf der anderen Seite haben Sie einen Ungläubigen, dem dies nichts bedeutet, für den Moral nur etwas Relatives ist und der alles, was ihm richtig scheint, als erlaubt ansieht. Sie können sich vorstellen, daß letzterer mit großer Wahrscheinlichkeit einen höheren Quotienten an Selbstsucht aufweisen wird als derjenige, dem christliche Moral und Ethik etwas bedeuten.

Verhaltensformende Faktoren

Ererbtes Temperament
Erziehung
Erfahrungen
geistige Einstellung
Selbstzucht
Liebe der Eltern
Motivation
Ausbildung
Gesundheit
\+ Angewohnheiten

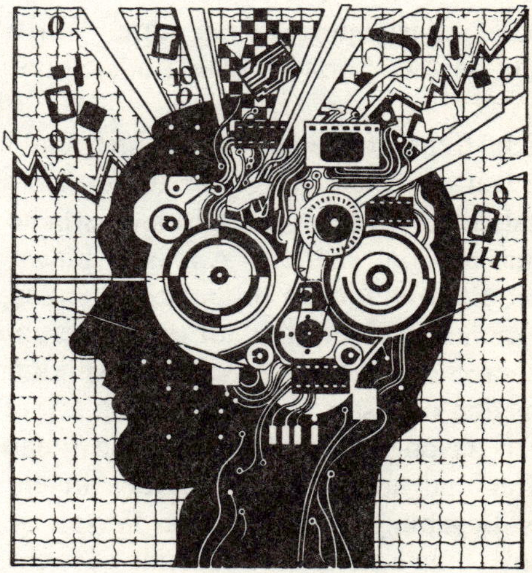

= Ihr Verhalten

Abbildung 1 g: Verhaltensformende Faktoren

Aus diesem Grunde ist es für Christen immer das beste, sich bei der Partnerwahl nach einem Christen umzusehen und die Relativisten unter ihresgleichen suchen zu lassen. Von einem moralischen Relativisten zu erwarten, sich liebend und ehrfürchtig zu verhalten und sich sexuell nur dem einen Partner hinzugeben, bis der Tod die beiden scheidet, ist ein schlechter Witz.

Dr. Alan Bloom führt in seinem Bestseller „The Closing of the American Mind" aus, wie der Relativismus zu der Vorstellung geführt hat, daß Moral, Anstand, Verbindlichkeit und Ehrfurcht keine Bedeutung mehr beizumessen ist. Ein befreundeter Pastor erzählte mir von einem hübschen Mädchen, das zu seiner Kirche gehörte. Sie kam mit folgender Frage zu ihm: „Herr Pfarrer, ich brauche Ihren Rat. Wie kann ich den Mann, mit dem ich zusammenlebe, dazu bringen, daß er mich heiratet?" Als er sie fragte, was ihr Jungfräulichkeit bedeute, antwortete sie: „Jungfräulich zu bleiben ist heute nicht mehr gefragt. Das bringt nichts."

Woher hatte diese junge Frau ihre Wertvorstellungen? Bestimmt nicht aus der Sonntagsschule oder ihrem christlichen Elternhaus!

Zwei gleiche Temperamente, die in einer ähnlichen Umwelt aufwuchsen, werden allein aufgrund dieses Einflusses unterschiedlich handeln. Unsere moralisch-geistliche Einstellung wird sich auch auf die eheliche Anpassung auswirken. Zwei Menschen mit einer ähnlichen religiösen Überzeugung werden es sehr viel leichter haben, sich auf den anderen einzustellen.

Nun schauen Sie sich bitte wieder die Abildung 1 g an und lassen Sie uns den nächsten Faktor betrachten: Selbstzucht und Disziplin. Daß davon viel abhängt, werden Ihnen die meisten Trainer, Lehrer und andere Ausbilder bestätigen. Oft ist dies wichtiger als Begabung. Obwohl eine Person auf einem bestimmten Gebiet eine besondere Begabung aufweisen mag, kann sie, wenn sie nicht Selbstzucht entwickelt, bald versagen.

Disziplin bedeutet Selbstbeherrschung. Es schließt auch Selbstverleugnung, Durchhalten und Beständigkeit mit ein. Ein solches Verhalten geschieht nicht nur temperamentsbedingt oder aufgrund der Erziehung, sondern beim Christen muß dies auch als Frucht des Heiligen Geistes sichtbar werden. In Galater 5,22 ist deshalb auch die Selbstbeherrschung oder Enthaltsamkeit aufgeführt.

Wie in meinen anderen Büchern über das Thema „Temperament" möchte ich auch hier betonen, daß jemand, der seine Schwächen ausbügeln möchte, den Heiligen Geist an sich wirken lassen muß, um aus einem geisterfüllten Leben heraus handeln zu können.

Alle Kombinationen können sich anpassen

Manchmal stellen mir Paare die Frage: „Was ist die ideale Temperamentskombination für die Ehe?" Meine Antwort ist immer gleich: „Was immer ihr als Kombination aufweist!" Es gibt keine zwei perfekten Temperamentsformen, denn alle haben Stärken und Schwächen. Und weil wir alle mindestens zwei Temperamente aufweisen, ein vorherrschendes und ein begleitendes, haben wir alle viele Stärken und Schwächen. Wenn wir auch die anderen Einflüsse auf das Temperament berücksichtigen, werden Sie bereits merken, daß es unmöglich ist, eine ideale Temperamentskombination zu nennen.

Unser Schöpfer hat jedes Temperament nach Seinem Wohlgefallen geschaffen. Wir müssen es nur nach Seinem Willen gebrauchen. Wenn Paare in Schwierigkeiten kommen, denken sie oft, daß es ihre unterschiedlichen Temperamente sind, die diese Konflikte auslösten. Aber das sind oft nur Symptome von Dingen, die tiefer liegen und über die ich im zweiten Teil des Buches sprechen werde.

Ein innerlich sehr verletztes Ehepaar wurde von ihrem Pastor zu mir geschickt, der mir gestand: „Bei ihnen bin ich mit meinem Latein zuende. Ich weiß nicht mehr weiter!" Er war Chol-Mel, sie Mel-Chol. Sie dachten aber, daß sie das gleiche Temperament hätten. Das ist nichts Ungewöhnliches, entweder weil die Beteiligten die Temperamente nicht verstehen oder weil sie sich selbst nicht richtig einschätzen können.

Weil beide nicht auf den Mund gefallen und sehr kritisch waren, machten sie sich gegenseitig verbal fertig. Obwohl Choleriker die Worte leichter auf der Zunge haben als Melancholiker, sind Frauen aber im allgemeinen gesprächiger als Männer. In diesem Fall waren also beide nicht auf den Mund gefallen, und so schütteten beide mit ihrer Zunge Gift auf den Partner.

Das Verständnis der Temperamente half ihnen wenig, denn bei ihnen bedurfte es vor allem der Erkenntnis des eigenen sündhaften Verhaltens anstatt der ständigen Beschäftigung mit der Sünde des anderen. Den Rat, den ich ihnen gab, möchte ich mir für eine spätere Illustration zurückhalten, aber ich bin glücklich, sagen zu können, daß sie heute in Liebe zueinander stehen und sich aktiv am Werk des Herrn beteiligen.

Das bestätigt wieder einmal die gute Botschaft, daß alle Temperamentskombinationen zu einer glücklichen Anpassung kommen können — wenn sie es nur wirklich wollen.

9. Kapitel

Die Schwächen des Temperaments ausgleichen

Nur durch *eine* Kraftquelle kann unser Verhalten so deutlich verändert werden, daß es wie eine Veränderung des Temperaments erscheint. Wie bereits gesagt, das Temperament ist ein beständiger Teil unseres Lebens — gerade wie unser äußeres Aussehen; es kann nur teilweise verändert, aber nie gewechselt werden. Die Bibel sagt, daß wir „wunderbar" geschaffen sind. Wenn Sie geboren wurden, um eine Größe von 1,80 m zu haben, dann läßt sich daran nicht viel ändern. Und wenn Sie als Chol-Mel geboren werden, werden Sie Chol-Mel bleiben.

Ich kann mir schon vorstellen, daß Sie sagen werden: „Aber ich kenne Leute, die haben sich total verändert!" Ich höre solche Bemerkungen öfters, aber die Personen erkennen nicht, daß das, was sie feststellen, ein Überwinden der Schwächen einer Person darstellt, es ihnen aber wie ein Wechsel des Temperaments vorkommt.

Nehmen wir an, ein Phleg-San wächst in einer strengen Familie auf und wird straff erzogen. Sein introvertiertes Temperament, zusammen mit der Neigung zur Furcht, wird bewirken, daß er als sehr zurückhaltende und ängstliche Person aufwächst. Im späteren Leben kann er durch die Kraft Gottes und die richtige Ermutigung durch den Ehepartner diese Hemmschwellen überwinden, mehr aus sich herausgehen und nach außen gewandt sein. Aber die Temperamentsform wechselt nicht. Der Heilige Geist glich die Schwäche der Furcht und der Schüchternheit aus, so daß der Eindruck entstand, ein Wechsel des Temperaments hätte stattgefunden.

Gott hat jedem Menschen bei der Zeugung bestimmte Gaben verliehen. Das schließt Temperament, Intelligenz, Körpertyp, Aussehen und andere Charakteristika ein. Weil wir alle Glieder der adamitischen Rasse sind, haben wir aufgrund des Sündenfalles auch Unzulänglichkeiten und Mängel geerbt: Gebrechen, die wir schon bei der Geburt aufweisen, ungute Veranlagungen usw. Die ganze Person besteht ja nicht nur aus Temperament oder Körperbau, sondern schließt viel mehr ein. Wir haben schon andere Faktoren erwähnt — einschließlich Selbstzucht und geistig-religiöser Bindung. Das alles ergibt die Zusammensetzung der Person, eine einzigartige Mischung aus Stärken und Schwächen.

Nichts hat einen stärkeren Einfluß auf unser Temperament, dessen negative Züge uns zu schlechtem Verhalten verleiten, als die Erfahrung einer echten Bekehrung, denn durch sie kommt die Kraft Gottes in unser Leben hinein. Sie mögen einwenden: „Aber ich kenne Christen, bei denen kann ich keine Veränderung feststellen!“

Das geht mir auch so. Aber das ist nicht Gottes Fehler. Er möchte Ihnen genügend Kraft von oben geben, um große Veränderungen einzuleiten, aber wenn Sie sich dem Wirken des Heiligen Geistes nicht öffnen, werden sie nicht zum Tragen kommen. Das Ergebnis ist, daß Ihr Leben von Angst, Zorn, Ungewißheit, Freudelosigkeit usw. geprägt ist.

Eines der größten Mißverständnisse im Christentum besteht darin, daß man meint, eine Veränderung müsse immer schlagartig erfolgen und derjenige, der den Namen des Herrn anruft, müsse in allem eine sofortige Umwandlung erfahren. Dem ist nicht so. Wenn wir aufrichtig den Namen des Herrn Jesus Christus anrufen, reinigt Er uns von aller Sünde und kommt in unser Leben hinein. Damit schafft er uns ein großes Veränderungspotential.

Es sollte nun unser Verlangen und Streben sein, ein Leben in Abstimmung mit dem Heiligen Geist, der in uns wohnt, zu führen und das Veränderungspotential und damit Gottes Plan zur Ausführung gelangen zu lassen.

Haben Sie schon die Mittel, die Gott jedem Gläubigen zur Verfügung stellt, zur Kenntnis genommen? Zuerst empfangen wir die Errettung und Reinigung. Der Geist Gottes kommt in uns hinein und macht dort Wohnung. Dann haben wir Sein Wort, das seine große Wirkung in unserem geistliches Leben entfaltet, wenn wir es gebrauchen. Aber mit der Bibel ist es ähnlich wie mit dem Brot: Wir haben nichts davon, wenn wir es nicht zu uns nehmen.

Der Christ, der sich regelmäßig Zeit nimmt, Gottes Wort zu hören, zu lesen, zu studieren, auswendig zu lernen und darüber nachzusinnen, wird stark im Herrn und in der Macht Seiner Stärke. Der Christ, der das Wort Gottes vernachlässigt, wird immer schwächer. Deshalb sind in diesem Fall auch die Verhaltensänderungen nur minimal. Der Unterschied mag so unmerklich sein, daß sich viele Leute wundern, ob die Person überhaupt ein Christ ist.

Gott hat uns das Potential zur Veränderung durch den innewohnenden Heiligen Geist, die Bibel, die Gemeinde (ein unverzichtbarer Teil im Leben des Gläubigen), Bücher, Kassetten usw. gegeben. Aber wie alle Menschen als physische Babys geboren werden, so werden auch alle Christen als geistliche Babys geboren, die die Milch des Wortes Gottes brauchen, um stark im Herrn zu werden. Durch die Nahrungsaufnahme wird das Wachstum ermöglicht.

In 1. Johannes 2,12-14 werden drei Stufen geistlichen Wachstums erwähnt, die den drei Stufen des physischen Wachstums entsprechen: Kinder, junge Männer, Väter.

Aber genauso gewiß, wie sich physische Babys nicht richtig entwickeln, wenn sie nicht ordentlich gefüttert werden, so auch geistliche Babys. Deshalb trifft man immer wieder Christen, die nie erwachsen wurden. Die Möglichkeit geistlichen Wachstums und die Möglichkeit, die Temperamentsschwächen auszugleichen, war immer da, aber sie haben nie davon Gebrauch gemacht. Nur wenn wir aus den Quellen Gottes schöpfen, werden wir geistlich stark genug, um auch Auswirkungen auf das Temperament zu gewinnen.

Wenn wir erwarten, daß Gott, wie bei der Erlösung, alles für uns tut, übersehen wir, daß hier auch unsere Bereitschaft und unser Mitwirken gefragt ist. Er hat uns die Erlösung geschenkt, denn es gab keine Möglichkeit, daß wir uns selbst hätten retten können. Er hat alles vollbracht!

Aber wenn wir nun in unserem Leben als Christ auf dem Weg zur geistlichen Reife vorwärtsschreiten, erwartet Gott von uns das, was wir auf unserer Seite dazu tun können. Genauso wie ein Baby Milch saugt und dann festere Speise ißt, müssen wir es auch im geistlichen Bereich tun. Wir werden zwar gerettet, indem wir den Namen des Herrn anrufen und Seine Gabe des ewigen Lebens annehmen, aber das Wachstum in der Erkenntnis und die Fortschritte im Glaubensleben hängen von unserer Einstellung, unserem Verlangen und unserem Bemühen ab. Das uns von Gott geschaffene Potential zur Veränderung müssen wir mit unserem freien Willen nutzen.

Mein Beratungsgeheimnis

Ich habe dies noch nicht veröffentlicht, denke aber, daß hier die richtige Stelle ist, es weiterzugeben. Während der 33 Jahre, die ich als Pastor diente, habe ich viel Zeit für die seelsorgerliche Beratung aufgewandt. Ich freue mich, großen Menschenmassen predigen zu können, aber ich freue mich ebenso, einzelnen Menschen, die mir gegenübersitzen, zu helfen.

Dr. Brandt, der verschiedene Beratungssysteme untersuchte und an der Bibel geprüft hat, half mir, meine eigene Arbeitsweise zu entwickeln, nach der ich vorgehe. Sie hat sich offenbar als wirksam erwiesen, denn obwohl ich nie Anzeigen aufgegeben und mich auch nie selbst als Ratgeber in den Vordergrund gestellt habe, kamen Tausende von Menschen zu mir ins Büro oder nach Hause. Nicht selten haben auch besorgte Leute ihre Freunde zur Beratung zu mir geschickt. Zugegeben, ich konnte nicht jedem, der zu mir kam, helfen. Das gelingt keinem Berater, denn es braucht immer das Wollen und die Mitarbeit des zu Beratenden, um Veränderung zu bewirken.

Als ich meine Beratungstätigkeit aufnahm, war es üblich, daß Leute, die sich in Schwierigkeiten befanden, sich jede Woche in die Beratungstherapie begaben. Diesen Rhythmus hielt man neun Monate lang bei, um dann ein Jahr lang mit zweiwöchentlichem Erscheinen weiterzumachen. Mit jeweils 75 Dollar pro Erscheinen konnte der Berater ganz gut leben. Als Pastor habe ich natürlich kein Geld für meine seelsorgerliche Beratung genommen, denn die Gemeinde zahlte mir ja mein Gehalt. Das war manchmal eine irritierende Sache, denn oft ist es so, daß die Menschen etwas erst richtig schätzen, wenn sie dafür zahlen müssen.

Dann gab mir der Herr eines Tages einen Gedanken, der meine Beratung hilf- und erfolgreicher machte: Ich erwartete von den Ratsuchenden kein Geld, sondern Zeit. Ich erklärte, daß die erste Unterredung kostenlos sei, daß sie aber von da an mindestens 20 Minuten täglich dem geistlichen Rezept folgen sollten, das ich für sie aufschrieb. Andernfalls würde ich mich weigern, sie wiederzusehen.

Wie ein praktischer Arzt, der ein Rezept ausschreibt und vom Patienten erwartet, daß er die Medizin einnimmt, so erwartete ich, daß sie mein geistliches Rezept jeden Tag anwendeten, damit es besser mit ihnen würde.

Das Rezept war ziemlich einfach. Es begann mit dem Gottesdienst. Wenn sie den jede Woche einmal besuchten, erhöhte ich auf zweimal die Woche, denn ich bin der Überzeugung, daß das Hören biblischer Lehre für jeden nützlich ist. Dann verschrieb ich ihnen, täglich vier Kapitel in der Bibel zu lesen. Danach ging es darum, jede Woche einen Bibelvers auswendig zu lernen und eines meiner Bücher zu lesen (meistens Bücher über das Thema „Temperament", in denen das Problem, dem sie gegenüberstanden, angesprochen wurde). Schließlich gab ich ihnen noch eine Anleitung in bezug auf das tägliche Gebet.

Jeder Pastor wird erkennen, was ich hier durchführte: eine Jüngerschaftsschulung. Jede Woche sprachen wir über ihre Probleme, und ich ging auf alle Fragen im Blick auf ihre Aufgabe ein, aber ich prüfte auch ihre Fortschritte im Zusammenhang mit meinem Rezept und fügte für die nächste Woche eine weitere Aufgabe hinzu.

Die Seelsorge Suchenden wurden nicht vom Seelsorger abhängig, und ihr allgemeiner geistlicher Zustand verbesserte sich zusehends. Ich hatte für einen einzelnen nie mehr als sieben Unterredungen, denn zu der Zeit (oder eher) war er so weit gesundet, daß er auf seinen eigenen Beinen stehen konnte, im Wort Gottes wuchs und entweder eine kleine Bibelgruppe besuchte oder ein eigenes persönliches Studium betrieb.

Offen gesagt, die meisten Gläubigen brauchen keinen Berater, um in Christus zu wachsen. Sie tun von allein das Richtige. Alle Kinder Gottes stehen vor Problemen. Manche sind auch so ernsthaft, daß unbedingt ein Seelsorger aufgesucht werden sollte, aber die meisten Christen gehen mit ihren Schwierigkeiten direkt zu Gott und Seinem Wort. Dort erhalten sie Weisungen, werden gestützt und gestärkt durch den Heiligen Geist. Sie erfahren Veränderung oder erhalten die Kraft, mit ihrer Situation fertig zu werden.

Was im heutigen Christentum so verdeckt bleibt, ist die Tatsache, daß Gottes Kraft sozusagen greif- und erfahrbar ist und sie ein Leben umkrempeln kann. Ich kenne auch keine Temperamentsform, die Gott nicht zum Positiven hin verändern könnte — wenn der einzelne wirklich willens ist, verändert zu werden. Und die Veränderung wird bewirkt durch

Die Kraft des Kreuzes

„Denn das Wort vom Kreuz ist denen, die verlorengehen, Torheit; uns aber, die wir errettet werden, ist es Gottes Kraft“ (1. Korinther 1,18).

Nach Johannes 3,16 haben wir hier meiner Meinung nach die zweitwichtigste Aussage der Schrift. Gott wird in veränderten Leben sichtbar. Und zwar bei denen, die die Botschaft vom Kreuz hörten, sich vor dem Retter beugten und Ihn annahmen. Bei ihnen wird das Wunder der Veränderung sichtbar.

Wenn eine Prostituierte, ein Drogenabhängiger, ein Homosexueller, eine Nymphomanin oder ein hartgesottener Verbrecher Christus annehmen und ein neues Leben beginnen, zeigt sich die verändernde Kraft Gottes. Viele Menschen sind schon zur Bekehrung gekommen, weil sie Zeuge einer solchen Veränderung wurden. Sie merkten, keine andere Kraft hätte diese Person ändern können. Von dieser Veränderung spricht auch 2. Korinther 5,17: *„Daher, wenn jemand in Christus ist, so ist er eine neue Schöpfung; das Alte ist vergangen, siehe, Neues ist geworden."*

Eine Illustration der Kraft Gottes

Charles Colson, früher wegen der Watergate-Affäre bekannt, ist nun noch bekannter durch seine Veränderung in Leben und Dienst. Letzterer gilt jetzt den Kriminellen, die im Gefängnis ihre Strafe absitzen. Colson war früher Sonderbeauftragter des Präsidenten der Vereinigten Staaten mit Büro im Weißen Haus, aber seit seiner Bekehrung hat ihn die Kraft des Kreuzes in eine noch gehobenere Position gebracht.

Ich erinnere mich an einen mir befreundeten Rechtsanwalt, der engen Kontakt mit den Ministerien von Präsident Nixon hatte. Kurz nachdem Colsons Bekehrung bekannt wurde, erzählte ich diesem Rechtsanwalt davon. Er schoß hoch wie von der Tarantel gestochen und rief: „Unmöglich!" Und anschließend folgte eine geringschätzige Bemerkung über Colsons Leben und Charakter.

Wir kamen überein, erst einmal abzuwarten und zu sehen. Die Zeit hat die Meinung meines Freundes als falsch erwiesen. Die Feststellung der Schrift, daß bei Gott nichts unmöglich ist, hatte sich wieder einmal bewahrheitet.

Aber bei diesem Geschehnis möchte ich jetzt nicht stehenbleiben, sondern noch einen Schritt weitergehen. Prison Fellowship, das Werk, das Colson gründete, die Gefangenenmission von Bill Glass und andere Gefangenendienste erleben bei den Personen, derer sie sich annehmen, auch solche Veränderungen. Von den Kriminellen, die eine echte Bekehrung erfuhren und in der Jüngerschaft geschult wurden, sehen 85 Prozent nie mehr die Gefängniszelle von innen.

Wenn Sie etwas die entmutigenden Rückfallquoten kennen,

dann wissen Sie, daß 85 Prozent nach der Entlassung wieder Verbrechen begehen und erneut ins Gefängnis wandern. Was macht den Unterschied aus? Die Kraft des Kreuzes!

Bei Drogenabhängigen haben wir ähnliche Resultate. Ein Freund von mir hat einen Dienst an drogensüchtigen Teenagern. Er sagte mir, daß die besten Regierungsprogramme, sogar jene, denen viel Geld zur Verfügung steht, nur eine Erfolgsrate von 15 Prozent aufweisen. Bei seiner Therapie geht er mit den Jugendlichen in ein Camp und führt sie, soweit sie einverstanden sind, zur Bekehrung. Er hilft ihnen dann, auch von medizinischer Seite, von den Drogen loszukommen und schult sie im Wort Gottes. Bei ihnen werden nur 15 Prozent rückfällig und nehmen den Drogenkonsum wieder auf.

Noch anschaulicher sind die Resultate der Kraft Gottes bei der Veränderung Homosexueller. Die einzige Institution im Land, die wirklich eine Veränderung des Lebensstils der Homosexuellen erreicht, ist die Gemeinde Jesu Christi. Die Veränderung beginnt mit der Aufforderung des Evangeliums, sich zu bekehren.

Homosexualität ist möglicherweise die stärkste Gebundenheit, die einen Menschen im Griff halten kann. Sie ist so bindend, daß die meisten säkularen Berater selbst denen gegenüber hoffnungslos sind, die heterosexuell werden wollen.

Vor einigen Jahren wurden ein Psychiater aus Los Angeles und ich zu einer Radiogesprächsrunde eingeladen, bei der es um Homosexualität ging. Er war offensichtlich aufgebracht, daß ich darauf bestand, 30 Homosexuelle zu kennen, die, nachdem sie Jesus Christus als Heiland angenommen hatten, sich von ihrem früheren Lebensstil abwandten. Zuerst beschuldigte er mich der Lüge. Dann gestand er die Unfähigkeit seines Berufsstandes ein: „Ich bin nun schon 33 Jahr praktizierender Psychiater, und ich habe noch nie erlebt, daß sich ein Homosexueller verändert hätte. Und ich weiß auch in meiner Gegend in Los Angeles keinen Psychiater, der derartiges erlebt hätte."

Das ist ein tragisches Bekenntnis, besonders in einer Zeit, wo über 70 Prozent derer, die an AIDS erkranken, homosexuell sind. Man würde meinen, daß die drohende Gefahr, einen frühen, schmerzhaften Tod zu sterben, jede Person dazu bringen würde, diesen ungesunden Lebensstil aufzugeben. Aber weit gefehlt! Die große Macht, die Homosexualität über den einzelnen hat, scheint undurchbrechbar. Und doch sind viele aus diesem Lebensstil herausgekommen, nachdem sie Christus annahmen!

Als ich dies auch bei einer anderen Gesprächsrunde in San Francisco erzählte, wurde ich von Homosexuellen, die den Sender anriefen, herausgefordert (einige waren weniger als höflich). An diesem Abend, nachdem ich in einer großen Kirche in dieser Gegend gepredigt hatte, wartete ein Paar auf mich, um mir das Geheimnis ihrer Familie mitzuteilen. Als ich dem Mann die Hand gegeben hatte, platzte die Frau gleich heraus: „Pastor La-Haye, Sie haben gerade die Nummer 31 vor sich, die aus diesem Lebensstil herausgefunden hat!"

Da standen die beiden. Er hielt ein vier Monate altes Baby auf den Armen, und sie hatte ein zweijähriges Kind an der Hand. Er hatte vor vier Jahren in dieser Kirche zu Christus gefunden. Dann hatten sich die beiden kennengelernt, hatten sich verliebt und geheiratet. Ich habe diese Geschichte schon öfter erzählt, und nun habe ich schon Nummer 43 kennengelernt. Die Kraft Gottes ist unbestreitbar.

In Vermont kam ein stattlicher junger Vater, von seiner wunderschönen Frau begleitet, auf mich zu und fragte mich, ob er mich umarmen dürfe. Dann berichtete er mir, daß mein Buch „The Unhappy Gays: What Evereyone Should Know About Homosexuality" von Gott gebraucht wurde, um ihn vor zehn Jahren zu Christus zu führen. „Nun bin ich Evangelist, und ein Teil meines Dienstes gilt den Homosexuellen." Und er steht nicht allein da. Über 50 verschiedene Dienste sind entstanden, die sich damit befassen, die Homosexuellen aus ihren Banden herauszulösen. Sie alle haben die gleiche Kraftquelle: Das Kreuz Jesu Christi.

Im ersten Jahrhundert war es ähnlich

Für den Christen, der seine Bibel kennt, ist das keine Überraschung. Lesen Sie bitte die folgenden Verse der Schrift:

„Oder wißt ihr nicht, daß Ungerechte das Reich Gottes nicht erben werden? Irrt euch nicht! Weder Unzüchtige, noch Götzendiener, noch Ehebrecher, noch Wollüstlinge, noch Knabenschänder, noch Diebe, noch Habsüchtige, noch Trunkenbolde, noch Lästerer, noch Räuber werden das Reich Gottes erben. Und das sind manche von euch gewesen; aber ihr seid abgewaschen, aber ihr seid geheiligt, aber ihr seid gerechtfertigt worden durch den Namen des Herrn Jesus und durch den Geist unseres Gottes" (1. Korinther 6,9-11).

Paulus führt eine lange Liste von Sünden auf, denen diese Korinther verfallen waren, bevor sie die Kraft des Kreuzes erfuhren. Sie waren Hurer, Götzendiener, Ehebrecher, Homosexuelle, Spötter, Trinker, Wucherer usw. Die neutestamentlichen Bekehrten waren nicht immer die Anständigkeit in Person, die nur noch darauf warteten, daß Paulus und die Apostel ihnen mit dem Evangelium kamen.

Es waren zwar einige dabei, wie der Hauptmann in Apostelgeschichte 10 oder der äthiopische Kämmerer, aber viele der Christen der ersten Gemeinde konnte man als verderbte Menschen bezeichnen, bevor sie durch die Kraft Gottes aus den Fängen der Finsternis freikamen.

Beachten Sie einmal, an welche Gemeinden Paulus schrieb: an die Kolosser, Galater, Epheser, Korinther. Alle diese Städte waren Orte der Sittenlosigkeit und Lasterhaftigkeit. Aufgrund ihrer heidnischen Religionen waren diese Menschen vor ihrer Errettung in allerlei sexuelle Laster verstrickt. Paulus schrieb: „Und das sind manche von euch GEWESEN." Aber nun waren sie zum Kreuz gekommen, waren verändert worden: „abgewaschen", „geheiligt", „gerechtfertigt — durch den Namen des Herrn Jesus und durch den Geist unseres Gottes.

In seinem Brief an die Kolosser (3,5) fordert er die Gläubigen auf: *„Tötet nun eure Glieder, die auf der Erde sind: Unzucht, Unreinheit, Leidenschaft, böse Lust und Habsucht, die Götzendienst ist."* Hier führt er einige der ernstesten Bindungen auf, in die ein Mensch auf Erden fallen kann. Von wo sollten sie die Kraft für eine Veränderung ihrer Lebensweise bekommen? Genau von dort erhielten sie sie, von wo auch wir sie erwarten können: von Gott, der sie uns durch Sein Wort und Seinen Geist zukommen läßt.

Zusammenfassung

Wenn Sie Christ sind, besitzen Sie Veränderungskapazität. Egal wie Ihre Temperamentskombination sein mag, aus welcher Familie Sie stammen, welche Erfahrungen Sie gemacht haben, die Veränderung kann geschehen. Sie mögen selbstsüchtig, reizbar, lieblos, kritiksüchtig, anspruchsvoll, ängstlich oder sexuell fehlgeleitet sein: Ihnen steht die göttliche Kraft zur Lebenserneuerung offen.

Wenn Sie kein Christ sind, kann diese Kraft nicht zur Wirkung kommen. So sehr Sie sich auch wünschen mögen, aus Ihren Gebundenheiten herauszukommen und Ihre Schwächen abzustellen, Sie werden keine Erneuerung erfahren ohne diese Kraft. Tun Sie deshalb den ersten Schritt, indem Sie als Sünder beten: „Herr, sei mir Sünder gnädig!" und bitten Sie Jesus Christus, als Herr und Heiland in Ihr Leben zu kommen. Übergeben Sie Ihm in Form eines Gebetes Ihr Leben und gestehen Sie Ihm die Herrschaft über Ihr Leben zu.

Wenn Sie dies aufrichtig gebetet haben, gilt für Sie das Wort von der neuen Schöpfung: Das Alte ist vergangen, Neues ist geworden (das gilt auch in bezug auf die Schwächen des Temperaments). Eine neue Ausrichtung findet statt. Wie wir im zweiten Teil des Buches sehen werden, darf nun ein Wachstumsprozeß einsetzen. Der Bekehrte ist jetzt an die göttliche Kraftquelle angeschlossen, die Veränderung möglich macht. Nach Dr. Henry Brandt: „Sie können vielleicht Ihre Herkunft (einschließlich des Temperaments) als Entschuldigung für Ihr Verhalten vorbringen, aber nur solange Sie nicht Christ sind. Danach ist dies keine stichhaltige Entschuldigung mehr."

10. Kapitel

Andere Unterschiede

In den vergangenen Jahren hat die feministische Bewegung viele Menschen eingeschüchtert, so daß sie nicht mehr offen zu sagen wagen, daß Männer und Frauen unterschiedlich sind. Nicht daß Frauen minderwertiger seien als Männer — nein, einfach nur anders. Es gibt auch Gebiete, auf denen die Frauen den Männern überlegen sind.

In seinem Buch „Straight Talk to Men and Their Wives" (in deutsch: Man hat's nicht leicht als Mann) gibt Dr. Dobson seine Einsichten wieder:

„Männer und Frauen unterscheiden sich anatomisch, sexuell, emotional, psychologisch und biochemisch. Wir sind buchstäblich in jeder Zelle unseres Körpers voneinander verschieden, denn jedes Geschlecht besitzt seinen eigenen Chromosomensatz. Es wird heute viel über sogenannte Operationen zur Geschlechtsumwandlung geschrieben, durch die ein Mann den Körperbau einer Frau bekommen kann und umgekehrt.

Zugegeben, es ist möglich, die äußeren Geschlechtsorgane durch chirurgische Eingriffe zu verändern; mit Silikoneinlagen lassen sich Brüste formen, und man kann einen eckigen Körperbau mit Rundungen versehen. Dann können der betreffenden Person Hormone injiziert werden, die eine Feminisierung oder Virilisierung bewirken.

Aber durch nichts läßt sich das seit der Empfängnis von Gott angelegte Geschlecht verändern. Diese Anlage ist in jeder Körperzelle festgeschrieben, und sie wird vom frühesten Augenblick des Lebens bis zum Tode MÄNNLICH oder WEIBLICH lauten. Die Bibel betont nachdrücklich: ‚Und schuf sie als Mann UND Frau' (1. Mose 1,27, Hervorhebung vom Autor). Nicht ein Geschlecht, sondern ZWEI!

Darüber hinaus bin ich zutiefst davon überzeugt, daß jedes Geschlecht spezifische emotionale Eigenschaften besitzt, die genetisch festgelegt sind. Nur wenige Psychologen haben in den letzten Jahren den Mut gehabt, diese Ansicht zum Ausdruck zu bringen, denn die Frauenbewegung faßt solche Gedanken als Beleidigung auf. Aber wenn Frauen ANDERS sind als Männer, so bedeutet das noch lange nicht, daß sie WENIGER WERT wären. Mann und Frau sind jeweils eine eigene Schöpfung Gottes, und sie haben beide ihre Stärken und ihre Schwächen, die sich gegenseitig ergänzen und ausgleichen. Es ist ein wunderbares Ganzes, das nicht zerstört werden darf."

Dr. Dobson weist dann auf den bedeutendsten Unterschied zwischen Mann und Frau hin — den Menstruationszyklus. Dieser Unterschied ist nicht nur physisch, sondern er erfaßt die ganze Frau und hat durch sie auch Einfluß auf den Mann. Während dieser Zeit durchläuft sie eine emotionale, psychologische und körperliche Veränderung. Einige Frauen kommen sogar in eine geistliche Krise. Das bedeutet, sie ruhen in der Erkenntnis Gottes und ihrer Errettung, bis die Periode kommt. Dann beginnt die Unsicherheit; hauptsächlich deswegen, weil sie zu der Zeit über viele Dinge unsicher sind. Dr. Dobson vergleicht auf schöne Art den monatlichen Zyklus der Frau mit den Jahreszeiten:

„Es heißt zu Recht, daß die vier Wochen des Menstruationszyklus mit den vier Jahreszeiten verglichen werden können. Die erste Woche nach der Periode läßt sich als der Frühling des physiologischen Kalenders beschreiben. Jeden Tag werden neue Östrogene freigesetzt, und der Körper der Frau beginnt, sich von dem letzten Winter zu erholen.

Die zweite Woche ist der Sommer des Zyklus, da ist das Leben leicht. In dieser Phase hat die Frau mehr Selbstvertrauen als zu jeder anderen Zeit des Monats. Sie hat in diesem Abschnitt des Zyklus besonders viel Energie, ist besonders begeisterungsfähig, gut gelaunt und besitzt eine stabile Selbstachtung. Vieles von diesem Optimismus ist auf den Östrogenspiegel zurückzuführen, der in der Mitte des Zyklus, wenn der Eisprung erfolgt, seinen höchsten Wert erreicht hat. Es ist eine charakteristische Erscheinung, daß die Beziehung zwischen Mann und Frau in diesen Tagen des Sommers am harmonischsten und das sexuelle Verlangen (und die Möglichkeit einer Schwangerschaft) am größten ist.

Aber leider kommt nach dem Sommer auch jedesmal ein Herbst. Der Östrogenspiegel sinkt beständig ab, denn der Körper der Frau bereitet sich auf eine andere Phase des Menstruationszyklus vor. Ein zweites Hormon, das Progesteron, wird ausgeschüttet, es verringert die Wirkung der Östrogene und löst die Symptome der prämenstruellen Spannung aus. Es ist eine düstere Zeit. Das Selbstwertgefühl nimmt Tag für Tag ab und löst eine depressive und pessimistische Stimmung aus. Ein Gefühl von Aufgeblähtsein und Schwerfälligkeit verursacht nicht nur Unwohlsein, sondern auch den Eindruck: ‚Ich bin häßlich.' Gereiztheit und Aggressivität nehmen im Verlauf dieser Woche erkennbar zu und erreichen direkt vor der Menstruation ihren Höhepunkt.

Dann kommt der Winter und die Zeit der Regelblutung. Es gibt bemerkenswerte Unterschiede hinsichtlich der Intensität, mit der diese Symptome bei verschiedenen Frauen auftreten, aber die meisten fühlen sich in irgendeiner Weise nicht wohl. Diejenigen, die besonders stark davon betroffen sind, müssen manchmal ein oder zwei Tage im Bett liegen, weil sie starke Krämpfe haben und sich allgemein elend fühlen. Langsam kehrt danach die neue, belebende Kraft des Frühlings zurück."

Die Funktionen von Mann und Frau sind eben nicht gleichartig. Sie denken und fühlen verschieden, und zwar aus dem einfachen Grund, weil sie verschieden SIND! Das Maß und der Ausdruck dieser Verschiedenheit variiert entsprechend dem Temperament. Wenn dieser Unterschied zwischen den Geschlechtern nicht in Betracht gezogen wird, verkompliziert sich der Anpassungsprozeß.

Sogar unser Gehirn ist verschieden

Forschungsarbeiten haben ergeben, daß das Gehirn von Mann und Frau nicht völlig gleich ist. Die neuere Forschung läßt ein komplexes Bild des Gehirns entstehen, bei dem die unterschiedliche anatomische Struktur zu Vorteilen bei der Erfüllung bestimmter mentaler Aufgaben führt. Daniel Goleman schreibt in seinem Buch „Subtle but Intriguing Differences Found in the Brain Anatomy of Men and Women“ folgendes:

„Wärend diese Unterschiede immer noch kontroverse Diskussionen auslösen, sind sich doch die meisten Forscher darin einig, daß Frauen im sprachlichen Bereich allgemein mehr Fähigkeiten aufweisen und darin den Männern voraus sind. Zum Beispiel beginnt ein Mädchen im Durchschnitt eher zu sprechen als ein Junge, und Frauen sind zungenfertiger als Männer, machen auch weniger Fehler in Grammatik und Aussprache.

Hingegen sind die Männer im Durchschnitt bei bestimmten räumlichen Aufgaben besser, wie zum Beispiel bei kartographischen Zeichnungen und dem Erfassen sich bewegender geometrischer Figuren in der Gedankenwelt — eine Fähigkeit, die man in Mathematik, Ingenieurwesen und Architektur braucht.

Natürlich gilt das immer nur im Durchschnitt. Der einzelne Mann mag bei verbalen Prüfungen genauso gut wie die beste Frau abschneiden, und es gibt Frauen, die sich bei der Fixierung räumlicher Vorstellungen genauso bewähren wie Männer.“

Kurz gesagt: Wir haben bis jetzt zwei große Unterschiede zwischen Männern und Frauen behandelt — in ihrer Sexualität und in der Funktion ihres Gehirns. Weitere Forschungsarbeiten auf diesem Gebiet vermögen u. U. noch andere bedeutende Unterschiede aufzudecken, aber die beiden erwähnten, die beinahe jedes andere Organ des Körpers beeinflussen, spielen auch bei Ehe-Differenzen eine große Rolle.

Die Hauptkonfliktursachen zwischen den Geschlechtern

Vor kurzem wurde eine wissenschaftliche Untersuchung über die Konflikte zwischen Männern und Frauen abgeschlossen, die unter der Leitung von Dr. David M. Buss an der Universität von Michigan durchgeführt wurden. Als bis jetzt umfangreichste Arbeit umfaßt sie 600 Männer und Frauen. Dr. Buss identifizierte 147 verschiedene Konfliktherde zwischen Männern und Frauen. Während bei beiden Geschlechtern Untreue gleich bedauert wird, ist die Einstufung und Wertigkeit bei anderen Gebieten verschieden. Im folgenden eine gekürzte Liste der Einwände:

Was den Frauen an den Männern nicht gefällt

Untreue: Die meisten Frauen (bevor sie eintritt) meinen, daß sie sie nicht vergeben könnten.

Sexuelle Forderungen: Ihr das Gefühl geben, sexuelles Nutzobjekt zu sein. Sex erzwingen oder fordern.

Herablassendes Verhalten: Ihre Meinung übergehen, weil sie eine Frau ist; sie als minderbemittelt oder dumm behandeln; ihr das Gefühl der Unzulänglichkeit geben.

Emotionales Unter- oder Übermaß: seine Gefühle zurückhalten, um stark zu erscheinen; zuviel trinken oder rauchen.

Vernachlässigung: Unzuverlässigkeit. Nicht genügend Zeit für sie haben oder nicht anrufen, obwohl versprochen. Ihre Gefühle ignorieren; es versäumen, ihr zu sagen, daß er sie liebt.

Gedankenlosigkeit: Sich ungesittet und unmanierlich benehmen — z. B. rülpsen oder die Toilette ungespült verlassen; nicht beim Aufräumen und Saubermachen helfen; sich darüber lustig machen, wie lange sie zum Anziehen braucht.

Was den Männern an den Frauen nicht gefällt

Sexuelle Ablehnung: Sich weigern, sexuellen Verkehr zu haben; nicht auf die sexuelle Annäherung eingehen! Sexualiät nur als Plage zu betrachten.

Launenhaftigkeit: Herumnörgeln oder sonst irgendwie aus dem Häuschen sein.

Selbstbespiegelung: Viel Aufhebens über ihr Aussehen machen (Gesicht, Haar); zu viel für Kleider ausgeben.

Meine eigenen Beobachtungen

Was Dr. Buss und seine Mitarbeiter herausgefunden haben, spiegelt auch meine eigenen Beobachtungen wider, die ich mit Tausenden von Paaren bei meinen Familienseminaren mache. Bei der „Frage- und Antwortstunde" wird den Anwesenden Gelegenheit gegeben, ihre Fragen schriftlich einzureichen, und ich gehe dann mündlich darauf ein. Die folgende Aufstellung listet die Ursachen von Konflikten und Enttäuschungen auf, wie sie mir von den zumeist christlichen Ehepaaren, die zu mir kamen, angegeben wurden:

Was Frauen an ihren Männern auszusetzen haben

1. Er ist sexuell zu aggressiv

Die sexuellen Bedürfnisse von Mann und Frau klären sich eigentlich erst am Ende des ersten Ehejahres oder nach dem ersten Kind richtig ab. Das erste Jahr ist so aufregend, daß die meisten Frauen mit den sexuellen Wünschen ihres Gatten klarkommen können. (Doch eine erst seit drei Monaten verheiratete Frau fragte mich kürzlich: „Was kann ich erwarten: Wie lange wird mein Mann wohl jeden Tag Sex wollen?" Und jemand anders fragte: „Ist viermal täglich abnormal?")

Die meisten Paare kommen nach dem ersten Jahr dreimal die Woche zusammen, um sexuellen Verkehr zu haben (wobei man den monatlichen Zyklus der Frau berücksichtigen muß). Differenzen entstehen nicht so sehr über die Häufigkeit des Verkehrs, als über den Zeitpunkt und den gefühlsmäßigen Ausdruck. Eine Frau liebt es romantisch. Sie liebt mannigfaltige Ausdrucksformen der Liebe und Zärtlichkeit (Küsse und Berührungen) im

Verlauf des Abends, und dann hat sie auch Freude daran, daß dieser romantische Abend im Höhepunkt, der geschlechtlichen Vereinigung, gipfelt.

Ein liebender Gatte möchte sich ihr anpassen, aber er kommt zu schnell in Fahrt. Wenn er nicht Selbstbeherrschung übt, hat die Frau das Gefühl, daß sie den ganzen Abend gegen ihn kämpfen und ihn bremsen muß. Nur mit Selbstlosigkeit kann dieses Problem gelöst werden. Manchmal sollte die Frau auf sein unmittelbares Verlangen eingehen, aber die meiste Zeit sollte er seine Hitzigkeit abkühlen und es lernen, den romantischen Gefühlen seiner Frau zu entsprechen.

Die Frau sollte sich davor hüten, ihn den ganzen Abend abzuweisen und dann Müdigkeit als Entschuldigung vorzubringen, so daß ihr Gatte mit unerfülltem Verlangen zu Bett gehen muß. Sie könnte vielleicht während des späten Nachmittags wenn möglich ein kleines Nickerchen machen und die Liebe für den frühen Abend einplanen.

Frühaufsteher heiraten oft Nachtmenschen. Das persönliche sexuelle Interesse wird auch vom Metabolismus gesteuert. Frühaufsteher sind mehr an Liebe während der Morgenstunden interessiert, während die „Nachtschwärmer" mehr in der Nacht dazu aufgelegt sind.

Die wissenschaftlichen Ergebnisse von Dr. Buss und meine jahrelangen Beobachtungen decken sich auch darin, daß der sexuelle Ausdruck eine enorm bedeutsame Rolle spielt. Die Partner müssen es lernen, sich auf die Bedürfnisse und Interessen des anderen einzustellen. Der Schlüssel zur sexuellen Befriedigung liegt in drei einfachen Schritten.

1. Studieren Sie das Thema, indem Sie das Buch „The Act of Marriage" (in deutsch: Wie schön ist es mir dir) oder ein anderes gutes Ehebuch lesen. Jeder sollte über seine eigene Sexualität und auch über die des Partners Bescheid wissen.
2. Unterhalten Sie sich ehrlich und häufig mit Ihrem Partner über die sexuellen Bedürfnisse und Gefühle. Warnung: Wenn es an einem lebendigen Sexualleben mangelt, ist es für viele Paare sehr schwierig, über dieses Thema zu reden. Ja, um festzustellen, ob ein Paar ein dynamisches Liebes-

leben hat, braucht man nur herauszufinden, ob es ihr oder ihm leichtfällt, über dieses Thema zu reden. Eine Frau sagte mir, daß sie und ihr Gatte in 25 Jahren nie über ihr Sexualleben redeten. Es war daher keine Überraschung, daß das Intimleben für keinen von beiden als erfüllend erlebt wurde. Wenn Sie nicht in Stimmung sind, sagen Sie es offen und ehrlich und führen Sie Ihren Partner nicht an der Nase herum. Gute Kommunikation ist wichtig.

3. Versuchen Sie aus selbstloser Liebe heraus, die Bedürfnisse des Partners zu erfüllen. Selbstsucht zerstört nicht nur die Liebe, sondern auch ihre Ausdrucksformen.

2. *Er hilft mir nicht zu Hause*

Eine Befragung durch „USA TODAY“ ergab, daß 82 Prozent der Frauen, die einen Mann hatten, der ihnen zu Hause half, wieder den gleichen Mann heiraten würden. Damit liegen sie 33 Prozent über dem Durchschnitt. Das ist ein klarer Beweis dafür, welch große Wirkung solch ein Verhalten auf die Frau hat.

Vor allem zeigt es ihr, daß ihre Arbeit als wichtig angesehen wird und daß ihr Gatte sich um sie kümmert. Die Frau kann zwar ihrem Mann klarmachen, daß sie Hilfe braucht, aber er ist derjenige, der in dieser Beziehung einfühlsam sein und handeln sollte.

3. *Er ist nicht der geistliche Führer im Hause*

Frauen neigen mehr als Männer zu idealistischen Vorstellungen, und eine christliche Frau träumt gewöhnlich davon, daß ihr Gatte die Rolle, die ihm die Bibel zuschreibt, ausfüllt — nämlich Priester der Familie zu sein. Nur wenige Frauen haben Einwände dagegen, daß ihr Mann die Führung bei der Familienandacht, beim Kirchgang oder beim gemeinsamen Gebet übernimmt. Viele sind enttäuscht, wenn er es nicht tut.

Buss nennt dies „herablassendes Verhalten". Frauen sind mehr emotional und intuitiv, und Männer mehr die logischen Denker, die bei ihren Entschlüssen (ausgenommen Heirat und Autokauf) nicht so sehr von Emotionen beeinflußt werden (natürlich in den Grenzen ihres Temperaments). Das bedeutet nicht, daß die Entscheidungen des Mannes besser sein müssen als die der Frau. Er mag über die „Logik" den falschen Weg wählen und sie über ihre „Gefühle" den richtigen.

Wenn zum Beispiel der Mann fragt: „Warum hast du dieses Kleid gekauft?", wäre es fatal, wenn die Frau antworten würde: „Ich war so niedergeschlagen, als ich die Einkaufspassage entlang ging. Aber als ich dieses Kleid sah und kaufte, ging es mir viel besser!"

Er kann so etwas nicht verstehen! Gefühle und Intuition will er hier nicht gelten lassen. Es wäre besser, wenn sie ihm so antworten würde: „Ich habe im letzten halben Jahr kein Kleid gekauft, und für die Feier am Freitag abend brauche ich eines. Und hier war eines im Sonderangebot erhältlich. Es wurden 30 Prozent Preisnachlaß gewährt. Da habe ich zugegriffen." Selten wird er gegen diese Argumentation etwas anführen — weil sie einen vernünftigen, logischen Grund für ihre „Verrücktheit" angeben konnte.

Eine Frau verträgt es nicht, verspottet oder lächerlich gemacht zu werden, besonders nicht von ihrem Gatten! Meinungsverschiedenheiten und Debatten ja, aber Verspotten wirkt wie eine Geißel auf die Frau. Aufgebracht und streitsüchtig mag der Gatte schreien: „Du bist aber ein dummes Weibsstück! An dir ist Hopfen und Malz verloren!" Solche Gedanken sollte er nie äußern.

Ein weiser Mann findet Gebiete, auf denen er die Klugheit und Tüchtigkeit seiner Frau rühmen kann. Wenn er das tut, wird er ihr Selbstvertrauen mehren, und das wird dazu führen, daß er noch mehr lobenswerte Eigenschaften bei seiner Frau entdecken kann. Eine Frau gewinnt ihr Selbstvertrauen durch ihren Mann, und deshalb sollte der Mann darauf aus sein, aufzubauen und nicht abzureißen.

5. Er erzieht die Kinder nicht richtig

Manche Männer überlassen die Erziehung und Korrektur der Kinder ihrer Frau, aber Einwände gegen väterliche Erziehung sind nur da angebracht, wo der Vater seine Kinder im Zorn und in rachsüchtiger Weise schlägt. Was im Zorn getan wird, ist beinahe immer gefährlich — zu viel, zu hart, aus falschem Motiv heraus. Korrektur sollte Instruktion und nicht Feindseligkeit sein. Die negativen Gefühle sollten nie die Antriebskraft sein. Sonst steht statt der liebenden Zurechtweisung das bloße Strafen im Vordergrund.

Außerdem sollte Zucht eine gemeinsame Sache sein. Das heißt, die Eltern sollten bezüglich der Regeln übereinstimmen. Und wenn der Elternteil, der Zeuge des „Verbrechens" wurde, Strafe auferlegt, sollte sie gleich in Kraft treten. Der Vater sollte nicht das große Monster sein, das drauflos haut, sobald es nach Hause kommt. Die Mutter sollte also mit der Züchtigung auf dem laufenden sein, wenn der Mann von der Arbeit kommt. Danach kann sie ihm die Verantwortung übergeben. Vor allem sollte der Vater die Kinder lehren, Respekt vor der Mutter zu haben. Er sollte ihnen darin selbst ein Vorbild sein und sollte diesen Respekt auch von seinen Söhnen und Töchtern verlangen.

Der Mann, der seine Frustration gegenüber seiner Frau an den Kindern ausläßt, wenn sie gezüchtigt werden müssen, zerstört nicht nur seine Ehebeziehung, sondern verdirbt auch seine Kinder. Es ist wahr, daß die Bibel besonders die Frauen ermahnt, ihre Männer zu respektieren (Epheser 5,24). Es ist aber kaum anzunehmen, daß der Mann seine Frau (der nächste Vers) lieben kann, ohne auch ihr die entsprechende Achtung entgegenzubringen.

6. Mein Mann denkt nur noch an seine Arbeit und an Sport

Es ist Tatsache, daß Männer oft mit beruflichen Gedanken belegt sind. Ein Teil davon geschieht unbewußt. Weil der Mann im allgemeinen der Ernährer der Familie ist, ist es verständlich, daß er häufig und lange an seine Arbeit, seine Laufbahn, seine Zukunft und die Sicherheit der Familie denkt. Wir würden ihn als verantwortungslos einstufen, wenn er das nicht täte.

Im Gegensatz neigt die Frau dazu, eine „Nestbauerin" zu sein, was auf ihren mütterlichen Instinkt zurückzuführen ist. Aus diesem Grund hat die Frau mehr Interesse an der Farbe der Küche, der Art der Vorhänge oder der Qualität des Teppichs. Die Männer sollten bei der Diskussion um solche Sachen der Frau die Entscheidung über diese Belange des Hauses überlassen. Schließlich verbringt sie die meiste Zeit dort, und das traute Heim spiegelt ihren Geschmack wider.

In Liebe müssen es die Partner lernen, ihre Gedanken bezüglich Haus und Beruf ehrlich auszutauschen. Genauso wie der Gatte sich zwingen sollte, sich mehr für die Haushaltsangelegenheiten zu interessieren, so sollte es sich auch die Frau angelegen sein lassen, größeres Interesse für den Beruf des Mannes zu zeigen, ob sie nun selbst einer Beschäftigung außer Hauses nachgeht oder nicht. Je mehr gemeinsame Interessengebiete ein Paar schaffen kann, desto mehr Möglichkeiten bestehen, in der Unterhaltung darauf einzugehen und den Partner Anteil nehmen zu lassen an diesen Dingen. Das gibt Zusammenhalt. Paare, die einen guten Zusammenhalt haben, können sich über alles unterhalten.

Ja, die meisten Männer haben etwas für Sport übrig. Wenn sie nicht selbst aktiv sind, so sehen sie sich doch gern Sportveranstaltungen an. Ich sporne die Frauen an, ab und zu ihren Mann zu begleiten. Lernen Sie die Spielregeln und nehmen Sie an dem, was Ihren Gatten besonders anzieht, Anteil. Sagen Sie nicht: „Ich hasse Tennis!" Fragen Sie sich statt dessen: „Verstehe ich das Spiel?"

Denken Sie daran, daß wir oft über das, was wir am wenigsten lieben, auch am wenigsten wissen.

Was Männer an ihren Frauen auszusetzen haben

Es sind nicht nur die Frauen, die sich über ihre Männer beklagen, sondern auch die Männer haben an ihren Frauen Dinge zu beanstanden. Hier die Liste der Beschwerden der Männer:

1. Meine Frau hat zu schwache sexuelle Regungen

Beanstandet wird vor allem die Häufigkeit. In den meisten Ehen erwarten die Männer häufigeres sexuelles Zusammengehen als die Frauen. Warum? Männer verbringen mehr Zeit damit, darüber zu denken und danach Verlangen zu haben, denn der Sexualtrieb des Mannes ist im allgemeinen stärker als der der Frau. Mein unwissenschaftlicher Eindruck nach meiner Umfrage ist nun der, daß die Durchschnittschristin, unabhängig vom Alter, ihr Sexualleben als sehr befriedigend bezeichnen würde, wenn es ein bis viermal im Monat zum Verkehr käme. Die meisten Männer würden ein bis viermal die Woche bevorzugen (was natürlich auch von ihrem Alter abhängt).

Die Differenz ist, das muß man fairerweise sagen, nicht immer auf den Sexualtrieb zurückzuführen. Der Sexualverkehr ist für einen Mann vor allem eine physische Angelegenheit, bei der Frau hingegen ist es hauptsächlich eine emotionale Erfahrung. Richtig, ihr Orgasmus ist genauso physisch befriedigend (und nötig) wie der des Mannes, aber sie hat eine längere Anwärm- und Abkühlzeit. Eine Frau liebt es nicht, einfach nur körperlich gebraucht zu werden, um die Lüste des Mannes zu befriedigen.

Sex sollte niemals etwas sein, was der Mann der Frau antut, sondern sollte eine gemeinsame Erfahrung sein, die ihnen die größte Lust bereitet. Sexualität ist eine gute Gabe Gottes. Aber damit sie zu dem wird, was sie sein soll, müssen die Partner uneigensüchtig sein und die Befriedigung des anderen der eigenen voranstellen. Zwei Liebende, deren Hauptinteresse darin besteht, dem anderen Erfüllung und Vergnügen zu bereiten, werden ein glückliches Sexualleben führen. Wie häufig sie auch zusammenkommen, es wird zu ihrer beiderseitigen Freude sein.

Eine kurze Bemerkung an die Männer: Wenn ich mein Buch

„The Act of Marriage“ noch einmal schreiben müßte, würde ich hinzufügen, daß Männer fünf oder zehn oder mehr Minuten für das Vorspiel aufwenden sollten und auch eine Viertel- bis eine ganze Stunde für das „Nachglühen“. Ein Mann muß gewöhnlich erst die Kunst des Abkühlens lernen, denn nach der Ejakulation gehen seine Gefühle sofort unter null. Bei seiner Frau jedoch nicht. Sie erfreut sich immer noch der Zärtlichkeit, während die Gefühle langsam abflauen. Für sie ist das fast so befriedigend wie die orgasmische Explosion. Mit der Anpassung an ihre emotionale Gefühlslage kann der Mann der Frau beweisen, daß er SIE liebt — nicht nur ihren Körper. Für eine Frau ist das sehr wichtig.

2. *Meine Frau kritisiert zuviel*

„Meine Frau bringt mich mit ihrer Kritiksucht noch ins Grab!“ So oder ähnlich äußern sich manche Männer. Wie wir gesehen haben, sind Melancholiker Menschen, die über eine Sache nachdenken und ihr auf den Grund gehen wollen. Im allgemeinen sind Frauen auch kritischer als Männer. Es mag in Zusammenhang mit ihrem Mutterinstinkt als Ernährerin der Kleinen stehen, daß sie Kritik übt, aber es kann einen Mann rasend machen.

Weibliche Kritiksucht ist oft der Grund dafür, daß die Unterhaltung zum Erliegen kommt. In der Seelsorge beklagen sich Frauen öfters: „Mein Mann spricht nie mit mir über seine Arbeit, seine Freunde, sein Leben — nichts!“ Aber sie vergessen hinzuzufügen, daß der Ehemann gewöhnlich erwidert: „Warum soll ich dir das sagen? Du kritisierst doch nur daran herum!“

Vor der Heirat können sich zwei Liebende endlos lang über alles mögliche unterhalten. Aber nach der Eheschließung neigen die Frauen dazu, ihrer Kritik am Mann freien Lauf zu lassen. Sie kritisieren die Art, wie ihr Mann fährt, ißt, den Rasen mäht, seinen Schrank einrichtet, seinen Schreibtisch putzt und was noch alles. Offen gesagt, keiner von uns liebt es, daß man an ihm herumnörgelt, und noch weniger lieben wir es, von der Person, die wir lieben, getadelt zu werden. Wenn ständig Kritik am Mann heruntergeleiert und damit sein Selbstvertrauen angekratzt wird, wird er bald die Unterhaltung abbrechen.

Der ist weise, der seinen Partner nie in herabwürdigender Weise kritisiert. Ratschläge können auch taktvoll gegeben werden. Männer wollen gewöhnlich ihre Gedanken aussprechen — nicht um Kritik zu ernten, sondern der Abklärung wegen. Hilfreiche Ratschläge sind nützlich, aber Kritik wird übelgenommen. Wenn ein Mann seine Pläne und Ziele entrollt, dann nicht, daß sie als Zielscheibe genommen werden. Wenn seine Partnerin dies jedoch tut und ihre Kritikpfeile darauf abschießt, wird er ihr das nächste Mal kein Ziel mehr bieten.

3. Meine Frau gibt zuviel aus

„Meine Frau und ich stehen im ständigen Wettstreit, bei dem es darum geht, ob ich das Geld schneller beschaffen kann, als sie es ausgibt. Bis jetzt ist sie immer Sieger gewesen!" Vielleicht haben Sie auch schon einmal so etwas Ähnliches gehört. Tatsache ist, daß sich viele Paare über das Geld und die Ausgabegewohnheiten streiten. Die beste Lösung ist es, einen Haushaltsplan aufzustellen und ihn zu befolgen. Eine starke Beschränkung der Ausgaben kann zwischenzeitlich wirtschaftlich und hilfreich sein, aber legt der Familie eine große Last auf.

Wenn das Geldausgeben ein Problem ist, sollten Sie es offen mit Ihrem Partner diskutieren. Im Haushaltsplan sollte, wenn möglich, für beide eine Summe enthalten sein, die jeder ausgeben kann, wie er es für richtig hält und worüber er dem Partner auch keine Rechenschaft geben muß. Beide sollten sich an den Plan halten. Wenn eine Krise kommt, sollten sie die Lage — nach Gebet — durchsprechen und zu einem gemeinsamen Verständnis kommen.

Scheck- und Kreditkarte sind ein gefährliches Requisit für Mehrausgaben. Wenn es Ihnen schwerfällt, Beherrschung zu zeigen, sollten Sie sie gar nicht erst mitnehmen. Es wäre eine zu große Gefahr, Schulden zu machen, für die man zur Zeit so hohe Zinsen zahlen muß, daß zusätzliche Schwierigkeiten entstehen können. Manche kommen dann in Verzug und können nicht mehr die nötigen Zahlungen leisten. Das sollte Ihnen nicht passieren. Finanzielle Engpässe, die durch leichtfertige Käufe entstehen, bringen unnötigen Druck in die Ehe und fördern Konflikte.

4. Meine Frau ist zu launisch und zu emotionell

Gemessen am männlichen Maßstab mag der Ehemann recht haben — aber Frauen sind keine Männer. Sie sind Geschöpfe Gottes, die, allgemein gesprochen, eben emotionaler angelegt sind als Männer. Das macht sie nicht minderwertig, sondern anders. Das ist eine glückliche Frau, die einen einfühlsamen Mann heiratet, der begreift und beachtet, daß sie alle 28 Tage — ohne daß es ihr eigener Fehler wäre — einem enormen Stimmungswechsel unterliegt. Ihre Übellaunigkeit mag zwei Tage oder auch bis zu zehn Tage dauern.

Schwere und Länge der trüben, düsteren Stimmung sind verschieden. Ein Mann sollte mit diesen emotionalen Veränderungen leben lernen — zuerst, indem er sie sich auf seinem Kalender einträgt und sie deshalb erwarten kann, und dann, indem er so liebend und verständnisvoll wie nur möglich ist. Er sollte bereit sein, ihre kälteren Jahreszeiten genauso mit ihr zu teilen wie den Frühling und den Sommer.

Das Ergebnis einer dreijährigen Forschungsarbeit, die sich unter anderem auch damit beschäftigte, daß Frauen emotionaler als Männer sind, wurde im Dezember 1990 vom amerikanischen Psychologenverband veröffentlicht. Unter dem Titel „Women and Depression: Culture Called a Key Factor" schreibt Malcolm Gladwell:

„Frauen sind doppelt so häufig für starke Depressionen anfällig als Männer ... worunter etwa sieben Millionen amerikanische Frauen leiden. An Auswirkungen sind nach Meinung der Forscher bis zu 30000 Selbstmorde und schätzungsweise 16 Milliarden Dollar Folgekosten im Jahr zu verzeichnen. Diese Krankheit, so weiß man schon seit geraumer Zeit, befällt nicht alle Frauen in gleicher Schwere. Die Forschungsergebnisse zeigen an, daß bei Depressionen geschlechtliche Unterschiede zu verzeichnen sind und daß die Probleme, denen sich die Frauen gegenübersehen, von medizinischer Seite bisher zu wenig gewürdigt wurden.

Die Haupterkenntnis aber ist, daß nicht ein einziger Faktor für die dramatisch höhere Zahl stark depressionsanfälliger Frauen verantwortlich ist. Der Unterschied ist, so der Report, nicht gänzlich auf die biologischen Unterschiede zwischen Mann und Frau zurückzuführen. Tatsächlich haben Menstruation, Schwangerschaft, Abtreibung und Menopause nur einen bestimmten Anteil an dieser emotionalen Not.

Unfruchtbarkeit hingegen war als ein großer Risikofaktor auszumachen, bei dem 40 Prozent der befragten Frauen angaben, daß die Feststellung der Zeugungsunfähigkeit die Erfahrung war, die sie während ihres Lebens am stärksten getroffen hatte.“

Andere starke Risikofaktoren sind:

Wahrnehmung und Verhaltensweise: Frauen neigen mehr zur ausweichenden, passiven, abhängigen Verhaltensart und zu pessimistischen, negativen Gedankengängen. Sie neigen stärker als Männer dazu, sich auf ihre depressiven Gefühle zu konzentrieren anstatt aktive Strategien zu entwickeln, um gegen sie vorzugehen.

Ehe und Kinder: Frauen sind in einer unglücklichen Ehe dreimal häufiger für Depressionen anfällig als Männer oder alleinstehende Frauen. Die Anfälligkeit nimmt zu, wenn kleine Kinder vorhanden sind, und steigert sich bei weiterer Zunahme der Kinderzahl. Frauen mit mehreren und kleineren Kindern sind also stärker depressiv als jene mit wenigen und älteren Kindern.

Sexueller und körperlicher Mißbrauch: Neue Untersuchungen lassen den Schluß zu, daß Gewalt gegen Frauen mehr als angenommen verbreitet ist, und daß dies bei der Entwicklung von Depressionen noch zu wenig berücksichtigt wird.

Einen letzten Rat für den Mann, dessen Frau auffällig emotional ist: Danken Sie Gott für sie, beschützen Sie sie, wenn sie emotional anfällig ist, und machen Sie sich nie lustig über ihre Tränen. Die Frau, die frei Tränen vergießen kann, ist gewöhnlich auch frei, alle Arten von Gefühlen auszudrücken — auch manche, auf die Sie gewiß nicht verzichten wollten.

Andere Gebiete der Unterschiedlichkeit

Welcher Mann hat nicht schon ausgerufen: „Ich werde die Frauen nie verstehen!" Der Grund ist der, daß er von seiner Berufung als von Gott eingesetzer Versorger her denkt, während die Frau als eine Nestbauerin reagiert. Gott hat der Frau die Aufgabe der Mutterschaft zugewiesen, und infolgedessen besitzt sie die Intuition und die nötigen Instinkte, um diese Bestimmung gut erfüllen zu können. Von daher ergeben sich also viele unterschiedliche Einstellungen.

Wenn wir die temperamentsbedingten Unterschiede hinzuzählen und die der Herkunft, der Erziehung (gut oder schlecht), der elterlichen Liebe (oder deren Fehlen), der Lebenserfahrungen und vor allem der geistlichen Motivation (echte Hingabe an Gottes Willen oder nicht), haben wir die Gesamtsumme der Einflüsse vor uns, die bewirken, daß zwei Menschen voneinander angezogen werden.

Verheiratete Partner sollten daher folgendes beachten:

1. Verschieden zu sein ist etwas Normales.
2. In einer Welt der Kontraste zu leben, ist nicht total schlecht, sondern verschafft Abwechslung.
3. Zugegeben, Unterschiede können Konflikte auslösen, aber
4. sie müssen der Ehe nicht schaden oder für sie verhängnisvoll sein, auch wenn sie ernst sind.
5. Mit Gottes Hilfe können zwei Menschen, die verschieden sind (und sich ergänzen), es lernen, glücklich zusammenzuleben — wenn sie es wirklich wollen.

TEIL II

WIE MAN SICH AUF DEN GEGENSÄTZLICHEN PARTNER EINSTELLT

Die Kunst, die richtige Einstellung zu finden

Nachdem wir betrachtet haben, daß uns der gegensätzliche Partner vor allem wegen des guten Eindrucks, den seine Stärken bei uns machen, anzieht, ist es Zeit, darüber zu sprechen, warum seine Schwächen in der Ehe oft so abstoßend wirken und was wir dagegen tun können.

Wir müssen uns zunächst darüber klarwerden, daß keiner zu 100 Prozent alle Stärken besitzt, sonst wäre er der vollkommene Mann oder die vollkommene Frau. Die Bibel sagt uns aber: *„Da ist kein Gerechter, auch nicht einer!“* Und sie sagt auch: *„Alle haben gesündigt und die Herrlichkeit verloren, die Gott ihnen zugedacht hatte.“*

Von Natur aus sind wir eine Mischung aus Stärken und Schwächen, und es sind unsere Schwächen, die uns in Schwierigkeiten bringen.

Vor allem zwei Gründe sind hier zu nennen:

1. Gegensätzliche Schwächen führen leicht zu Konflikten, angefangen von persönlichkeitsbedingten Disharmonien bis zu Divergenzen des Willens, der Wünsche und Triebe.
2. Es fällt schwer, die Schwächen des anderen zu akzeptieren, wenn sie in das Gebiet unserer Stärken fallen. Wenn beide Partner Schwächen auf demselben Gebiet zeigen, finden sie es verhältnismäßig leicht, Verständnis für sie aufzubringen und sie zu akzeptieren. Aber wenn der eine schwach ist, wo

der andere stark ist, neigt der Starke dazu, auf den Schwachen herabzublicken und ihn zu verachten.

Wahre Liebe sagt jedoch nicht: „Solange du ohne Schwächen bist, will ich dich lieben", sondern sie läßt sich auch durch Versagen des Partners nicht beeinträchtigen. Die Liebe trägt alles, das Positive wie auch das Negative.

Wenn wir aus der Liebe heraus bestimmte Dinge beachten und Voraussetzungen erfüllen, wird uns die Anpassung erheblich leichter fallen. Die folgenden Kapitel sind dazu bestimmt, Ihnen Hilfe bei dieser Entwicklung zu geben.

11. Kapitel

Der erste große Schritt in der ehelichen Anpassung

Ich nahm an einer Fernseh-Talkshow teil, bei der es um das Auseinanderbrechen der Ehen ging. Am Ende bekam der Leiter, Phil Donahue, von der Regie das Zeichen, daß er nur noch 30 Sekunden zur Verfügung hatte. Er wandte sich an mich und fragte: „Herr LaHaye, können Sie in einem Satz zusammenfassen, was der Hauptgrund der hohen Scheidungsraten ist?"

„Ja", sagte ich, „der Hauptgrund ist der Egoismus!"

Phil Donahue stimmte mit mir überein und stellte dann abschließend die Frage: „Sind wir nicht alle zu einem gewissen Grad egoistisch?"

Das war eine einsichtsvolle Frage, denn alle Menschen sind in gewissem Umfang selbstsüchtig, worauf auch Temperament und Erziehung Einfluß haben. Das Maß, wie weit einer dieses Problem überwinden kann, entscheidet über das Glück der Ehe. Einige Menschen wählen ihren Ehepartner aus falschen Gründen aus und stülpen dann ihr selbstsüchtiges Programm über ihn. Damit bringen sie die beste zwischenmenschliche Beziehung zum Erliegen und löschen bald alle Liebesgefühle aus.

Es ist menschlich gesehen beinahe unmöglich, eine zwanghaft selbstsüchtige Person zu lieben. Ich habe in meinem Bekanntenkreis Leute, die drei und viermal geschieden sind, und alle sind sehr selbstsüchtige Menschen. Ein Desaster folgt dem anderen, und alles wird dem anderen Partner in die Schuhe geschoben. Sie scheinen unfähig zu sein, ihre eigene Schuld zu erkennen.

Eine gefeierte Hollywood-Größe, deren Gesicht und Meinung ständig irgendwie in der Presse auftaucht, war achtmal verheiratet. Zur Zeit lebt sie mit jemandem zusammen, der viele Jahre jünger ist. Zuletzt hatte sie verlauten lassen, daß sie nicht wieder heiraten würde, weil ihre Beziehungen zu instabil seien. Offensichtlich ist ihr noch nicht aufgegangen, daß das wahre Problem ihre eigene Selbstsüchtigkeit sein könnte.

Jeder ist ein bißchen egoistisch

Phil Donahue hat nicht unrecht: Fast jeder möchte das Beste für sich in Anspruch nehmen und dem anderen den Rang ablaufen. Der Egoismus wird durch Temperament, Erziehung, Liebe (oder ihr Fehlen), Erfahrungen und andere Faktoren gefördert oder eingedämmt. Jedes Temperament hat seine eigene Art, diese Selbstsucht auszudrücken, aber zu einem gewissen Grad haben alle dieses Problem.

Nichts ist aber für eine Ehe zerstörerischer als Selbstsucht. „Das bestimme ich“, „Hier habe ich das Sagen, „Ich kann unser Geld ausgeben, wie es mir gefällt“, „Diesen Sommer machen wir Urlaub in den Bergen, ich bestehe darauf!“

Selbstsüchtige Menschen sind hart und unnachgiebig, sind unduldsam, unempfindsam gegenüber den Bedürfnissen, Wünschen und Gefühlen der anderen. Die Abbildung zeigt verschiedenen Grade der Selbstsucht. Da manche Leute stärker selbstsüchtig sind als andere, gelingt es auch manchen Nichtchristen, eine glückliche Ehe zu führen, wenn der Partner nicht so eigensüchtig ist. Deswegen mag es den beiden gelingen, gut miteinander auszukommen.

Aber die zwanghaft selbstsüchtige Person, aus welchem Grund sie es auch immer geworden sein mag, ist stets ein Eherisiko. Offen gestanden, ich weiß von keiner Kraft auf Erden, die eine selbstsüchtige Person in eine liebende, mitfühlende, sich des anderen bewußte Person verwandeln könnte, als nur eine echte Bekehrungserfahrung. Und sogar dann muß sie immer wieder auf den Geist Gottes eingehen, damit die Selbstlosigkeit Raum gewinnt.

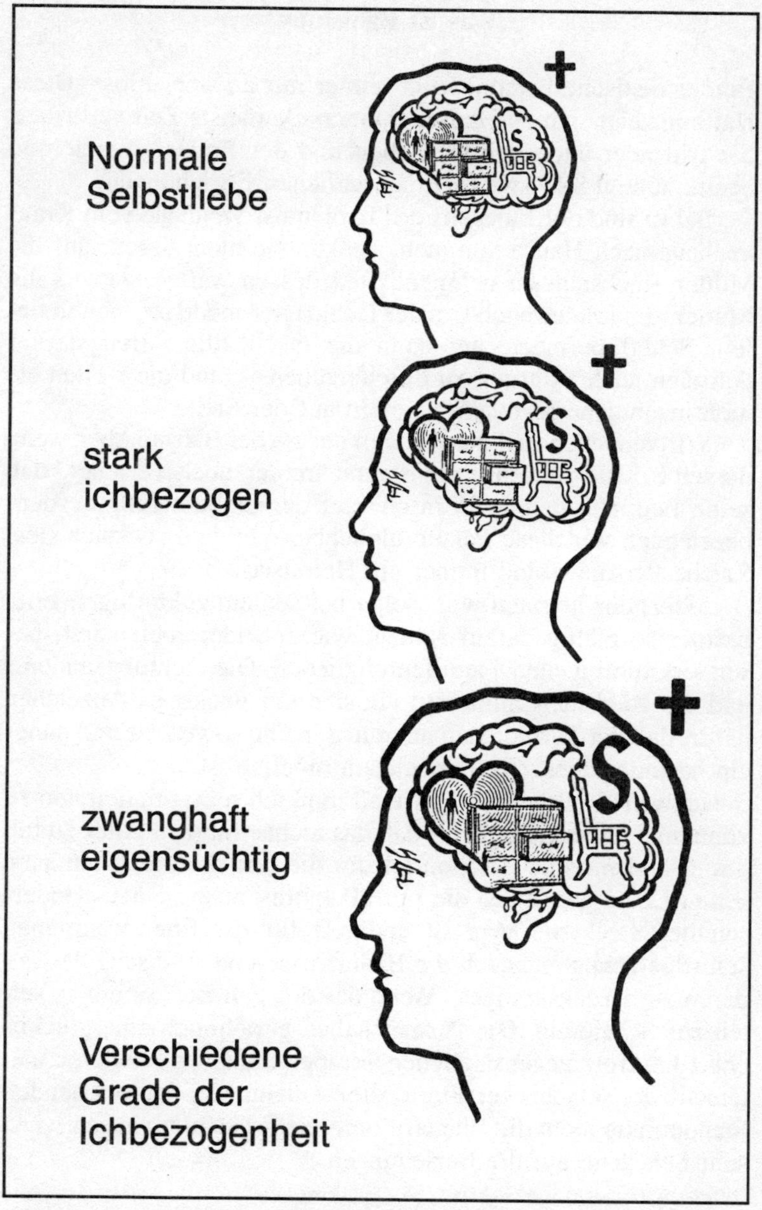

Abbildung 2: Grade der Ichbezogenheit

Was ist Egoismus?

Eine egoistische Person denkt immer nur an sich selbst. Diese Haltung zeigt sich zu Hause, wo man die meiste Zeit verbringt. Sie tritt aber auch bei der Arbeit und der Freizeit zutage und beeinträchtigt alle zwischenmenschlichen Beziehungen.

Babys sind der Inbegriff des Egoismus. Wenn sie vom Krankenhaus nach Hause kommen, denken sie nicht daran, auf die Mutter Rücksicht zu nehmen. Statt dessen warten sie, bis die Mutter, die immer noch von der Geburt her müde ist, sich in tiefem Schlaf befindet, um dann die Nachtstille durch starkes Schreien nach Nahrung zu durchbrechen — und die wollen sie nicht nach zehn Minuten, sondern auf der Stelle.

Wir verstehen und akzeptieren das — bei Babys. Aber wenn dasselbe Kind 21 Jahre alt ist und immer noch verlangt, daß seine Bedürfnisse und Wünsche auf der Stelle erfüllt werden, bezeichnen wir diese Person als ichbezogen und rücksichtslos. Solche Personen sind immer ein Heiratsrisiko.

Jeder, der heiraten will, sollte bei seinem zukünftigen Ehepartner sorgfältig darauf achten, wie er andere behandelt, besonders die eigenen Familienmitglieder. Die Achtung anderer und die Rücksichtnahme auf sie sind ein wichtiges Anzeichen dafür, daß der Partner sich auch in der Ehe so verhält und daher ein harmonisches Zusammenleben möglich ist.

Ich werde oft gefragt: „Wie alt muß ich sein, um heiraten zu können?“ Ich erkläre dann, daß das nichts mit dem Alter zu tun hat. Man kann mit 18 schon reif für die Ehe sein, aber ich habe schon Leute getroffen, die mit 80 Jahren noch in den Kinderschuhen steckten. Man ist erst reif für die Ehe, wenn man selbstlos genug ist, auch die Bedürfnisse und Wünsche des anderen zu berücksichtigen. Wenn das der Fall ist, kommt es selten zur Scheidung. Die Partner haben gewöhnlich eine glückliche Ehe, trotz gegensätzlichen Temperaments und anderer Unterschiede. Dabei zerstören die voneinander abweichenden Standpunkte nicht die Eheharmonie. Selbstsucht hingegen wirkt sehr belastend auf die Beziehungen.

Wodurch wird Selbstsucht verursacht?

Der erste Beitrag zur Selbstsucht kommt von der Gen-Sammlung unserer Eltern in Form des Temperaments — ein unvermeidlicher Teil der adamitischen Natur, die vom Sündenfall her auf uns übergeht. Wie unsere Eltern uns liebten und uns erzogen (oder es unterließen), hat ebenfalls eine starke Auswirkung auf den Grad unserer Selbstsucht. Deshalb können zwei Menschen gleichen Temperaments verschiedene Grade der Selbstsucht aufweisen. Unser Verhalten, das sollten wir immer im Auge behalten, hängt von vielen Dingen ab: Temperament, Erziehung, Liebe, Lebenserfahrungen, geistlicher Reife usw.

Sanguiniker sind große Egoisten. Sie haben es gern, im Mittelpunkt zu stehen und die anderen mit ihrer endlosen Unterhaltung gefangenzunehmen. Aber wenn Sie einem Sanguiniker lange genug zuhören, merken Sie, daß es immer um seine eigene Person geht. Das meiste, was er sagt, dreht sich um seine Interessen und Wünsche. Sanguiniker sind von dem starken Bedürfnis getrieben, das Lob der anderen zu gewinnen.

Sogar wenn sie ihr Ehegelöbnis brechen, geht ihnen in ihrer Selbstzentriertheit nicht auf, was für seelische Schmerzen sie ihrem Partner zufügten. Selbstlose Sanguiniker sind eine Rarität. Nur das geisterfüllte Leben kann dieses Temperament verändern.

Choleriker unterliegen zwangsläufig der Selbstsucht. Sie sind überzeugt, daß sie recht haben (auch wenn sie falsch liegen) und zögern nie, ihre Meinung und ihren Willen anderen aufzuzwingen. Da sie wenig Bedürfnis haben, von anderen gelobt zu werden, kümmern sie sich nicht darum, wie anspruchsvoll und unsympathisch sie sind. Ein Grund, warum sie so wenige bleibende Freunde haben, besteht darin, daß sie so selbstzentriert und unvernünftig fordernd gegen ihre Bekanntschaften sind.

Von sich selbst in Anspruch genommen, heiraten Melancholiker meistens jemanden, der ihre Bedürfnisse (echte oder eingebildete) befriedigen soll. Keiner kann das, und deshalb werden sie bald nach der Heirat unglücklich. Natürlich waren sie auch vor der Eheschließung nicht glücklich. Jeder Arzt wird bestätigen können, daß die meisten Patienten, die zur Sprechstunde kommen, Melancholiker sind. In dem Augenblick, wo sie Schmerzen fühlen, werden alle Gedanken nach innen gelenkt. Die Welt muß angehalten werden, bis die Beschwerden verschwinden. Auf dem Weg zur Lösung der Schwierigkeiten begegnen ihnen immer wieder neue Probleme.

In extremen Fällen nehmen sie eine fötale Lage ein, die das Verlangen ausdrückt, wieder zu der Zeit ihres Lebens zurückkehren zu wollen, wo sie sich sicher fühlten und alle Bedürfnisse durch eine andere Person gestillt wurden. Wenn sie es nicht lernen, sich auch des Partners bewußt zu werden, wird sich das Zusammenleben mit ihnen schwierig gestalten. Aus allem, was man sagt, hören sie Kritik heraus. Sie meinen, daß man sie angreift, wenn man in Wirklichkeit nicht einmal an sie denkt. Es ist beinahe unmöglich, sie zufriedenzustellen. Glücklicherweise kann der Geist Gottes ihnen helfen, die Selbstsucht zu überwinden.

Phlegmatiker sind gewöhnlich angenehme Ehepartner, denn sie sind so nett, sanft und diplomatisch. Sie vermeiden es, ihre selbstsüchtigen Impulse frei auszudrücken. Von Natur aus introvertiert, fürchten sie sich vor den Konsequenzen, wenn sie ihre egozentrischen Wünsche äußern und ausführen.

Aber daß auch bei ihnen Selbstsucht vorhanden ist, läßt sich daran erkennen, wie sie mit Geld umgehen und an ihren sich selbst schützenden Plänen. Schutz und Sicherheit gehen ihnen über alles. Das brauchen sie, koste es, was es wolle. Nach außen hin zeigen sie jedoch ihre Ängste und Bedenken nicht.

Und oft halten sie auch ihren Partner oder ihre Familie davon ab, sich an wertvollen Aktivitäten zu beteiligen, und alles wegen ihrem übertriebenen Schutzbedürfnis und ihrem Sicherheitsdenken. Mit dem Phlegmatiker läßt sich, da er ein sanftes Gemüt besitzt, verhältnismäßig leicht zusammenleben, aber er und sein Partner werden noch viel glücklicher, wenn er dem Geist Gottes Raum gibt und die Selbstsucht überwindet.

David Field führt in seinem Buch „Marriage Personalities" zwei Hauptgründe für die Selbstsucht an: erstens den Egoismus und zweitens das niedrige Selbstwertgefühl. Er behauptet, daß beides ein ernstes Problem in vielen Ehen darstellt.

Egoistische Menschen, so erklärt er, sind narzistisch (selbstverliebt) eingestellt und versuchen Beachtung zu finden. Oft machen sie andere fertig, um selbst gut dazustehen. Sie bestehen darauf, daß ihre Ansicht immer richtig ist.

Field schreibt:

„Egoisten haben es schwer in der Ehe. Ihr Interesse konzentriert sich mehr auf Aktivitäten außer Haus, wie Arbeit und Hobbys, und weniger auf die Dinge daheim. Das heißt aber nicht, daß sie sich nicht um die Ehe kümmern. Aber sie erwarten mehr Erfüllung von dem, was sie leisten, als aus ihren Beziehungen.

Der Egoist hat viele Ängste: Er hat Angst, daß er nicht so wichtig sein könnte, wie er sich selbst einschätzt. Er befürchtet, daß er nicht so unabhängig ist, wie er meint. Und er fürchtet sich sehr, von anderen kontrolliert und geführt zu werden. Er hat Angst, daß seine Schwächen gegen ihn benutzt werden. Er vermeidet deshalb die Nähe anderer Personen, obwohl er sie sich manchmal aufrichtig wünscht. Er kann sich nicht vorstellen, seine Zukunft, seine Gefühle, Gedanken und Ziele jemand anders zu offenbaren. Daß es sich um übertriebene Ängste handelt, kann man ihm schwer klarmachen. Die einzige Person, der er vertraut, ist er selbst."

Field macht für das Problem des geringen Selbstwertgefühls auch die Eltern verantwortlich, die zu viel von ihren Kindern erwarten. Da diese den Ansprüchen nicht genügen können, kommen sie sich unfähig und wertlos vor. Solche negativen Gedanken aus früher Kindheit können sich bis ins Erwachsenenalter halten. Bei der Züchtigung der Kinder sollten sich die Eltern klarmachen, daß nicht das ganze Kind gemeint ist, sondern ein besonderes tadelhaftes Verhalten, das es zu korrigieren gilt.

Die Eltern können irreparablen Schaden anrichten, wenn sie dem Kind an den Kopf werfen: „Hans, du bist und bleibst eine Niete. Kannst du überhaupt etwas richtig machen? Bei dir ist Hopfen und Malz verloren. Du bist ein totaler Versager!" Welches Kind kann schon mit den Eltern argumentieren? Wenn der Vater ihn als „Versager" bezeichnet, dann stuft er sich als Versager ein. Und diese Haltung bleibt u. U. bis ins Erwachsenenalter — besonders wenn derjenige Melancholiker ist.

Unvernünftige Anforderungen an Kinder während der Reifejahre zu stellen, kann verheerende Folgen für das Selbstbild des Kindes haben. Sogar wenn es erwachsen ist, kann dies eine negative Auswirkung auf die Ehe haben. Field führt weiter aus:

„Denjenigen, bei dem ich dieses Problem vermute, frage ich, was er denn an sich selbst liebt. Das ist ihm gewöhnlich sehr unangenehm. Es wäre viel einfacher, wenn er erzählen könnte, was er an sich selbst nicht liebt. Seine Wertordnung richtet sich nicht nach dem Wert als Person, sondern nach dem Wert seines äußerlichen Verhaltens. Er mag sogar sehr erfolgreich im Geschäftsleben oder im Sport sein, aber das ist ihm nicht genug. Er meint, er muß Perfektion bieten.

Eine Frau mit geringem Selbstwertgefühl denkt, wenn sie die Ehe eingeht, mehr an das, was sie bekommen kann, als an das, was sie tatsächlich wünscht. Sie kann sich nicht vorstellen, daß sie den Partner so formen kann, daß er ihre Träume erfüllt, und sie geht deshalb Kompromisse ein. Außerdem sagt sie sich: Wenn ich mich selbst schon als nicht gut ansehe, wie sollte ich dann bei jemand anders besser wegkommen? Wenn das Selbstwertgefühl niedrig ist, mag die Frau sogar denken, sie verdiene es nicht, glücklich zu sein. Es mag ihr unangenehm sein, sich von jemand lieben zu lassen, wo sie sich nicht einmal selbst liebt."

Ein klassisches Beispiel: Bei der Eheberatung sitzt mir eine Frau Mitte Vierzig gegenüber. Nach leichter Konversation fragt sie mich: „Sagen Sie, warum bin ich so argwöhnisch gegenüber meinem Mann?" Sie war bereits 25 Jahre verheiratet und liebte ihren Mann sehr. Sie fügte hinzu: „Mein Mann behauptet, er sei mir nie untreu gewesen, aber er ist sehr gut gebaut und attraktiv, und ich habe Angst, eine Frau könnte ihn mir wegnehmen." Ich fragte ganz naiv, was sie dagegen tun wolle. Leicht errötend antwortete sie: „Ich verführe ihn jeden morgen, bevor er zur Arbeit geht!"

Mit möglichst unbewegtem Gesicht fragte ich sie nach seiner Reaktion. Sie verzog das Gesicht und antwortete: „Das ist es ja, was mir Sorgen macht. Er beginnt, mich zu meiden. Und das vermehrt nur meine Angst, daß er jemand anders gefunden haben könnte."

Merkmale der Egozentrik

ungeduldig
lieblos
stolz
geizig
mißtrauisch
selbstsüchtig
rücksichtslos
anspruchsvoll
feindselig

Abbildung 3: Merkmale der Egozentrik

Abbildung 3a: Wesenszüge der Liebe

Ich entgegnete: „Das mag gar nicht das Problem sein. Das Einswerden mit seiner Frau ist auch noch für einen Mann seines Alters (ich schätzte ihn auf 50) eine erstrebenswerte Sache, aber sechs oder sieben Tage in der Woche ist ihm wahrscheinlich ein bißchen zuviel!" Das war ihr noch nie in den Sinn gekommen! Sie versäumte es, von seiner Seite her zu denken. Ihre verführerische Rolle, die die meisten Gatten zwei oder dreimal die Woche willkommen heißen würden, war nicht durch die Agape-Liebe inspiriert.

Selbstsucht = Mangel an Liebe

Die Bibel sagt: „*Tut nichts aus Eigennutz um eitler Ehre willen, sondern in Demut achte einer den anderen höher als sich selbst, und ein jeder sehe nicht auf das Seine, sondern auf das, was dem anderen dient*" (Philipper 2,3-4). Wahre Liebe will dem anderen Gutes tun und ist nicht nur darauf aus, für sich selbst Vorteile zu haben.

Ein Grund, warum ich mich so sehr über Weihnachten freue, ist der, daß ich mitbekomme, was meine verheirateten Kinder ihren Partnern als Geschenk auswählen. Obwohl zwei von ihnen in christlichen Werken arbeiten und ein sehr begrenztes Budget haben, drücken sie ihre Liebe Jahr für Jahr in der Weise aus, daß sie monatelang sparen, um dem Partner an Weihnachten eine reiche Liebesgabe zukommen zu lassen. Liebe kann immer wieder geben.

Die Abbildung basiert auf der wunderbaren Beschreibung der Liebe, wie sie uns in 1. Korinther 13,4-7 gegeben ist. Beachten Sie diese Wesenszüge im Unterschied zur Selbstsucht.

Liebe im Gegensatz zur Selbstsucht

Ich sehe immer wieder, daß es meistens selbstverursachte Nöte sind, die die Menschen veranlassen, Rat in der Seelsorge zu holen. Ein erfahrener Scheidungsrichter erzählte mir, daß bei den meisten Personen, die geschieden werden, die ehelichen Streitigkeiten hätten vermieden werden können, wenn die Partner nicht so egoistisch gewesen wären.

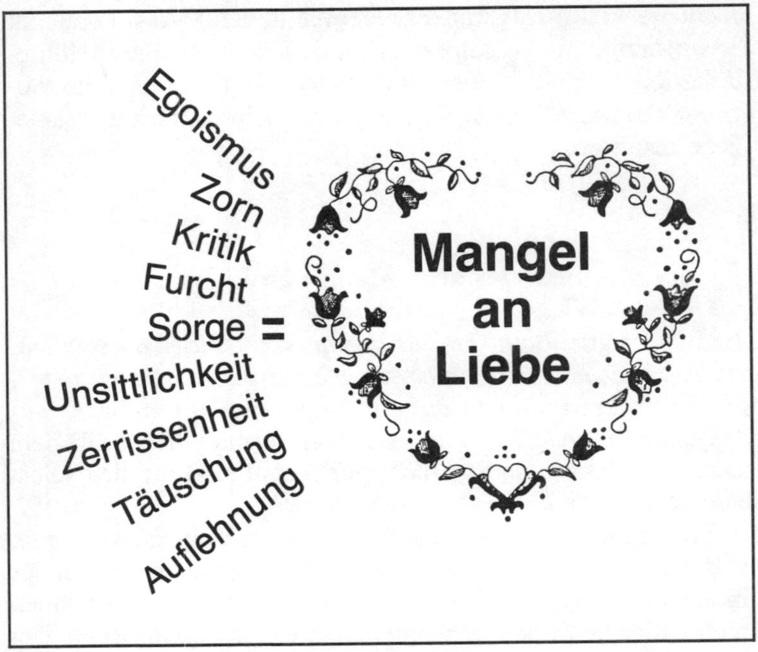

Abbildung 4: Mangel an Liebe

Wie man die Selbstsucht überwindet

Mit Gottes Hilfe kann die Selbstsucht überwunden werden, und an ihre Stelle wird die Liebe zum Partner treten. Offen gesagt, ich wüßte nicht, wie man sonst ihrer Herr werden könnte ohne göttliche Kraft. Die folgenden Schritte zur Überwindung des Problems können deshalb nur für jene wirksam werden, die Christus kennen und bereit sind, sich Ihm, Seinem Wort und Seinem Geist zu öffnen und immer wieder Ihn zu suchen, um Sieg zu erlangen.

Wenn Sie mit diesen Problemen zu tun haben, lesen Sie bitte diesen Teil sorgfältig durch. Lernen Sie die verschiedenen notwendigen Schritte auswendig und handeln Sie täglich danach. Ich habe diese Punkte in der Seelorge schon viele Male erfolgreich angewandt.

1. Betrachten Sie die eigensüchtigen Gedanken und Taten als Sünde und bekennen Sie sie Gott.

„Wenn wir unsere Sünden bekennen, ist Er treu und gerecht, daß Er uns die Sünden vergibt und uns von jeder Ungerechtigkeit reinigt“ (1. Johannes 1,9).

Der erste Schritt geht über eine hohe Hürde. Aber sie muß überwunden werden, wenn wir weiterkommen wollen. Wer die Eigensucht entschuldigt oder zu rechtfertigen sucht, wird immer ihr Sklave bleiben. Die Selbstsucht dem Temperament, der Erziehung oder sonst jemand anzulasten, ist falsch. Wie jede andere sündliche Gewohnheit muß auch die Selbstsucht realistisch als Sünde gesehen werden.

2. Bitten Sie Gott im Gebet, diese Neigung von Ihnen zu nehmen und Sie mit Seinem Heiligen Geist zu erfüllen.

„Und dies ist die Zuversicht, die wir zu Ihm haben, daß Er uns hört, wenn wir nach Seinem Willen bitten. Und wenn wir wissen, daß ER uns hört, was wir auch bitten, so wissen wir, daß wir das Erbetene haben, das wir von Ihm erbeten haben“ (1. Johannes 5,14-15).

Diese Verse sind die Garantie dafür, daß Gott das, was wir in Seinem Willen bitten, tun wird. Wir wissen, daß es Gottes Wille ist, unsere Neigung zur Selbstsucht zu überwinden. Wenn wir Ihn deshalb aufrichtig bitten, uns von diesen starken Verhaltenszwängen zu lösen, dürfen wir sicher sein, daß wir in Seinem Willen beten.

Die Eigensucht ist eine Haltung, die lebenslange Gewohnheit werden kann. Aber sie kann gebrochen werden. Gottes Absicht ist, daß wir aus dieser lebensprägenden Einstellung herauskommen. Aber es ist oft so, daß eine kurze Bitte nicht genügt, solch eine Neigung, die sich im Leben verfestigt hat, aufgeben zu können. Hier ist oft ein Ausharren im Bitten notwendig. Schließlich wird die Liebe des Heiligen Geistes durch das treue Studium des Wortes die Oberhand gewinnen.

3. Ersetzen Sie die selbstsüchtigen Taten durch einen großzügigen Dienst an anderen.

„*Ordnet euch einander unter in der Furcht Christi*" (Epheser 5,21).

Ein Beweis geisterfüllten Lebens ist ein demütiger, sich unterordnender Geist. Selbstsucht sucht immer das Eigene, aber ein demütiger Geist sucht dem anderen zu dienen. Wann immer möglich, versuchen Sie die eigensüchtigen Gedanken und Taten durch rücksichts- und teilnahmsvolles Verhalten an anderen zu ersetzen.

4. Seien Sie gebefreudig.

„*Wenn du aber Almosen gibst, so soll deine Linke nicht wissen, was deine Rechte tut; damit dein Almosen im Verborgenen sei, und dein Vater, der im Verborgenen sieht, wird dir vergelten*" (Matthäus 6,3-4).

Eigensüchtige Menschen haben immer Probleme mit dem Geben, ob an Gott oder an Menschen. Beginnen Sie, den zehnten Teil Ihres Einkommens der lokalen Gemeinde zu geben, und unterstützen Sie nach Möglichkeit auch andere Dienste, die Hilfe brauchen. Gott wird Sie nicht nur finanziell segnen — wie Er den Segen denen versprach, die Ihn mit ihren Erstlingsfrüchten ehren —, sondern Sie werden es selbst auch zunehmend leichter finden, anderen etwas zukommen zu lassen.

Ein selbstsüchtiger Mann, der zu mir in die Beratung kam, hatte immer noch eine Spielzeugeisenbahn aus seiner Kindheit aufbewahrt. Nachdem er von Gott von seiner Selbstsucht überführt worden war, hörte er von einem Jungen, der in einem armen Elternhaus lebte und der sich schon lange eine kleine Eisenbahn gewünscht hatte. Ich weiß nicht, wer mehr Freude hatte, als die Spielzeugeisenbahn den Besitzer wechselte: der Mann oder der Junge!

Nicht lange danach rief dieser Mann bei mir an und fragte mich, ob ich jemanden kenne, der ein Auto brauche. Er hatte sich entschlossen, ein Auto, das ihm in Zahlung gegeben worden war, an eine Familie zu geben, die ein Auto nötig hatte. Offensichtlich hatte er verstanden, um was es ging. Kurze Zeit später kam seine Frau nach dem Gottesdienst zu mir und erklärte: „Ich weiß nicht, was Sie mit meinem Mann gemacht haben. Er ist ein ganz anderer Mensch geworden!"

Ich hatte ihn nur aufgefordert, er solle ein Geber statt ein Nehmer sein. Er nahm diese Herausforderung an, und Er und seine Frau haben inzwischen herausgefunden, daß, wie es unser Herr sagt, Geben seliger als Nehmen ist.

5. Lassen Sie Ihrem Partner und Ihrer Familie jeden Tag Liebe zuströmen.

„Zu diesem allen aber zieht die Liebe an, die das Band der Vollkommenheit ist" (Kolosser 3,14).

Die Heilung der Selbstsucht ist noch nicht ganz geschehen, wenn Sie es nicht gelernt haben, Ihre Liebe auszudrücken. Seien Sie auch in dieser Hinsicht ein freudiger Geber und beginnen Sie damit in der eigenen Familie. Füllen Sie Ihr Haus mit Lob, Freundlichkeit, Geschenken, Gefälligkeiten und Wohltaten. Das wird Ihr eigenes Leben bereichern und eine Atmosphäre der Liebe schaffen, die bis in alle Hauswinkel dringt.

6. Lernen Sie Philipper 2,3-4 auswendig und nehmen Sie diese Verse in Ihr Leben hinein.

„Tut nichts aus Eigennutz oder Ruhmsucht, sondern in Demut achte einer den anderen höher als sich selbst. Ein jeder sehe nicht auf das Seine, sondern ein jeder auch auf das der anderen".

Der Psalmist spricht davon, daß er Gottes Wort im Herzen behält, damit er nicht wider den Herrn sündigt. Selbstsüchtige Menschen werden aufgrund ihrer egozentrischen Einstellung zu manchen Sünden verleitet. Ersetzen Sie diese Haltung durch jene, zu der uns Pilipper 2,3-4 auffordert. Lernen Sie diese beiden Verse auswendig und wiederholen Sie sie täglich, auch im Gebet. Das wird Ihnen helfen, die alte Ausrichtung mehr und mehr zu verlieren, so daß Sie nicht mehr weiter auf dem ausgetrampelten Pfade der Selbstsucht gehen müssen, sondern ein neues Verhalten Einfluß gewinnt.

7. Geben Sie sich selbst Gott hin mit der Bereitschaft, anderen zu helfen.

„So auch ihr, haltet euch der Sünde für tot, Gott aber lebend in Jesus Christus. So herrsche nun nicht die Sünde in eurem sterblichen Leib, daß er seinen Lüsten gehorche. Stellt auch nicht eure Glieder der Sünde zur Verfügung als Werkzeuge der Ungerechtigkeit, sondern stellt euch selbst Gott zur Verfügung als Lebende aus den Toten und eure Glieder Gott zu Werkzeugen der Gerechtigkeit" (Römer 6,11-13).

Die glücklichsten Menschen auf Erden sind solche, die anderen helfen. Die elendesten sind die selbstsüchtigen. Stellen Sie sich zum Dienst an anderen Menschen zur Verfügung. Bei diesem Vorhaben werden Sie nicht nur Gott gefallen, sondern auch den Menschen eine Hilfe sein. Und Sie werden dabei eine innere Erfüllung erfahren, die Sie sonst auf keinem anderen Gebiet erleben können.

8. Seien Sie gütig zu den Menschen, mit denen Sie zusammentreffen.

„Seid aber zueinander gütig, mitleidig, und vergebt einander, so wie Gott in Christus euch vergeben hat" (Epheser 4,32).

Auch heute hungern die Menschen nach Güte. Verlassen Sie die alten Geleise und seien Sie rücksichtsvoll und gütig. Und fangen Sie damit zu Hause an. Zuerst werden Sie das ganz bewußt machen müssen, aber mit Gottes Hilfe wird sich dies zu einem Lebensstil entwickeln.

9. Lesen Sie täglich Gottes Wort.

Alle Christen ziehen Nutzen aus einem beständigen täglichen Lesen des Wortes Gottes. Wir alle benötigen es, um soweit wie möglich Gottes Gedanken zu erfassen und nachzudenken. Wenn wir unsere Gedankenwelt mit Gottes Wort füllen, wird uns Seine Sicht mehr und mehr klar. Kaufen Sie sich ein Notizheft und führen Sie es als eine Art Tagebuch, in das Sie mindestens einen besonderen Gedanken eintragen, der Ihnen durch das tägliche Bibelstudium groß geworden ist. Gelegentlich gehen Sie die Eintragungen durch, und Sie werden sehen, daß Sie dadurch innerlich bereichert werden. Planen Sie, jeden Tag ein bis fünf Kapitel der Bibel durchzulesen, und das mindestens fünf Tage in der Woche.

Zusammenfassung

Eine Angewohnheit, die wir längere Zeit praktizieren, läßt sich nicht immer sofort ablegen. Das braucht oft viel Zeit. Seien Sie auch nicht überrascht, wenn auf zwei Siege eine Niederlage folgt. Gehen Sie jedesmal, wenn Ihre selbstsüchtige Natur wieder durchbrach, diese Schritte erneut durch! Mit Gottes Hilfe werden Sie Veränderung erfahren!

12. Kapitel

Der zweite große Schritt: Ermittlung der Ursache und Beseitigung der Unverträglichkeit

Eine Frau, die ich vor 15 Jahren getraut hatte — inzwischen Mutter von fünf Söhnen —, kam zu mir in die Beratung und sagte mir gleich: „Bob und ich denken über Scheidung nach. Wir passen nicht zusammen, wir sind sozusagen inkompatibel!" Und dann fügte sie hinzu: „Ich kann es mittlerweile nicht einmal mehr ertragen, daß er mich berührt!"

Ich hätte fast lauthals gelacht. Als sie sprach, gingen meine Gedanken zurück zu der Zeit vor 16 Jahren, als die beiden den Gottesdienst am Sonntag abend besuchten und so „kompatibel" waren, daß ich einen Ordner in die hinterste Reihe schicken mußte, damit er sich zwischen diese beiden Anhänglichen setzte. Sie konnten einfach nicht die Hände voneinander lassen! Und nun, 16 Jahre und fünf Kinder später ließ sie der Gedanke an solch einen Kontakt erschrecken.

Diese Erfahrung lehrte mich, daß Unverträglichkeit ein angeeignetes Verhalten darstellt. Offensichtlich kann ein Liebespaar, bei dem bei der Berührung des anderen Wonneschauer durch den Körper laufen, es lernen, unverträglich zu werden. Warum sollte es nicht umgekehrt für Unverträgliche erlernbar sein, wieder kompatibel zu werden?

Der natürliche Trieb zum anderen Geschlecht ist normalerweise so stark, daß ein klarer Grund gegeben sein muß, wenn zwei, die vorher wie Kletten aneinander hingen, sich voneinander abwenden. Gewöhnlich resultiert diese Abwendung aus einem Zusammenprall von zwei vorherrschenden Emotionen — Zorn und Furcht. Wenn diese beiden gegensätzlichen Kräfte öfters kollidieren, werden selbst die größten Liebhaber inkompatibel.

Die stürmische Art übt Anziehungskraft auf die ängstliche Art aus

Die Temperamente, die sich am stärksten anziehen (Sanguiniker zum Melancholiker und Choleriker zum Phlegmatiker), bringen gegensätzliche negative Emotionen in die Ehe. Sanguiniker und Choleriker geraten leicht in Wut, Melancholiker und Phlegmatiker leicht in Furcht. Deshalb neigt eine Person, die schnell aufgebracht ist, dazu, jemanden zu heiraten, der schnell ängstlich ist, und umgekehrt. Der Zusammenprall dieser zwei Emotionen kann sich jedoch so ausweiten, daß sich beide Partner als inkompatibel ansehen.

Wenn zwei sonst gut zusammenpassende junge Leute heiraten, wird zunächst ihre gerade aufflammende Liebe die Neigungen zu Zorn und Furcht in den Hintergrund treten lassen. Diese erste Zeit ist gewöhnlich so erregend, daß die Liebesgefühle übersprudeln. Aber nach den Flitterwochen, wenn sie wieder in den Alltag zurückkehren, kommen Nöte und Probleme auf sie zu.

Früher oder später kommt es dann zum ersten Krach, der durch zwei gegensätzliche Willenskundgebungen zustande kommt. Sobald der erzürnte Partner explodiert, weicht der ängstliche Partner zurück und verschließt sich. Es entsteht eine Kluft zwischen ihnen. Das ist noch nichts Ernsthaftes, sondern bedeutet zunächst nur, daß die beiden Liebenden ihren ersten Streit hatten.

Gewöhnlich legen sie den Streit bei, versöhnen sich und kommen wieder in Liebe zusammen. Nur mit einem Unterschied: Diese erste Explosion hat eine kleine Wunde hinterlassen. Sie haben einander etwas gelehrt: „Wenn du zu weit gehst, explodiere ich!“ und „Wenn du explodierst, ziehe ich mich von dir zurück!“

Durch Versöhnung kann die Liebe diese kleine Wunde heilen, aber wenn eine Explosion der anderen folgt, wenn weitere harte, unbarmherzige Worte fallen, wird sich das ängstliche Temperament einen Panzer anlegen. Der Kreislauf von Streitbeilegung und erneuten Zornausbrüchen mit anschließendem ängstlichem Zurückziehen der anderen Seite erzeugt schließlich ein so großes Trauma, daß die Liebe nicht mehr stark genug ist, Heilung zu bewirken. Unverträglichkeit ist dann das Ergebnis.

Zu diesem Zeitpunkt sehen sich die Partner bereits nicht mehr durch die rosarote Brille an, sondern sehen den anderen objektiv — oder negativ. Die furchtsame Person versucht sich durch Rückzug und/oder durch verbale oder mentale Kritik zu schützen. Der Zornespegel des aufgebrachten Partners steigt dadurch weiter, und erneute Ausbrüche folgen. Sexuelle Kälte entsteht und kompliziert das Problem noch mehr.

Das zornige Temperament umfaßt nicht nur Männer, obwohl wütende Männer im allgemeinen ihre feindseligen Gefühle lauter und gewaltsamer zum Ausdruck bringen als wütende Frauen. Im Fall des vorerwähnten unverträglichen Paares war es die Frau, die zornig wurde. Bob war ein umgänglicher, hart arbeitender und verläßlicher Introvertierter, der still schwieg, wenn seine Frau explodierte. „Ich weiß einfach nicht, was ich tun oder sagen soll, wenn sie so ist!“ erklärte er. Aber wegen seiner Passivität kam sie dann erneut in Rage.

So geschieht es, daß Zorn und Furcht langsam die Liebe verdrängen. Die Bibel ermahnt die Männer: *„Liebt eure Frauen und seid nicht bitter gegen sie.“* Warum? Weil Bitterkeit die Liebe zerstört.

Eine Frau, die zu mir in die Beratung kam, war so voller Angst, sich beim Geschlechtsverkehr zu verletzen, daß ihre normalen Körperfunktionen blockiert waren und sie den Verkehr nicht vollziehen konnten. Im Falle der Männer finden wir hingegen die Furcht vor Nichtversteifung oder vorzeitiger Ejakulation.

Wenn die Partner nicht von Zorn und Furcht beherrscht sind,

fließt die Liebe ungehindert. Ich beobachtete in Arizona, wie das Wasser in einem Bewässerungskanal kilometerlang frei floß, bis es an einen Damm gelangte und der Fluß abrupt unterbrochen wurde. Bei der Liebe ist es ähnlich: sie fließt ganz natürlich, bis sie durch Zorn oder Furcht blockiert wird.

Diese zwei Emotionen sind nicht einfach das Ergebnis des Temperaments einer Person. Herkunft, Erziehung und geistliche Motivation entscheiden ebenfalls, wie weit sie zur Herrschaft gelangen. Ein angstgeneigter Phleg-Mel, der in einem feinen christlichen Elternhaus aufwächst, wird damit weniger Probleme haben als einer, der in einer rauhen, harten, asozialen Umgebung aufwächst.

Dasselbe trifft auch auf eine zorngeneigte Person zu, die in einem konsequenten christlichen Elternhaus aufwächst, das dem Kind keine heißen Temperamentsausbrüche durchgehen läßt. Wenn diese Person in den Ehestand tritt, hat sie es gelernt, diese Emotionen unter Kontrolle zu halten.

Zwar sollten Paare lange genug miteinander gehen, um sich über die emotionalen Reaktionen des anderen klar werden zu können. Aber es kann trotzdem vorkommen, daß das Potential der negativen emotionalen Ausdrücke nicht voll erkannt wird und erst die Ehe an den Tag bringt, wie die Person wirklich ist.

Zorn und Furcht: Uremotionen

Alle Menschen besitzen eine Palette von Emotionen, aber vorherrschend ist entweder Zorn oder Furcht. Nachdem ich einige Zeit in der Seelsorge tätig war, wurde mir die Vorherrschaft dieser beiden Emotionen einmal so stark bewußt, daß ich zu meiner Frau sagte: „Jeder, der zu mir in die Beratung kommt, ist entweder zornig oder furchtsam. Die einzige Ausnahme sind die, die beides zusammen sind.“

Inzwischen habe ich viele weitere Personen beraten, und diese Beobachtung hat sich bestätigt. Die folgende Abbildung zeigt, welches Temperament zu welchem Problem neigt.

Aus der Temperamentskombination ergibt sich die Anfälligkeit einer Person für gewisse emotionale Probleme. Neben der

Temperamentsbedingte emotionale Probleme

Zorn	Furcht	Zorn/Furcht
CholSan	PhlegMel	SanMel
SanChol	MelPhleg	SanPhleg
CholMel	PhlegSan	MelChol
CholPhleg		MelSan
		PhlegChol

Abbildung 5: Temperamentsbedingte emotionale Probleme

Erziehung und der geistlichen Reife spielen auch die Lebensweise und die Lebensgewohnheiten eine Rolle. Das zorngeneigte Kind, das in seinen Jugendjahren, wo Eindrücke sehr prägen, miterlebte, wie Erwachsene ihrem Groll und ihrer Wut freien Lauf ließen und herumtobten, wird auch zu Ausbrüchen neigen, wenn ihm etwas in die Quere kommt. Jedesmal wird er ein wenig mehr in dieses Fahrwasser gelangen. Die ursprüngliche Neigung, mit Zorn oder Furcht zu reagieren, ist aber weitgehend das Ergebnis des ererbten Temperaments.

Die Leute haben mich oft gefragt, warum ich von der Temperamentslehre so fasziniert sei. Kurz nachdem mir aufgefallen war, daß die Menschen, die zur Beratung kamen, entweder mit einem Zorn- oder Furchtproblem (oder beidem) zu tun hatten, gab mir ein befreundeter Pastor das Buch „Temperament and the Christian Faith" (in deutsch: Dein Typ ist gefragt) von O. Hallesby, worin eine detaillierte Beschreibung der Temperamente zu finden ist. Als ich dieses Buch las, verstand ich zum erstenmal, warum die Menschen das eine oder das andere Problem widerspiegeln: Sanguiniker und Choleriker haben einen natürlichen Hang zum Zorn, Melancholiker und Phlegmatiker zur Furcht.

Während derselben Zeit wurde mir auch klar, daß das geisterfüllte Leben das Mittel zur Überwindung dieser Neigungen war. Daraus ergab sich mein Konzept zur Überwindung der temperamentsbedingten Schwächen. Der Arbeitstitel meines ersten Buches lautete: „Wie wir unsere Schwächen durch die Erfüllung mit dem Heiligen Geist überwinden können." Gerade bevor das Buch gedruckt werden sollte, meinte meine Tochter Linda: „Vati, du kannst dem Buch doch keinen so langen Titel geben!" Und sie hatte recht. Nach viel Diskussion kam sie mit dem Vorschlag: „Geisterfülltes Temperament." Gott hat es zu einer Hilfe für viele der Leser werden lassen.

All das geschah vor 24 Jahren. Und heute bin ich mehr denn je überzeugt, daß die meisten Menschen, hauptsächlich aufgrund ihres Temperaments, eine Neigung zu Zorn oder zu Furcht haben.

Warum Zorn eine schädliche Emotion ist

Gleich zu Anfang müssen wir jedoch klar unterscheiden zwischen einer gerechten Empörung und der Art Zorn, über die ich hier spreche. Die erste wird durch die Bibel erlaubt. Epheser 4,26-27 sagt uns: *„Zürnet, und sündigt dabei nicht! Die Sonne gehe nicht unter über eurem Zorn, und gebt dem Teufel keinen Raum!"* Offensichtlich gibt es einen gerechten Zorn. Der Unterschied zwischen dem gerechten Zorn und dem Zorn, den die Bibel verdammt, liegt in der Eigensucht.

Unser Herr war gerecht zornig, als er die Geldwechsler aus dem Tempel trieb, die das Haus Seines Vaters entehrten. Aber Er wurde nicht zornig, als sie Ihn schlugen, Ihm die Dornenkrone aufsetzten und Ihn kreuzigten. Das wäre eigensüchtig und sündhaft gewesen. Der Christ, der auf die katastrophale Abtreibungsrate, Pornographie, konzessionierte Perversion und andere

Zeichen der Degeneration in unserer Gesellschaft nicht mit gerechter Ungehaltenheit schaut, hat kein moralisches Rückgrat. Die Bibel sagt uns, daß Gott die Sünde haßt. Das ist eine gerechte (und sündlose) Ungehaltenheit über die Gesetzlosigkeit. Die Art Zorn jedoch, die die Bibel verurteilt, hat ihren Grund in der Selbstsucht. Und auf die wollen wir jetzt zu sprechen kommen.

Die folgenden sechs Gründe zeigen Ihnen, warum es falsch ist, auf diese Art zornig zu sein:

1. Die Bibel nennt Zorn Sünde!

In der Bergpredigt sagt unser Herr:

„Ihr habt gehört, daß zu den Alten gesagt ist: Du sollst nicht töten; wer aber töten wird, der wird dem Gericht verfallen sein. Ich aber sage euch, daß jeder, der seinem Bruder (verschiedene Handschriften haben den Einschub: ohne Grund) zürnt, dem Gericht verfallen sein wird“ (Matthäus 5,21-22).

Der Ernst der Sünde des Zorns wird in diesem Text offenbar, und es sollte uns nicht wundern, daß diese Emotion die Liebe erkalten läßt.

Ich lebe in Washington D.C., wo prozentual mehr Morde geschehen als in jeder anderen Stadt. Gewaltsame Auseinandersetzungen in den Familien, Bandenkriege, Kindesmißbrauch, politische Meuchelmorde, Kriminalität auf den Straßen — und das alles in der Hauptstadt der Vereinigten Staaten. Zorn führt zu Mord, und deshalb verurteilt Gott den Zorn.

Es gibt viele Schriftstellen, die Zorn brandmarken. Wenn Sie in einer Konkordanz die Wörter „Zorn“ und „zornig“ nachschlagen, werden Sie vielleicht erstaunt sein, wie oft sie erscheinen. Sprüche 29,22 sagt es kurz: *„Ein zorniger Mann erregt Streit, und ein Hitziger ist reich an Vergehen.“* Zorn ist eine Emotion, die Verwüstungen anrichtet und andere Sünden nach sich zieht — ob zu Hause, am Arbeitsplatz oder anderswo.

2. Zorn vermindert unsere Urteilsfähigkeit

Ein professioneller Football-Star wurde während der Teamsitzung so zornig auf seinen Trainer, daß er ihm vor der versammelten Mannschaft eine Ohrfeige verpaßte. Das wiederum brachte den Trainer so in Rage, daß er den Spieler hinauswarf und schrie: „Du wirst nie mehr für diese Mannschaft spielen!" Die Kluft zwischen den beiden war so groß, daß der Spieler an einen anderen Verein verkauft wurde, was sowohl für das Team als auch für den Spieler sehr nachteilig war. Der Spieler spielte nun bei einem Verein, der in den Abstiegskampf verwickelt wurde, während sein alter Verein infolge seines Fehlens nicht in den Titelkampf eingreifen konnte.

Ähnliches Verhalten gibt es auch in der Familie, so daß die Beziehungen zueinander gestört werden. In vielen solchen Fällen kann nur die Gnade und Kraft Gottes Heilung bringen. Zahlreiche geschiedene Paare haben später den Zorn bedauert, der ihre Ehe ruiniert hat.

3. Zorn führt zu verletzenden Worten

Wenn die Zunge im Zorn betätigt wird, wird oft großer Schaden angerichtet. Von Gott zur Weitergabe erbauender und hilfreicher Worte vorgesehen, kann dieses Organ, wenn es im Zorn gebraucht wird, Worte hervorbringen, die auf die, welche wir lieben, niederschmetternd wirken und ihnen die Selbstachtung rauben.

Kolosser 3,8-9 ruft uns auf, feindselige Gefühle abzulegen, die sich in verletzenden Worten ausdrücken möchten:

„Jetzt aber legt auch ihr das alles ab: Zorn, Wut, Bosheit, Lästerung, schändliches Reden aus eurem Mund. Belügt einander nicht, da ihr den alten Menschen mit seinen Handlungen ausgezogen und den neuen angezogen habt."

Schauen Sie sich bitte Abbildung 6 an. Warum lästern die Menschen Gott? Weil sie Ihn so lieben? Gewiß nicht. Es geschieht meistens, wenn sie zornig sind. Warum sagen Menschen schmutzige Dinge über das andere Geschlecht? Weil sie so gut

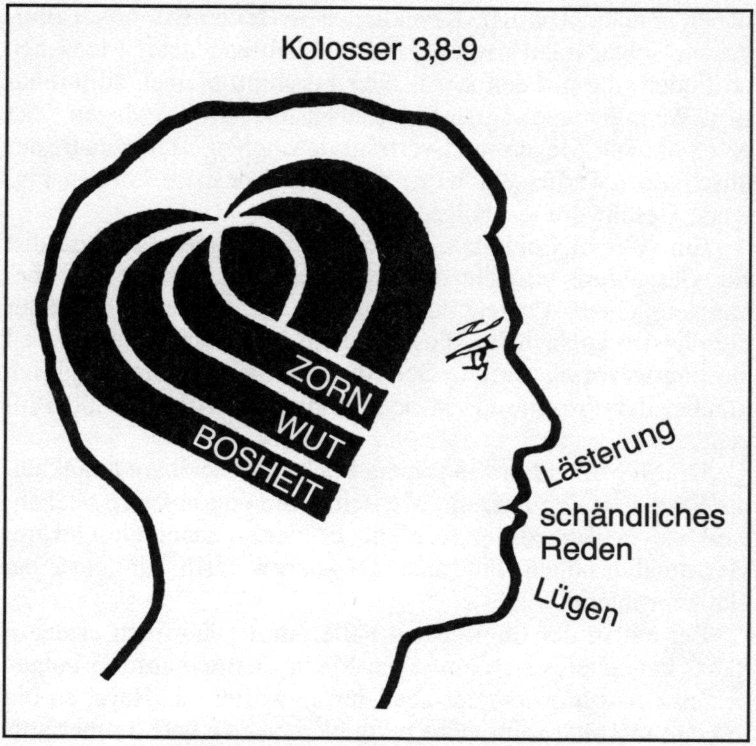

Abbildung 6: Verbale Ausflüsse des Zorns

darüber denken? Kaum. In vielen Fällen sind sie überhaupt noch nie zu einer lebensfähigen, beständigen Beziehung zum anderen Geschlecht gekommen.

Jeder Scheidungsrichter wird Ihnen sagen, daß zu der Zeit, wenn das Paar den Gerichtssaal betritt, die Partner sich gegenseitig das Leben verbal verwüstet haben.

4. Zorn zerstört die Gesundheit

Die meisten Menschen haben keine Ahnung, was für starken Einfluß die Emotionen auf das körperliche Wohlbefinden haben können. Tödliche Krankheiten — Herzanfall, hoher Blutdruck, Schlaganfall usw. — sind viel häufiger unter Menschen zu finden, die mit den Zorn- oder Furchtproblemen zu tun haben. Wenn jemand sagt: „Das schlägt mir auf den Magen“, hat er recht. Die Magenwand verträgt den hohen Säuregehalt, der durch Zorn verursacht wird, nicht, und deshalb können blutende Geschwüre die Folge sein.

Ein Arzt in Columbus, Ohio, der sich selbst als Spezialist für Geschwüre bezeichnet, widersprach Dr. Brandt, der behauptete, daß 97 Prozent der Personen, die ihn wegen blutender Geschwüre aufsuchten, diese deshalb bekommen haben, weil sie häufig zornig waren. Der Spezialist korrigierte ihn: „Ich glaube, der Prozentsatz ist noch höher, nämlich fast 100 Prozent!“

Dr. McMillen führt in seinem Buch „Vermeidbare Krankheiten“ viele Leiden auf, die Menschen unnötig auf sich ziehen, weil sie häufig zornig werden. Er nennt dabei Geschwüre, Herzanfälle, hohen Blutdruck, Dickdarmkatarrh, Nierensteine, Gallenprobleme.

Bei einem der tragischsten Fälle, an die ich mich erinnern kann, handelte es sich um einen Mann, den ich auf die Folgen seines Zorns hinwies, der aber nur antworte: „LaHaye, so bin ich nun mal. Ich kann nicht ruhig bleiben, ich gehe immer aufs Ganze. Deshalb ist es mir auch gelungen, mich bei der Marine auf einen hohen Rang hochzuarbeiten. Jetzt ist mein Ziel, Millionär zu werden!“

Er war offensichtlich ein Chol-Mel. Als ich ihn warnte, daß er damit seine Familie zerstöre (weil sich seine Familie Sorgen machte, war er zu mir gekommen), meinte er: „LaHaye, das ist Ihre Sache. Sagen Sie meiner Familie, sie soll sich auf mich einstellen oder sich davonstehlen.“

Als ich ihn darauf aufmerksam machte, daß sein Körper diesem Druck nicht unbegrenzte Zeit standhalten würde, lachte er: „Jetzt haben Sie sich wirklich verrannt. Vor zwei Wochen haben mich die Ärzte gründlich untersucht und mir gesagt, daß ich kerngesund bin!“

Keiner von uns ahnte, was sich sieben Monate später ereignete. Wegen eines Fehlers seiner Sekretärin, die bei einem Ver-

Seelisch bedingte Krankheiten

(60—85 Prozent aller Fälle)

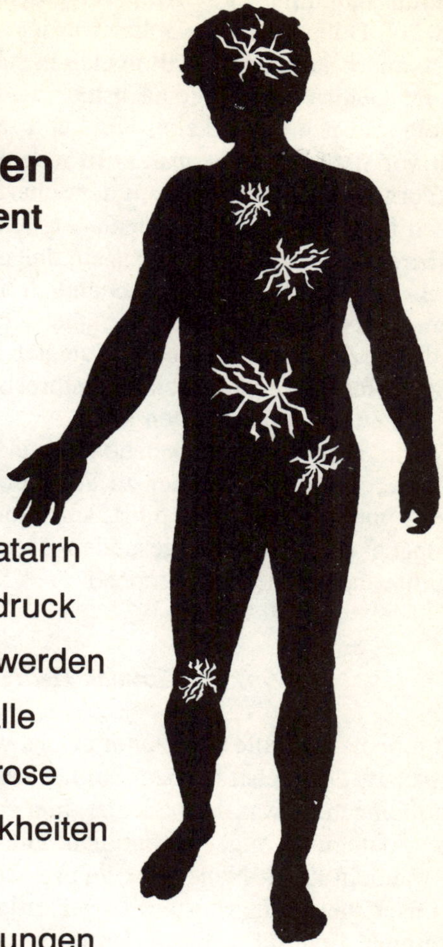

* Magen- und Darmgeschwüre
* Dickdarmkatarrh
* hoher Blutdruck
* Herzbeschwerden
* Schlaganfälle
* Arteriosklerose
* Nierenkrankheiten
* Kopfweh
* Geistesstörungen
* Kropf
* Diabetes
* Arthritis

Abbildung 7: Seelisch bedingte Krankheiten

sicherungskontrakt eine Null vergessen hatte (wodurch aus 2 500 000 Dollar 250 000 Dollar wurden), lief er rot an und geriet so außer sich, daß ein Blutgefäß in seinem Kopf platzte und Blut ins Gehirn drang. Die nächsten zwölf Jahre verhielt er sich wie ein schwach entwickeltes Kind und saß den ganzen Tag nur noch vor dem Fernsehapparat. In einem einzigen Augenblick des Zorns wurde er von einem der scharfsinnigsten Menschen, die ich kannte, zu einer arbeitsuntauglichen Person degradiert.

Fairerweise muß ich noch sagen, daß er eine angeborene Gefäßschwäche hatte, die wahrscheinlich früher oder später zu einem Durchbruch geführt hätte, aber ich bin davon überzeugt, daß dieser Zornesausbruch das Blutgefäß lange vor der Zeit zum Platzen brachte. Zorn ist eine zerstörerische Emotion, die die Gesundheit zugrunde richten kann.

Wenn Sie noch irgendwelche Zweifel haben, dann lesen Sie McMillens Buch. Zorn, der zu anhaltender Verstimmung und zu Haß unter den Partnern führt, kann auch sexuelle Funktionsstörungen in sonst ganz gesunden Menschen hervorrufen — Frigidität bei Frauen und Impotenz bei Männern.

5. Zorn betrübt den Heiligen Geist

Gott möchte, daß alle Christen im Geist wandeln, d.h. unter der Herrschaft des Geistes leben. Im nächsten Kapitel werden wir darauf eingehen, was das bedeutet; hier soll nur der Hinweis genügen, daß ein zorniger Christ nicht in einem geisterfüllten Leben wandeln kann. Neben der Selbstsucht gibt es kaum etwas, das unsere geistliche Existenz so gefährdet wie der Zorn. Gehen Sie einmal Epheser 4,30-32 durch:

„Und betrübt nicht den Heiligen Geist Gottes, mit dem ihr versiegelt worden seid auf den Tag der Erlösung hin. Alle Bitterkeit und Wut und Zorn und Geschrei und Lästerung sei von euch weggetan, samt aller Bosheit. Seid aber zueinander gütig, mitleidig und vergebt einander, so wie Gott in Christus euch vergeben hat.“

Aus diesem Text ersehen wir, wie wir durch sechs feindselige Emotionen den Heiligen Geist betrüben können:

1. Bitterkeit — man ist z. B. bitter, weil man beleidigt wurde.
2. Wut (oder: Rache) — es kocht in uns.
3. Zorn — die Gefühle kommen zum Ausbruch.
4. Geschrei — die Lautstärke muß herhalten.
5. Lästerung — übel reden: „Ich wünschte, ich hätte dich Idiot nie geheiratet", „Ich hasse dich!" usw.
6. alle Bosheit: Herzensfeindschaft. Der Haß ist so stark, daß man den Partner verletzt.

Wir können unsere Gedanken nicht gleichzeitig auf positive Dinge (Philipper 4,8) und auf den Zorn richten. Entweder dominiert das eine oder das andere.

Scharf wird der Zorn auch in Sprüche 22,24-25 verurteilt: *„Laß dich nicht ein mit einem Zornigen; und mit einem Mann, der sich schnell erregt, verkehre nicht, damit du dich nicht an seine Pfade gewöhnst und deinem Leben eine Falle stellst."*

Beachten Sie, was der enge Kontakt mit einem Zornigen nach sich ziehen kann: 1. Man kann von dem Zorn angesteckt werden. 2. Man gerät dadurch in eine Falle.

Niemand kann auch nur annähernd sein Potential als Christ ausfüllen, wenn er nicht durch Gottes Geist den Zorn überwindet.

6. Zorn zerstört die Liebe

Jeder will lieben und geliebt werden. Aber derjenige, der die Ehe eingeht und tief im Inneren Bitterkeit gegen einen dritten hegt, belastet die Beziehung zum Partner.

Leute, die sonst grimmig und wütend werden, halten sich, wenn sie sich verlieben, zurück, aber nach der Heirat kommt der Zorn mit Gewalt wieder. Er ist eine eingefahrene Gewohnheit und richtet sich dann, bei genügend Provokation, auch auf das Objekt seiner Liebe. Und danach beginnt das Zorn-Furcht-Syndrom, das sich schließlich zur Unverträglichkeit ausweitet.

Aber beachten Sie, was Sprüche 10,12 aussagt: *„Die Liebe*

deckt alle Vergehen zu." Und 1. Petrus 4,8 formuliert es so: *„Aber die Liebe deckt eine Menge von Sünden zu."*

Zornanfällige Menschen sind gewöhnlich keine vergebenden Leute, sondern sie neigen dazu, sich der Beleidigungen, Verletzungen und Fehler lange Zeit zu erinnern. Sie müssen dringend die biblische Art der Vergebung lernen. Nicht umsonst fordert uns Epheser 4,32 auf: *„Seid aber zueinander gütig, mitleidig, und vergebt einander, so wie Gott in Christus euch vergeben hat."*

Eine Frau hielt mich nach einem Seminar an und fragte: „Können Sie mir sagen, warum ich mit meinen Gefühlen nicht richtig auf meinen Gatten eingehen kann?" Ich überlegte zuerst, ob er sie vielleicht mißhandelte und zornig war. Aber sie überraschte mich mit der Aussage: „Mein Mann ist der netteste, gütigste und sanfteste Mann, den ich kenne."

Irgend etwas war da nicht in Ordnung! Ich dachte, alle Frauen reagieren auf Zärtlichkeit, aber bei ihr war es offensichtlich nicht so, denn sie fügte noch hinzu: „Wann immer er mir nahekommt, um mir seine Liebe zu zeigen, ist mir, als ob ich ersticken müßte. Ich habe es nicht einmal gern, wenn er mich küßt!"

So fragte ich sie folgerichtig: „Wurden Sie als Kind mißbraucht?" „Ja, ich war damals in der vierten Klasse!" „Haben Sie dem Mann vergeben?" Auf diese Frage hin wurde sie zornig und fragte wütend: „Wie sollte ich ihm je vergeben? Er gehört hingerichtet, weil er ein wehrloses kleines Kind mißhandelt hat!"

Ich mußte ihr folgendes sagen: „Sie werden es nie lernen, normal auf Ihren Gatten einzugehen, es sei denn, Sie vergeben diesem Mann!" Sie hatte damals den Täter nicht genug erkennen und ihn deshalb auch nicht identifizieren können.

„Aber er verdient die Vergebung nicht", erwiderte sie hartnäckig. Ich stimmte ihr zu und mußte ihr doch sagen: „Aber das ist nicht die Basis, aufgrund der wir aufgefordert werden, anderen zu vergeben. Wir sind aufgefordert, so zu vergeben, wie Gott in Christus uns vergeben hat!"

Drei Jahre später suchte die Frau Gottes Hilfe, um diesem verkommenen Mann vergeben zu können. Und heute kann sie sich ihres netten, gütigen, sanften Ehemanns erfreuen. Zorn zerstört, aber Vergebung heilt und befähigt uns so zu lieben, wie Gott es haben will.

In den meisten Ehen ist auf die Länge der Zeit viel Vergebung nötig. Denn keiner von uns ist vollkommen, so daß wir früher oder später unseren Partner selbstsüchtig behandeln. In dem Moment, wo wir es ablehnen, dem anderen zu vergeben, stirbt etwas in uns ab. Kennen Sie den Ausspruch: „Irren ist menschlich, Vergeben göttlich"? Diese Aussage ist wahr.

Liebe und Zorn gehen nicht zusammen. Entweder werden sie vergeben und lieben weiter, oder sie vergeben nicht und ihre Liebe erkaltet mehr und mehr. Und eine lieblose Ehe ist oft schlimmer als gar keine Ehe.

Noch einmal: Sie müssen nicht von Ihrem Zorn beherrscht werden, denn Gott hat ein Mittel bereit, auf das ich am Ende dieses Kapitels zu sprechen kommen werde. Zuerst wollen wir aber noch das andere Problem, das die eheliche Beziehung zerstören kann, betrachten: die Furcht in ihren verschiedenen Formen.

Das Problem der Furcht

Es sollte uns nicht überraschen, daß Furcht ein großes Problem ist, denn die Bibel nimmt oft dazu Stellung. Es gibt 365 „Fürchte dich nicht" in der Bibel, eines für jeden Tag des Jahres. Unser Herr geht auf dieses Problem in der Bergpredigt ein, und zwar in Matthäus 6,25-34: Er ermahnt uns, uns nicht Sorgen zu machen (eine Form der Furcht) über das, was wir essen, trinken und anziehen werden, sondern wir sollen Gott für die Zukunft vertrauen. Diejenigen, die sich vor der unbekannten Zukunft fürchten, redet Er mit „O ihr Kleingläubigen" an. Das läßt darauf schließen, daß der Glaube (das Vertrauen) das Gegenmittel gegen die Furcht ist.

Viele Menschen lassen sich in bezug auf die Furcht täuschen, denn sie erzeugt keine gewalttätigen Ausbrüche wie der Zorn. Und trotzdem ist sie genauso schädlich und zersetzend — wenn nicht anderen gegenüber, dann gewiß für die furchtsame Person selbst. Sie kann jedes Gebiet unseres Lebens hemmen.

Sie schränkt die normalen Gefühle der Liebe und der Zuversicht ein. Sie bringt negative Gedankengänge mit sich und führt zu Unruhe und Beklemmung. Kummer, Sorge und andere negative Emotionen vergrößern sich wie ein rollender Schneeball, bis sie schließlich das ganze Leben der Person zugrunde richten.

Vor einigen Jahren veröffentlichte „Reader's Digest" einen Artikel über das Thema „Furcht". Er war von einem Pfarrer geschrieben, der zehn Jahre für eine Zeitung tätig war, wo er Fragen, die von Lesern gestellt wurden, beantwortete. Diese Zeitung hatte ungefähr eine Million Leser. Aufgrund der Tausende von Fragen, die eingingen, kam er zu folgender einsichtsvoller Feststellung:

„Am verbreitetsten ist die Furcht vor Dingen, die uns selbst betreffen: die Furcht vor Versagen, vor einem Zusammenbruch, vor Armut usw. Diese Ängste machen uns zu schaffen und lassen manchem von uns das Leben zur Qual werden. Nach der Furcht kommt Kummer und Sorge, die uns bedrücken, uns auslaugen und lebensuntüchtig machen. Die Sorge ist ein kleines Rinnsal, das wie Gift in unsere Gedankenwelt einsickert und uns lähmt. Wenn der Zufluß nicht gestopft wird, gräbt sie sich einen Kanal, durch den alle Gedanken gelenkt werden."

Diese Beschreibung von Furcht und Sorge trifft den Nagel auf den Kopf. Angst prägt unsere Lebensweise und vermag sogar unser Leben zu verkürzen. Die folgende Abbildung, die wir mit Erlaubnis von Dr. Jay Adams übernommen haben, stammt aus dessen ausgezeichnetem Buch „Competent to Counsel". Beachten Sie bitte bei diesem Bild, wie Furcht, Sorge und Unruhe in unserem Innern jedes Lebensgebiet erreichen. Die Furcht beeinträchtigt nicht nur kleine Bereiche wie z. B. den Urlaub, sondern die ganze Gefühlswelt. Wie Blutkrebs breitet sie sich überall hin aus.

Wenn Sie die Abbildung betrachten, bemerken Sie den weitreichenden Einfluß der Angst. Zum Beispiel beenden in den USA viele kluge, junge Leute ihre Ausbildung vorzeitig. Wenn man sie, wenn sie Mitte Dreißig geworden sind, fragt, warum sie nicht studiert haben, antworten sie gewöhnlich: „Damals hatte ich Angst, ich würde es nicht schaffen!" Jetzt, wo sie mit anderen Leuten zusammenarbeiten, von denen viele studierten,

Der Wirkungskreis des Lebens

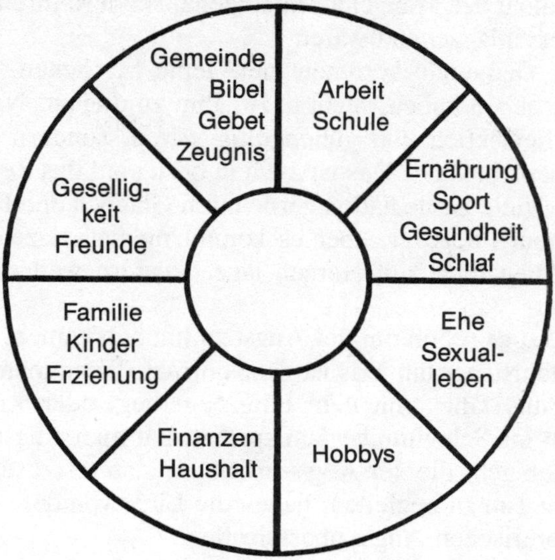

Wie die Furcht sich auswirkt

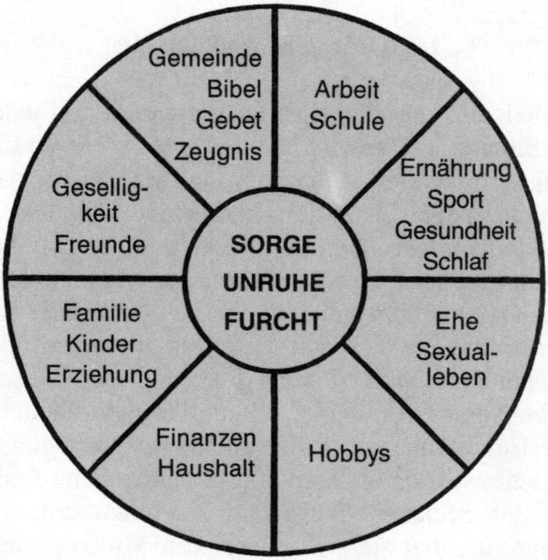

Abbildung 8: Der Wirkungskreis des Lebens

obwohl sie nicht annähernd so „hell" waren, müssen sie zugeben, daß nicht der Mangel an Intelligenz, sondern ihre Befürchtungen ausschlaggebend waren.

In der Gemeinde kommen viele feine Menschen, die sich Gott hingegeben haben, nicht dazu, Ihm zu dienen. Nicht weil sie etwa fleischlich und gleichgültig wären, sondern weil die Furcht sie zurückhält. Das ist auch in bezug auf das Zeugnisgeben wahr. Viele Leute hätten gerne ihren Glauben den Freunden und Nachbarn bezeugt, aber es kommt niemals dazu — nicht weil es ihnen nicht am Herzen läge, sondern weil die Angst stärker ist.

Jeder hat es schon mit der Angst zu tun bekommen, wenn er etwas Gefährliches tat. Das ist ganz normal. Wenn man zum erstenmal Auto fährt, mit dem Flugzeug fliegt oder vom Fünfmeterbrett ins Schwimmbecken springt, hat man Angstgefühle. Aber diejenigen, die der Angst erlauben, sich festzusetzen und jedes neue Tun zu begleiten, haben die Linie von der normalen zur zerstörerischen Angst überschritten.

Temperament und Furcht

Nachdem wir uns darüber klargeworden sind, daß jeder in bestimmten Situationen seines Lebens Angst, Sorge und Kummer erlebt, müssen wir aber auch sehen, daß viele Leute damit größere Probleme haben. Und der Unterschied läßt sich oft schon in früher Kindheit feststellen. Beobachten Sie einmal die Kinder in der Sonntagsschule. Für manche mag der Tag, an dem sie vor die ganze Klasse treten müssen, die schrecklichste Erfahrung des ganzen Jahres sein. Wenn sie etwas vorsingen oder sagen sollen, stehen sie wie versteinert da.

Manche Kinder, besonders Sanguiniker und Choleriker, haben keine Hemmungen, vor alle hinzutreten, und machen sich wenig daraus, was die anderen von ihnen denken. Anders aber ist es bei den Melancholikern und Phlegmatikern. Schon als Kleinkinder fürchten sie sich davor, von Muttis Seite zu weichen. Sie haben Angst, verletzt zu werden oder verloren zu gehen. Als Teenager fürchten sie die Ablehnung durch ihre gleichaltrigen Kameraden viel mehr als Choleriker und Sanguiniker.

Ich habe viel über die Unterschiede zwischen der Angst des Melancholikers und der des Phlegmatikers nachgedacht. In vielen Stücken ist sie zwar ähnlich und hat auch die gleiche schädliche Wirkung, aber die Ängste des Melancholikers scheinen stärker zu sein und haben einen tiefgehenderen Einfluß.

Phlegmatiker erlauben zwar der Furcht auch, ihr Handeln zu hemmen, aber sie kommen dabei selten aus der Ruhe. Melancholiker hingegen, die zum Beispiel Angst vor dem Fliegen haben, brechen in kalten Schweiß aus und können weder essen noch schlafen, weil sie nur noch an den bevorstehenden Flug denken. Der Phlegmatiker sagt einfach störrisch: „Ich werde nicht fliegen!“ Er wird alles tun, angsterregende Umstände fernzuhalten.

Im Beruf dreht sich beim Phlegmatiker viel um Sicherheit. Wenn er die Wahl hat zwischen höherem Verdienst und Sicherheit, wird er sich für das letztere entscheiden. Dem Melancholiker fällt die Wahl schwer, er kann sich kaum zu einer Entscheidung durchringen. Beiden setzt die Furcht zu.

Melancholiker wechseln kaum den Beruf. Ihnen ist zu bange davor. Einen Phlegmatiker kann man eher dazu überreden, etwas Neues anzufangen, aber das Neue muß mehr Sicherheit bieten als das Alte.

Die Ängste machen den Melancholiker unsicher über sich selbst. Der Phlegmatiker hat zwar auch Schwierigkeiten dabei, sich fähig genug zu fühlen, doch ist seine Furcht nicht so ausgeprägt und intensiv wie die des Melancholikers, der sich selbst und seine Fähigkeiten stark anzweifelt. Melancholiker scheinen selbstzentrierter zu sein als Phlegmatiker, und sie komplizieren dadurch ihre Ängste. Denken Sie daran, daß eine ichbezogene Person sich über alles Sorgen macht, sogar über die Sorgen.

Eine melancholische Frau sagte mir: „Ich nehme an, daß Sie gesehen haben, daß ich heute das Abendmahl nicht einnahm. Ich habe zwar alle meine Sünden bekannt, aber ich fürchte, eine oder zwei Sünden vergessen zu haben.“ Während man einerseits ihre geistliche Empfindsamkeit bewundern könnte, ist man doch gleichzeitig erschrocken über ihre Furcht.

Kein Wunder, daß diese Menschen so traurig sind. *„Sorge im Herzen bedrückt den Menschen, aber ein freundliches Wort erfreut ihn."*

Weshalb die Furcht eine schädliche Emotion ist

Wie ihr Gegenpart, der Zorn, ist auch die Furcht eine sehr zerstörerische Emotion, unter der vor allem kreative Menschen leiden. Die folgenden sechs Gründe — mit keinem Anspruch auf Vollständigkeit — legen die Ernsthaftigkeit des Problems dar:

1. Die Bibel betrachtet Furcht als Sünde

Die Bibel bietet viele Beispiele von Personen, deren Leben aufgrund von Angst geschädigt bzw. zerstört wurde. Denken Sie an die zwölf Kundschafter, die in das Land der Verheißung gezogen waren. Sie sahen die Riesen im Land und konnten sich nicht vorstellen, gegen sie bestehen zu können. Zwei hingegen, Josua und Kaleb, gaben einen positiven Bericht und waren überzeugt, daß Gott ihnen dieses Land geben würde. Unglücklicherweise zog das Volk danach nicht in das Land Kanaan ein, sondern verbrachte 40 Jahre in der Wüste. Alle Israeliten über 21, die diese von der Angst diktierte Entscheidung mittrugen, starben. Erst die nächste Generation, einschließlich Josua und Kaleb, den zwei treuen und mutigen Gottesmännern, zog in das verheißene Land ein, um es in Besitz zu nehmen.

Diese drastische Maßnahme Gottes sollte uns das Verderbliche und Schädliche der Furcht vor Augen halten, vor allem wenn sie mit Unglauben einhergeht. Gott versteht durchaus unsere Angst, wenn wir vor einer Gefahr oder etwas Unbekanntem stehen. Er hat diese natürliche menschliche Reaktion eingebaut, die sehr wertvoll sein kann und uns manchmal sogar das Leben rettet. Aber Gott steht nicht zu der Angst, die uns versklavt und davon abhält, Seinen Willen zu tun. Diese Art Furcht ist Sünde.

Gott lobte Josua und Kaleb wegen ihres Glaubens. Sie hatten dasselbe Gebiet vor Augen wie die zehn von Furcht ergriffenen

Kundschafter: ein Land, in dem Milch und Honig floß, aber in dem die Riesen wohnten. Die zehn anderen sagten: „Wir sind wie Heuchrecken in ihren Augen." Vor lauter Furcht sahen sie nur die Schwierigkeiten und hatten keinen Blick für Gottes Möglichkeiten. Josua und Kaleb sahen die Riesen auch, aber sie erinnerten sich daran, daß Gott mit ihnen war.

Viele Christen verbringen, bildlich gesprochen, 40 Jahre in der Wüste, denn sie sehen alles mit den Augen der Furcht. Josua und Kaleb empfingen den Segen Gottes nicht deshalb, weil sie besser aussahen oder netter waren, sondern weil sie ihre natürliche Angst durch den Glauben überwanden.

2. *Furcht führt in Gebundenheit*

Manchmal wird vom „Gefängnis der Furcht" gesprochen. Der Apostel Paulus schreibt in Römer 8,15: *„Denn ihr habt nicht einen knechtischen Geist empfangen, daß ihr euch abermals fürchten müßtet."* Die Bande der Furcht hindern die Menschen daran, das zu tun, was recht und angebracht ist. Und noch schwerwiegender ist: diese Bande können den Menschen davon abhalten, in Übereinstimmung mit Gottes vollkommenem Willen zu handeln.

Ein Arzt hatte einen Flug für sich und seine Frau gebucht, um in Europa an einer medizinischen Tagung teilzunehmen. Als sie an Bord des Flugzeugs gehen wollten, wurde die Frau von solch einer panischen Angst erfaßt, daß sie sich mit beiden Händen an der Flugzeugtür festhielt und sich weigerte, hineinzugehen. Schließlich mußte der Arzt seine Frau zurücklassen. Diese Frau hält Bibelstunden und ist eine Seelengewinnerin, aber hier war sie regelrecht von Furcht geplagt.

Die Frau eines Freundes von mir fürchtet sich vor Aufzügen. Wenn sie auf Reisen sind, wohnt sie nur in Hotels, bei denen sie ihr Appartement über die Treppen erreichen kann. Es braucht wohl kaum noch erwähnt zu werden, daß durch solche Ängste Spannungen in der Beziehung zum Partner entstehen.

Vor kurzem kam ein Paar in die Beratung, das erst seit drei Monaten verheiratet war. Weil sie sexuell die Ehe nicht vollziehen konnten, wurde die Frau von einem Gynäkologen untersucht. Aber er konnte keine körperlichen Hindernisse feststellen, die den Geschlechtsverkehr unmöglich gemacht hätten. Der Grund lag darin, daß sie jedesmal, wenn ihr Gatte in sie eindringen wollte, vor Angst erstarrte und sich zusammenkrampfte.

Millionen von Christen wurden durch die Furcht kaltgestellt. Sie haben Angst, ihren Glauben zu bezeugen, öffentlich zu beten oder eine Sonntagsschulklasse zu übernehmen. Die meisten wären eigentlich froh, wenn sie es könnten, aber die Furcht hat sie im Griff. Viele fähige Phlegmatiker und Melancholiker, hingegebene Gotteskinder, kommen selten zu solchen Diensten — nicht weil sie den Herrn nicht lieben würden, sondern weil bei ihnen die Angst stärker ist als die Liebe.

Zu Beginn unserer Ehe wollte meine Frau in der Kinderarbeit keine größeren Kinder unterrichten. Da sie als Teenager nur gelernt hatte, wie man mit den Kleinen umgeht, fühlte sie sich bei ihnen wohl. Aber der Gedanke, auch die Größeren zu lehren, machte ihr Angst.

Und das war nur eine ihrer Ängste. Weil sie als Kind beinahe ertrunken wäre, erfaßte sie gleich Angst, wenn sie ans Wasser kam. Natürlich: „Gegensätze ziehen sich an“, und so heiratete sie einen Mann, der eine richtige „Wasserratte“ war. Ich stand in den Schulen immer in der siegreichen Schwimmstaffel, sogar im College. Als wir nach San Diego zogen, einem großen Wassersportzentrum, lehrte ich meine Kinder Wasserskifahren. Aber bei Bev war nichts zu machen. Ich konnte sie mit Mühe und Not dazu bringen, ein Boot zu steuern, aber beim Wassersport mitzumachen war ein Ding der Unmöglichkeit.

Manchmal haben wir uns auch über das Einladen von Gästen herumgezankt. Ich wollte Komitees, Vorstandsmitglieder, Gruppen aus der Gemeinde usw. einladen, aber sie, obwohl sie sich über die Menschen freute, fürchtete sich, daß ihre hausfraulichen Fähigkeiten schlecht beurteilt würden. Wenn ich eine Gruppe zu Hause haben wollte, hatte sie immer zig Gründe, warum es nicht ging. Manchmal habe ich einfach Leute mitgenommen und meine Frau erst informiert, als wir ankamen. Sie können sich vorstellen, daß das unserer Ehe nicht förderlich war.

Nachdem die Leute gegangen waren, gestand sie mir meistens, daß es doch eine schöne Zeit war. Aber beim nächstenmal nahm sie trotzdem keine andere Haltung ein. Aus der Bibel und der Praxis können wir sehen, daß Furcht eine Gebundenheit werden kann — eine Fessel, die viele Christen davon abhält, ihren vollen Lohn im Himmel zu erlangen und die sie auch daran hindert, ihre Ehe zu einer glücklichen Beziehung werden zu lassen.

3. Furcht hindert den Gedankenaustausch

Sie haben bestimmt auch schon erlebt, wie manche Menschen ganz versteinert sind, wenn sie etwas öffentlich sagen sollen. Dabei sind es oft die, die wirklich etwas zu sagen haben. Jeder ist am Anfang nervös, aber während dies normalerweise nachläßt, bleibt es bei anderen gleich oder wird noch stärker.

In der Seelsorge habe ich herausgefunden, daß sowohl Männer als auch Frauen sich fürchten, ihre innersten Geheimnisse ihrem Partner zu offenbaren oder ihm auch nur klar zu sagen, wie sie in wichtigen Dingen fühlen. Es ist nicht so, daß sie keine starken Gefühle hätten, sondern es ist die Angst, die sie zurückhält, dem Partner das zu sagen, was sie wirklich im Herzen fühlen.

Eine Frau gestand, daß sie ihrem Gatten nie gesagt habe, daß sie ihn liebe, weil sie fürchtete, er nähme es dann als selbstverständlich hin und würde sich dann für jemand anders interessieren.

Die Furcht basiert, wie der Zorn, auf dem Egoismus, und sie sollte deshalb in der Beziehung christlicher Ehepartner keinen Raum gewinnen.

4. Furcht zerstört die Gesundheit

Die zerstörerischen Kräfte, die aufgrund der Furcht am menschlichen Körper wirken, können kaum überbewertet werden. In dem bereits erwähnten Buch „Vermeidbare Krankheiten“ von Dr. McMillen sind 51 Krankheiten aufgeführt, die Menschen —

unnötigerweise — durch Angst auf sich ziehen, einschließlich Arthritis, Herzbeschwerden, hohen Blutdruck und andere lebensverkürzender Krankheiten.

Furcht ist so gefährlich wie Zorn, denn beide halten den menschlichen Körper in starker Spannung, und das kann dazu führen, daß ein oder mehrere wichtige Organe nicht mehr richtig funktionieren und die von Furcht erfaßte Person dann aufgrund dieser Ausfälle weitere Krankheiten auf sich zieht.

Ich kannte einen Schulmeister, der Mel-Phleg war. Seine Frau erzählte: „Wenn er im Schaukelstuhl saß, machte er sich plötzlich große Sorgen, er könnte einen Herzanfall erleiden. Dabei begann sein Herz so zu schlagen, daß er alle körperlichen Symptome eines Herzanfalls durchmachte." Der Arzt versicherte ihr: „Das ist alles nur in seinem Kopf. Sein Herz ist vollkommen gesund!" Schließlich starb er an einem Herzanfall — in seinem Rollstuhl und in Angst davor, er könnte einen solchen Anfall erleiden.

Man könnte viele Beispiele von Christen anführen, die ihre Gesundheit unnötigerweise durch Furcht geschädigt haben. Eine Person gestand: „Ich darf einfach nicht an die Zukunft denken, denn wenn ich es tue, rege ich mich so auf, daß ich krank werde!"

Die Furcht blickt auf die Realitäten des Lebens und vergißt die Realität Gottes. Zugegeben, es werden schlimme Zeiten vor der Wiederkunft Christi kommen (2. Timotheus 3,1-5), aber sie sollten uns dennoch nicht in Angst und Schrecken versetzen. Unser Herr selbst sagt uns: „Wenn ihr von Kriegen und Kriegsgeschrei hört, so erschreckt nicht!" In anderen Worten: Vertraue Ihm, auch wenn diese gefährliche Situation sich abzeichnet.

Ich habe ein gutes Gegenmittel gegen die Furcht gefunden, einen Vers, der mehrfach im Wort Gottes erscheint. Betrachten Sie ihn gut:

„Seid stark und mutig, fürchtet euch nicht und erschreckt nicht vor ihnen! Denn der Herr, dein Gott, Er ist es, der mit dir geht; Er wird dich nicht aufgeben und dich nicht verlassen" (5. Mose 31,6).

Zuerst gab Gott diese Verheißung dem Mose, dann den Kindern Israel. Danach dehnte Er sie auch auf Josua aus und vier weitere Personen des Alten Testaments. Der Kern der Aussage Gottes ist: „Gehe hin. Ich werde mit dir sein."

Als dann unser Herr Jesus auf die Erde kam, gab Er uns den großen Missionsauftrag, in alle Welt zu gehen und das Evangelium zu predigen. Und dann fügte Er hinzu: *„Und siehe, Ich bin bei euch allezeit bis an das Ende der Erde."*

Gottes Botschaft an Christen aller Altersstufen lautet: „Gehet hin, Ich werde mit euch sein." Wenn Er gegenwärtig ist, haben wir dann noch Grund, uns zu fürchten?

5. Furcht dämpft den Heiligen Geist

So wie Zorn den Heiligen Geist betrübt und den Christen davon abhält, im Geist zu wandeln, so dämpft Furcht den Heiligen Geist (1. Thessalonicher 5,19). Dieses „dämpft" kann auch mit „löscht aus" übersetzt werden.

Immer wenn ein Christ sich von Gott gebraucht sieht, ist es der Heilige Geist, der durch ihn wirkt. Aber die Furcht dämpft den Geist und hält den Gläubigen davon ab, die Person zu sein, die Gott sich wünscht. Manche angstgeneigte Gemeindemitglieder würden gerne im Chor singen, eine Sonntagschulklasse übernehmen oder ihren Glauben bezeugen. Aber sie tun diese Dinge nicht, weil sie den Heiligen Geist durch ihre Furcht dämpfen und somit Seinem Wirken Grenzen setzen.

6. Furcht zerstört die Liebe

Sie können auf Dauer nicht jemand lieben, den Sie fürchten. Sie kennen vielleicht Personen, die Angst vor ihren Eltern hatten, was schließlich dazu führte, daß die Beziehung erkaltete und abgebrochen wurde. Sie haben nicht mehr viel übrig für ihre Eltern.

Im Vergleich dazu: Je mehr wir Gott lieben, desto weniger fürchten wir Ihn. Das wird der Gedanke gewesen sein, den der Apostel Johannes hatte, als er schrieb: *„Vollkommene Liebe treibt die Furcht aus."*

Dasselbe gilt für die Ehe. Wenn Sie Ihren Partner zu fürchten beginnen, wird auch Ihre Liebe zu ihm abnehmen. Das soll nicht heißen, daß eine zarte Frau von 50 kg nicht einen gesunden Respekt vor ihrem 100 kg wiegenden und ihr kräftemäßig überlegenen Mann haben könnte. Aber wenn sie in der Furcht lebt, daß er grausam zu ihr sein oder ihr untreu werden könnte, wird ihre Liebe nachlassen.

Verstehen Sie jetzt, was ich meinte, als ich erklärte, daß Zorn und Angst Unverträglichkeit verursachen? Wie kann ein Ehepaar wahre Gefühle füreinander hegen, wenn der eine sich zu Zornausbrüchen hinreißen läßt, die den anderen in Angst und Schrecken versetzen? Je mehr Angst der Partner zeigt, desto mehr steigt der Zorn auf der Gegenseite, so daß das Problem vergrößert wird. Es ist ein Teufelskreis, der schließlich die positiven, liebenden Gefühle zerstört.

Das Bisherige ist keine gute Nachricht. Aber sie kommt jetzt: Dieser Kreislauf kann unterbrochen werden! Mit Gottes Hilfe können sowohl Zorn als auch Furcht überwunden werden.

Wie Zorn und Furcht überwunden werden können

In den Jahren, in denen ich vielen Menschen durch Seminare und persönliche Eheberatung Hilfe geben konnte, habe ich ein Konzept zur Überwindung von Zorn und Furcht entwickelt. Ich weiß, daß es wirkt, denn erstens ist es absolut biblisch; zweitens haben viele bezeugt, daß sie es erfolgreich angewandt haben; drittens haben meine Frau und ich erlebt, wie sich unser Leben veränderte und wir von Furcht und Zorn frei wurden.

Versuchen Sie, dieses einfache Konzept zu beherzigen. Es wird Sie zu einer neuen Lebensweise führen.

1. Erkennen Sie an, daß Zorn und Furcht Sünde sind (Epheser 4,30-32; Römer 14,23).

Ein großer Schritt zum Sieg über jede Sünde ist die Anerkenntnis, daß es Sünde ist. Solange Sie Zorn und Furcht rechtfertigen, werden Sie ihr Sklave bleiben. Ich lud einen Sonntagsschullehrer zu mir nach Hause zum Essen ein und wies ihn sanft darauf hin, daß sein Zornausbruch vor der Klasse am Sonntag zuvor nicht hinnehmbar war. Er erwiderte: „Pastor, das ist eben meine Art. Ich bin ein geborener Choleriker, und manchmal gehe ich halt in die Luft, wenn etwas schiefläuft.“ Er mußte schließlich sein Amt als Sonntagsschullehrer aufgeben. Er trieb fünf Kinder aus dem Haus — im Zorn auf sich selbst und Gott. Die Frau hatte jahrelang unter ihm zu leiden, bis er schließlich eines unnötigen frühen Todes starb. Er hatte es abgelehnt, seinen Zorn als Sünde zu sehen.

In einem Krankenhaus sagte mir ein Arzt: „Pastor, diese Frau macht sich noch kaputt mit ihrer zwanghaften Furcht. Sie können ihr besser helfen, als ich es kann.“ So versuchte ich freundlich, der Frau beizubringen, daß sie mit ihrer Lebensweise dabei war, ihren Körper, ihre Ehe und ihr geistliches Leben zugrunde zu richten. Ich erinnerte sie daran, daß Gott uns auffordert, alle Sorgen auf Ihn zu werfen. Aber sie verhielt sich ablehnend. Statt dessen sagte sie ungehalten: „Jemand muß sich doch über die Dinge Sorgen machen!“ Sie tat es weiter. Und auch sie erfuhr einen schmerzhaften, frühen Tod.

Es ist besser, Zorn und Furcht so zu sehen, wie Gott sie sieht, nämlich als Sünde.

2. Bekennen Sie Ihren Zorn oder Ihre Furcht als Sünde.

Wenn Sie das Problem einmal richtig eingeschätzt haben, sind Sie nicht mehr weit von der Lösung entfernt, nämlich von Gottes Vergebung durch das Bekenntnis der Sünde. 1. Johannes 1,9 sagt Ihnen zu, daß Ihnen die Sünde, wenn Sie sie bekennen, von Gott vergeben wird.

3. Bitten Sie Gott, Sie von der sündigen Gewohnheit des Zorns oder der Furcht zu befreien.

Aufgrund der Kraft Gottes, die Ihnen als Christ zufließt, müssen Sie kein Sklave Ihrer Gewohnheit bleiben wie die ungeretteten Leute. Mit Gottes Hilfe können Sie aus diesem Gefängnis befreit werden. 1. Johannes 5,14-15 sagt uns, daß wir, was wir in Seinem Willen bitten, erhalten werden. Weil wir wissen, daß es Sein Wille ist, daß wir Sieg über Zorn und Furcht haben, können wir zuversichtlich bitten. Wir dürfen erwarten, daß Er uns befähigt, diese Gewohnheit abzulegen, egal wie tief sie verwurzelt sein mag.

4. Bitten Sie Gott um Erfüllung mit dem Heiligen Geist.

Wenn wir auf die Bedingungen für das Erfülltwerden mit dem Heiligen Geist eingegangen sind, können wir erwartungsvoll bitten. Unser Herr sagt: „*Wenn ihr, die ihr böse seid, euren Kindern gute Gaben gebt, wieviel mehr wird euer himmlischer Vater den Heiligen Geist denen geben, die Ihn darum bitten*“ (Lukas 11,13).

5. Vergeben Sie der Person, der Sie grollen oder gegen die Sie Bitterkeit hegen.

Wenn wir Ungerechtigkeit in unserem Herzen haben, können wir nicht erwarten, daß Gott uns erhört (Psalm 66,18). Wenn es jemand gibt, der Sie abgelehnt, verletzt, gekränkt, benachteiligt oder Ihnen sonstwie Schaden zugefügt hat, so vergeben Sie ihm. Das ist eine Anordnung Gottes.

Gegen jemanden Bitterkeit im Herzen zu hegen, ist wie Krebs — die ganze Person wird davon erfaßt. Denken Sie an die Frau, die mißbraucht worden war. Sie konnte sich nicht normal in Liebe ihrem Gatten hingeben, bis sie ihrem Vergewaltiger vergeben hatte. Und auch Sie müssen vergeben, wenn Sie gegen jemanden Rachegefühle oder Bitterkeit hegen.

6. Danken Sie Gott im Glauben für den Sieg über Zorn und Furcht.

Der Glaube ist die Anwendung der Verheißungen, bevor sie offenbar werden. Als Glaubensakt wollen Sie 1. Thessalonicher 5,18 gehorchen und für den zu erwartenden Sieg danken, bevor er gekommen ist. Solche Danksagung ist der Wille Gottes.

7. Wiederholen Sie! Wiederholen Sie! Wiederholen Sie immer wieder!

Meistens ist es nicht so, daß Sie gleich bei einmaliger Anwendung des Konzepts dauerhaften Sieg über diese Gewohnheit erlangen. Ja, ich kann fast garantieren, daß Sie, obwohl Sie eine Zeitlang Sieg haben werden, früher oder später Rückfälle erleben werden. Schlechte Gewohnheiten behalten oft einen unglaublichen Halt im Leben. Aber Sie können trotzdem schlußendlich obsiegen.

An diesem Punkt versagen viele Christen. Sie hören aufmerksam dem zu, was ihnen der Feind zuflüstert: „Siehst du, das habe ich dir gleich gesagt, daß das nicht funktioniert! Man muß doch einfach zornig werden“; oder „Da muß man ja wirklich Angst haben!“

Achten Sie nicht auf solche Einflüsterungen bzw. lassen Sie sich von solchen Gedanken nicht von Ihrem Konzept abbringen. Wiederholen Sie unverzüglich die ersten sechs Schritte — und tun Sie das jedesmal, wenn Sie versagt haben. Die Zornausbrüche und Angstanfälle werden mehr und mehr abnehmen.

Wichtig ist, daß Sie gleich Ihre Sünde er- und bekennen und auch die anderen erwähnten Schritte einhalten. Nach einiger Zeit werden Sie merken, daß eine Veränderung eingetreten ist. Ihr Leben und Ihre Ehe können dadurch ebenfalls verändert werden. So war es jedenfalls bei uns!

13. Kapitel

Ein persönliches Bekenntnis

„Es ist gut, Zeugnis abzulegen von dem, was man erlebt hat", hört man hin und wieder. Und das möchten meine Frau und ich auch in bezug auf Zorn und Furcht tun. Wenn ich ehrlich bin, muß ich zugeben, daß meine Frau und ich nicht immer nur Freude in unserer Ehe erlebten.

Wenn mich jemand ungefähr zwölf Jahre nach unserer Heirat gefragt hätte, wie ich unsere Beziehung auf einer Skala von 0 bis 100 einschätzen würde, hätte ich mit „20" geantwortet, und meine Frau vielleicht mit „24".

Trotzdem hatten wir zu keiner Zeit Scheidung in Betracht gezogen. Das war für uns einfach keine Alternative, und zwar aus verschiedenen Gründen. Der erste: Wir hatten drei kleine Kinder, für die eine Scheidung verheerende Folgen gehabt hätte. Der zweite: Ich bin Pastor, und das hätte das Ende meines Amts bedeutet. Der dritte: Keiner von uns glaubte daran, daß das die richtige Lösung sei. Der vierte: Meine Frau ist ein sehr eigenwilliger Phleg-San- und ich ein sehr entschlossener Chol-San-Typ. Sie hatte eine Lebensentscheidung getroffen und hielt eisern daran fest. Ich hatte ebenfalls einen Entschluß für das ganze Leben gefaßt und war bereit, es durchzustehen — und glauben Sie mir, es wurde schwieriger und schwieriger.

Aber dann geschah etwas. Bev wollte zu einer Sonntagsschultagung im „Forest Home Camp" fahren, um für die Sonntagsschularbeit neue Impulse zu bekommen. Ich war etwas überrascht über ihre Entscheidung, denn ich betrachtete sie als die beste Leiterin für die betreffende Altersstufe.

Bev war anmutig, freundlich, tüchtig und gab nie jemand Anstoß, aber auf der anderen Seite war sie doch so ängstlich, daß sie niemals vor Erwachsenen sprechen konnte. Die Sonntagsschulkinder konnte sie auch nur bis zu einem bestimmten Alter betreuen. Gerade eine Woche bevor sie zu dieser Tagung reiste, hatte sie es noch abgelehnt, eine Andacht im Missionskreis vor acht Frauen zu halten.

„Ich spreche nicht zu Erwachsenen", wandte sie ein. „Mein Mann ist der Sprecher der Familie. Bitten Sie doch ihn, das zu tun." Wenn Sie heute die Arbeit meiner Frau kennen, die Vorsitzende einer großen Organisation ist, können Sie sich nicht vorstellen, daß dieselbe Frau Ende Zwanzig / Anfang Dreißig so furchtsam sein konnte.

Der Redner auf dieser Tagungswoche war Dr. Henry Brandt, dem ich dieses Buch gewidmet habe. Wir lernten ihn dort kennen, und er wurde uns ein teurer Freund und ein inspirierendes Vorbild. Seine Vorträge drehten sich gerade um Bevs größtes Problem: um Furcht, Sorgen und Kummer, d. h. um negative Emotionen, die Menschen davon abhalten, so zu werden, wie Gott sie haben möchte.

Nachdem sie zwei Tage seinen Vorträgen zugehört hatte, bat sie um ein Gespräch. In diesem erklärte sie, daß ihre Ängste mit der aggressiven Art ihres Gatten (wir sind extrem gegensätzlich) kollidierten. Sie erzählte auch, daß ich gerne Leute nach Hause einlud, während sie zumindest eine vorherige Anmeldungszeit von einem Monat brauchte, um alles von unten bis oben saubermachen und in Ordnung zu bringen. Und das war nur eines von vielen Konfliktgebieten.

Schließlich fragte Dr. Brandt sie, ob sie wirklich wissen wolle, wo das Problem liege. Sie versicherte ihm, daß das ihr Wunsch sei. Er warnte sie: „Sie werden nicht mögen, was ich Ihnen sage. Es klingt nicht sehr nett!" Sie entgegnete: „O, das macht nichts, ich kann das einstecken!" Wie wenig ahnte sie, daß er sie als sehr selbstsüchtige junge Frau einschätzte. Er sagte ihr, daß sie wie eine Schildkröte lebe: Nur wenn niemand da sei, strecke sie ihren Kopf heraus und unternehme etwas.

„Und was soll ich dagegen tun?“ fragte Bev. „Werfen Sie den Panzer, mit dem Sie sich umgeben und schützen, weg und überlassen Sie sich Gott. Lassen Sie Ihn entscheiden, was Sie tun sollen oder nicht“, war Dr. Brandts Antwort.

Bev dankte ihm (sie verhält sich immer höflich), ging auf ihr Zimmer und weinte eine Stunde lang. Schließlich stand sie auf, sah sich im Spiegel an. Ein lebensverändernder Moment stand an. Sie sprach zu ihrem Spiegelbild: „Beverly, Dr. Brandt hat recht. Die bist eine selbstsüchtige Frau, die sich übermäßig schützt.“ Sie sank auf die Knie, weihte ihr Leben erneut dem Herrn und wagte dann die ersten Schritte zu einer veränderten Lebensweise.

Ich kann mich an einen Telefonanruf zwei Wochen später erinnern, wo sie gebeten wurde, zu 100 Frauen zu sprechen. Sie geriet beinahe in Panik und wollte ablehnen, aber dann vertraute sie doch auf Gottes Hilfe und nahm die Einladung an. Sie arbeitete zweieinhalb Monate an ihrem Vortrag und war so nervös, daß sie zur Unterstützung unsere Tochter und die Missionarstochter, die bei uns wohnte, mitnahm. Fünf Frauen beteten am Ende ihres Vortrags darum, Christus in ihr Leben aufzunehmen.

Danach bekam sie die Einladung, vor fast 200 Frauen zu sprechen, dann vor 300. Darauf wurde sie gebeten, an einer Frauenkonferenz zu sprechen. Und schließlich konnte sie an einem meiner größten Familienseminare im Long Beach Civic Auditorium vor über 7000 Besuchern sprechen. Inzwischen war sie auch bei Talk-Shows im Fernsehen.

Wer oder was verändert eine Frau, die sich vor ihrem eigenen Schatten fürchtete, zu einer mutigen Verfechterin der ihr wichtig gewordenen Werte? Gott, der Heilige Geist! Es geschah nicht von einer Sekunde auf die andere, aber langsam wurde die Furcht durch göttliche Stärke ersetzt. Sie zögert gelegentlich noch immer, aber sie ist nicht mehr der Spielball der Furcht und läßt es nicht länger zu, daß dadurch ihr Dienst für den Herrn eingeschränkt wird.

Sie können sich gar nicht vorstellen, wie das auch die Beziehung zwischen Bev und mir veränderte. Wenn wir Meinungsverschiedenheiten haben, verschließt sie sich nicht mehr und zieht sich nicht mehr in ihren Panzer zurück, sondern gibt offen ihre Ansicht bekannt. Wir können uns nun über alles unterhalten, und sie fürchtet sich auch nicht mehr vor der etwas explosiven Art ihres Gatten. Sie erkannte, daß es ihre Aufgabe ist, das zu tun, wozu die Bibel auffordert: Die Wahrheit in Liebe zu sagen.

Um es in einem Bild auszudrücken: Ich konnte erleben, wie eine geschlossene Rosenknospe sich öffnete und sich in eine vollaufblühende, schöne Rose verwandelte. Woche um Woche, Monat um Monat und schließlich Jahr um Jahr öffnete sie sich dem sich vor ihr entfaltenden Gotteswillen. Sie sagt oft: „Gott führt uns von einem Glaubensschritt zum anderen."

Sie hat auch den großen Angstkomplex vor dem Wasser überwunden und geht heute sogar schwimmen. Ein Mann hatte in einem Brief geschrieben: „Wenn ihre Frau wirklich mit dem Heiligen Geist erfüllt ist, wie sie in ihrem Buch ‚Geisterfülltes Temperament' berichten: Warum legt sie dann nicht ihre Angst ab und lernt schwimmen?"

Bev las den Brief und meldete sich eine Woche später zu einem Schwimmkurs an. Inzwischen hat sie unseren Enkeln nacheinander das Schwimmen beigebracht.

Ich sage das alles nicht, um meine Frau groß herauszustellen, sondern um dem Herrn die Ehre zu geben, dessen innewohnender Geist dies bewirkte.

Auch beim Zorn ist Änderung möglich

Doch noch einmal zurück zu der Sonntagsschultagung mit Dr. Brandt. Bev rief mich zu Hause an und berichtete von der wunderbaren Erfahrung, die sie gemacht hatte. Sie bat mich, auch zu kommen und den letzten Vortrag von Dr. Brandt am Freitag morgen um 10 Uhr anzuhören.

Ich kam gerade an, als ihm das Wort übergeben wurde. Ich setzte mich auf eine der hinteren Bänke und regte mich gleich fürchterlich auf. Meine Frau mußte Dr. Brandt erzählt haben, daß ich kam, denn er nahm als Text Epheser 4,30-32, und seine Predigt zielte direkt auf mich.

Er erzählte von einem jähzornigen jungen Prediger, der Blutungen an inneren Geschwüren bekam. Die Mayo-Klinik konnte jedoch keinen organischen Schaden feststellen. Ihm wurde empfohlen, zu einem Psychoanalytiker zu gehen. Da er aber keine säkulare Beratung haben wollte, rief er Dr. Brandt an, dessen Klinik damals noch in Flint in Michigan war, das etwa 700 km entfernt lag. Sie vereinbarten drei Zusammenkünfte.

Ich identifzierte mich schnell mit diesem jungen Mann, denn auch ich spuckte Blut, und unsere Familie war geschwüranfällig.

Das erste Gespräch brachte den jungen Pastor gleich auf die Palme. Er sprang vom Stuhl auf und sprach zornig auf Dr. Brandt ein: „Ich bin keine 700 km hierher gefahren, um mich von Ihnen beleidigen zu lassen!" Er verließ fluchtartig das Zimmer und knallte die Tür hinter sich zu.

Als er zum zweiten Termin wieder erschien (nachdem er sich beruhigt und gemerkt hatte, wie töricht sein Verhalten war), entschuldigte er sich, und sie fingen noch einmal an. Der junge Pastor gab zu verstehen, daß seine Gemeinde gerade in einem Bauvorhaben begriffen war — und wirklich, wer konnte schon von einem Pastor erwarten, während solch einer Hektik noch im Geist zu wandeln!

Er erzählte dann von all den Kämpfen mit dem Komitee, von den Auseinandersetzungen darüber, wie die Sonntagsschulräume eingerichtet werden sollten usw. Dann stand er auch mit dem Architekturbüro über die Bauform im Clinch und mit dem Finanzkomitee über die Höhe der Summe, die aufgebracht werden sollte. „Letzten Monat", gab er widerwillig zu, „hatte ich sogar einen Krach mit dem Frauenmissionskomitee."

Ich saß hinten auf der Bank und versuchte das, was Dr. Brandt erzählte, abzuschütteln. Wir hatten auch die letzten eineinhalb Jahre gebaut, und in einem Monat sollte die Saaleinweihung stattfinden. Ich erinnerte mich auch an die Diskussionen über die Sonntagsschulräume.

Als Dr. Brandt seine Einschätzung des jungen Mannes bekanntgab und ihn als zornanfälligen, mit einer feindseligen Haltung operierenden Geistlichen bezeichnete, war ich betroffen. Plötzlich ging mir auf, daß es nicht die Verwalter und das Komitee waren, die sich eines unbeugsamen Geistes schuldig gemacht hatten, sondern ich selbst. Ich, ihr Pastor, war der Schuldige! Und zum erstenmal wurde mir klar, daß ich schon immer ein zum Zorn geneigter Mensch war.

Ja, ich hatte mich Gott hingegeben und war zehn Jahre lang ein erfolgreicher Pastor. Ich liebte Gott, freute mich, in Seinem Dienst zu stehen, und war der Hirte einer schönen, wachsenden Gemeinde. Im Moody-Magazin war sogar eine Artikel über unsere Gemeinde erschienen, der den Titel trug: „Die Gemeinde, die das Wachstum nicht bremsen kann." Zweimal wurde unsere Sonntagsschule als die am schnellsten wachsende in Kalifornien bezeichnet. Gott hatte auf vielen Gebieten gesegnet, aber nun wurde ich persönlich mit meiner zornvollen, sündigen Natur konfrontiert.

Ich kann schwer meine Gefühle beschreiben, denn ich hatte aufrichtig versucht, ein gottesfürchtiges Leben zu führen. Von meiner Jugend an habe ich fleißig daran gearbeitet, meine Gedankenwelt sauber zu halten, so daß Gott meine Predigt gebrauchen konnte, um anderen zu helfen. Aber nun gab ich zum erstenmal zu, daß ich ein selbstsüchtiger, zornanfälliger Sünder war, der seinen eigenen Willen durchsetzen wollte.

Sobald Dr. Brandt mit der Predigt zu Ende war, verließ ich den Saal und ging in den nahegelegenen Wald, um dort zu beten und meine lebenslange Sünde Gott zu bekennen. Diesen Tag werde ich nie vergessen! Zum erstenmal wurde ich bewußt mit dem Heiligen Geist erfüllt, der Seine Gegenwart mit einem unglaublichen Frieden in mir kundtat, wie ich ihn nie zuvor verspürt hatte.

Raten Sie einmal, wie lange der Friede dauerte: Zweieinhalb Stunden! Man sollte doch annehmen können, daß ein Pastor es für längere Zeit schaffen müßte. Aber ich nicht. Bev und ich stiegen nach der Tagung in unser Auto, und während der Fahrt berichteten wir einander von den wunderbaren Erfahrungen, die wir dort gemacht hatten. Dann gelangten wir zur Autobahn und fuhren auf dieser weiter.

Wir waren gerade an einem Schild „120 Miles to San Diego" vorbeigefahren, als ich wieder zornig wurde. Auf der Autobahn reagierte ich schon immer besonders gereizt auf jene guten

Leute, die auf der Überholspur fahren, dann plötzlich noch die in Sicht kommende Autobahnausfahrt erreichen wollen und sich dabei rücksichtslos vor die Autos auf den anderen Fahrbahnen setzen.

In meinem Fall war es ein roter Sportwagen, der so kurz vor mir einscherte, daß ich stark bremsen mußte. Mein Wagen rutschte über die Fahrbahn und wäre fast ins Schleudern gekommen. Schließlich brachte ich ihn unter Kontrolle, aber nicht meine Nerven. Ich stieß wüste Beschimpfungen aus und ließ kein gutes Haar an diesem Fahrer, seinen Eltern und seinem Fahrlehrer. Fast im selben Moment wußte ich, daß ich damit den Heiligen Geist betrübt hatte. Ich spürte das, denn der innere Friede war gewichen.

Gerade dort auf der Autobahn machte ich eine der wichtigsten Entdeckungen meines geistlichen Lebens. Während des Weiterfahrens betete ich: „Herr, ich habe es wieder getan. Es tut mir leid. Bitte vergib mir und erfülle mich wieder mit Deinem Geist." Sofort erlebte ich wieder inneren Frieden.

Der ganze Vorgang hatte nur ein paar Sekunden gedauert. Ich sah noch die roten Schlußlichter des Wagens, die an der Autobahnausfahrt verschwanden, aber in dieser kurzen Zeit hatte ich meinen Frieden verloren, meine Sünde erkannt und bekannt, Gottes Vergebung erfahren und wieder inneren Frieden erlangt.

Das ist der Schlüssel zu einem geisterfüllten Leben: Gleich nachdem Sie gesündigt haben, sollten Sie die Sünde bekennen, um Vergebung bitten und sich wieder geistlich erneuern lassen. Schieben Sie Gott gegenüber nie etwas auf die lange Bank!

Ich mußte diesen Vorgang am ersten Tag ein paarmal wiederholen, am zweiten Tag ging es schon besser. Nun, Jahre später, will ich nicht vorgeben, ich würde überhaupt nicht mehr zornig, aber ich kann bestätigen, daß es anders geworden ist.

Ja, einige Male bin ich Zeuge kleiner Wunder in meinem Leben geworden. Bei einem ähnlichen Fall, bei dem ich auch von einem Sportwagen geschnitten wurde, gelang es mir sogar zu lachen, weil ich mich an meine frühere Reaktion erinnerte. Hier war Gott am Werk, denn ich besitze immer noch das gleiche Temperament. Aber jetzt, anstatt im Zorn aufzugehen, erkenne ich, daß dies Sünde ist und den Heiligen Geist betrübt. Langsam verlor diese langwierige Gewohnheit ihre Herrschaft über mein Leben.

Vor vielen Jahren sprach ich in einer Kirche in Phoenix in Arizona über dieses Thema. Ein 70jähriger Diakon bemerkte nach dem Gottesdienst: „Herr Pastor, hätte ich doch diese Predigt schon vor 40 Jahren gehört! Ich war mein ganzes Leben zorngeladen. Sagen Sie, ist ein Mann mit 70 zu alt, oder können die von Ihnen erwähnten Schritte auch bei ihm noch Wirkung zeigen?"

Ehrlich gesagt, ich wußte nicht, was ich sagen sollte. So betete ich um Weisheit und hörte mich selbst, wie ich diesem Mann Bibelstellen mitgab: *„Bei Menschen ist dies unmöglich, bei Gott aber sind alle Dinge möglich"* und *„Mein Gott aber wird alles, was ihr bedürft, erfüllen"* sowie *„Alles vermag ich in dem, der mich kräftigt."* Jedesmal, wenn ich ihm einen Bibelvers zitierte, stand er ein wenig gerader. Ich verabschiedete mich dann und ging weg. Ich vergaß das ganze Gespräch — ungefähr zwei Jahre lang.

An einem Freitagabend predigte ich in einer anderen Kirche in Phoenix und bemerkte ein älteres Paar auf der rechten Seite. Nach dem Gottesdienst kamen sie zu mir, stellten sich vor, und der Mann erinnerte mich daran, daß er der Diakon der anderen Kirche sei, bei der ich vor zwei Jahren war.

Natürlich freute ich mich, ihn wiederzusehen, und fragte ihn, wie es ihm gehe. Er erwiderte: „Deshalb kam ich hierher, ich wollte mit Ihnen darüber sprechen. Ich möchte Ihnen über die Fortschritte, die ich machen durfte, berichten: Das waren die zwei besten Jahre meines Lebens. Ich bin ein anderer Mensch. Wenn Sie es nicht glauben, dann fragen Sie meine Frau!" Damit wandte er sich an seine Frau, die lächelnd danebenstand. Ich wußte, was sie antworten würde. Ja, an dem, wie wir uns zu Hause verhalten, zeigt sich echte emotionale Veränderung.

Interessant ist, daß die Bibel auf das geisterfüllte Leben zu Hause besonderen Wert legt. Es ist kein Zufall, daß wir in Epheser 5,18 die besondere Aufforderung finden, mit dem Geist erfüllt zu sein, und daß dies die Einführung zu der längsten neutestamentlichen Abhandlung über das Familienleben bildet. Die

Frauen erfahren, wie sie ihre Männer behandeln sollen, und die Männern erhalten Anweisung, wie sie sich gegenüber den Frauen zu verhalten haben. Dort finden wir auch festgehalten, daß die Kinder gehorchen und ihre Eltern ehren sollen. Die Väter werden über ihre Rolle als Erzieher der Kinder belehrt.

Gott hat das Thema des geisterfüllten Lebens nicht deshalb angeschnitten, damit die Theologen der einzelnen Denominationen darüber diskutieren können, sondern Er möchte, daß damit die Familien, Ehen und die Beziehungen richtig gegründet und bereichert werden. In all den Jahren, in denen ich Eheberatung durchführe, ist noch kein geisterfülltes Paar in die Beratung gekommen, um Lösung für ihre Schwierigkeiten zu suchen. Wie alle, stehen auch sie vielen Problemen des Lebens gegenüber, aber wenn Schwierigkeiten kommen, machen sie Gebrauch von den besonderen Quellen und Mitteln Gottes.

Das können auch Sie! Nachdem Sie dieses Buch gelesen haben, hoffe ich, daß Sie aus diesen Quellen zu leben lernen und sich des Familienlebens erfreuen, das Gott Ihnen zugedacht hat.

Das Zeugnis einer furchterfüllten Frau

Eine große Freude sind mir die dankbaren Briefe, die ich als Buchautor in den vergangenen 25 Jahren von vielen Lesern erhielt. Eine Frau schrieb mir kürzlich, wie eines meiner anderen Bücher, in dem ich auch auf die Überwindung der Furcht einging, für sie zum Segen geworden war.

Sie war Opfer eines Überfalls geworden. Ein maskierter Mann drang in ihre Wohnung ein, fesselte sie und verging sich an ihr. Hier beschreibt sie ihre Genesung, wie sie sich wieder fing und ihr seelisches Gleichgewicht wieder erlangte:

„Die Nachwirkungen des Geschehens waren unglaublich. Als ich die Realitäten des Lebens wieder richtig aufnehmen konnte, war ich total von Furcht geplagt. Ich konnte nicht schlafen. Als ich schließlich so weit war, daß ich nach Hause entlassen werden konnte, schlich ich in einem ruhelosen Zustand durchs Haus und starrte immer wieder durchs Fenster, ob der Mann nicht doch erneut auftauchte. Das war die größte Angst.

Man ist überzeugt, daß er hinter der nächsten Ecke lauert, oder hinter einem Baum, einem Auto oder hinter jeder Türe, die man öffnet.

Statistiken, die besagen, daß ein Verbrecher fast nie an den Tatort zurückkehrt, besagen einem Opfer nichts. Ich rieb mich innerlich auf. Ich suchte schließlich einen Therapisten auf, aber ohne echten Erfolg. Mir war inzwischen klargeworden, daß die Wurzeln des Problems im geistlichen Bereich lagen. Ich konnte zwar in jede Buchhandlung gehen und mir ein Buch zur Selbsthilfe kaufen. Darin wurde aber das Problem, wie auch in der Therapie, nur intellektuell angegangen, und das zeigte keine Wirkung.

Ihr Buch hat meine Leben gerettet, wirklich. Mein erster Schritt bestand darin, daß ich das Schlafmittel, das mir verschrieben worden war, absetzte. Das war schwierig, aber es gab mir das Gefühl, mehr Kontrolle über mein Leben zu gewinnen.

Dann bin ich nach Ihrem Konzept gegen die Furcht vorgegangen. Am ersten Tag mußte ich wiederholt die Schritte durchgehen. Aber am Ende der Woche bezeugte mein Mann, daß eine bemerkenswerte Veränderung in meinem Leben festzustellen sei. Ich konnte mich wieder einleben und habe innerlich Ruhe und Frieden gefunden.

Ich weiß nicht, wie ich Ihnen danken soll, als nur durch diesen Brief und dadurch, daß ich denen, die ich kenne, Ihr Buch empfehle. Sie haben eine ganz neue Dimension für mich eröffnet, sowohl geistlich als auch im Verständnis meiner selbst."

Die Frau war damit einverstanden, daß ich ihre Geschichte anonym veröffentliche. Hoffentlich kann sie mit ihrem Zeugnis vielen helfen, die sich im Griff der Furcht oder des Zorns befinden und ihnen Mut machen, daß eine Veränderung möglich ist. Auch Ihr Leben, lieber Leser, kann sich mit Gottes Hilfe verändern!

14. Kapitel

Geistgelenkte Emotionen

Der Mensch ist ein unglaublich emotionales Geschöpf. So komplex und verschieden wir sind: nichts hat größeren Einfluß auf unsere ganze Person als unsere Emotionen. Ja, ich bin der Überzeugung, daß das, was wir emotional sind, im Grunde das ist, was wir wirklich sind.

Ein erfolgreicher Geschäftsmann prahlte mir gegenüber, daß er einen Intelligenzquotienten von 150 habe, aber in meinen Augen hat er sein Potential trotzdem nicht erreicht: Er ist ein schlechter Ehegatte und ein „hoffnungsloser" Fall als Vater. Es mangelt ihm nicht an Begabung oder Intelligenz, aber bei der kleinsten Kleinigkeit geht er gleich hoch und ist dann einige Zeit ganz außer sich. Wenn er charmant sein möchte, kann er äußerst angenehm sein, aber unter Druck explodiert er förmlich.

Er steht nicht allein: Überall auf Erden zerstören sonst liebende, nette, anständige Menschen ihre Familien durch Emotionen des Zorns, der Furcht, des Stolzes, des Neides usw.

Der Herr Jesus sagte: *„Denn von innen aus dem Herzen der Menschen (dem Gefühlszentrum) kommen die bösen Gedanken hervor: Unzucht, Dieberei, Mord, Ehebruch, Habsucht, Bosheit, Arglist, Ausschweifung, Neid, Lästerung, Hochmut, Torheit"* (Markus 7,21-22).

Wir haben bereits über die schädlichen Auswirkungen, die die Emotionen des Zorns und der Furcht auf unser physisches Leben haben, gesprochen. Die Abbildung 7 zeigt dies. In der Jugend kann man einen großen Teil der Spannungen auffangen, aber wenn man älter wird, streikt der Körper schon bei geringerer Belastung. Es ergeben sich Geschwüre, hoher Blutdruck, Herzanfälle usw., all das, was McMillen in seinem Buch anführt.

Im Herzen eines Christen befinden sich zwei Quellen von Emotionen: der Geist des Menschen und der Geist Gottes. Aus der ersten Quelle kommen die Emotionen, die wir hinterher bedauern müssen. Wenn wir jedoch dem Geist Gottes Raum geben, kommt die erste Quelle zum Versiegen und die zweite sprudelt.

Ein Bild macht es manchmal klarer als tausend Worte. Viele Leute haben mir schon gesagt, daß sie durch die folgende Abbildung endlich Klarheit über die zwei Naturen in ihnen gewonnen haben.

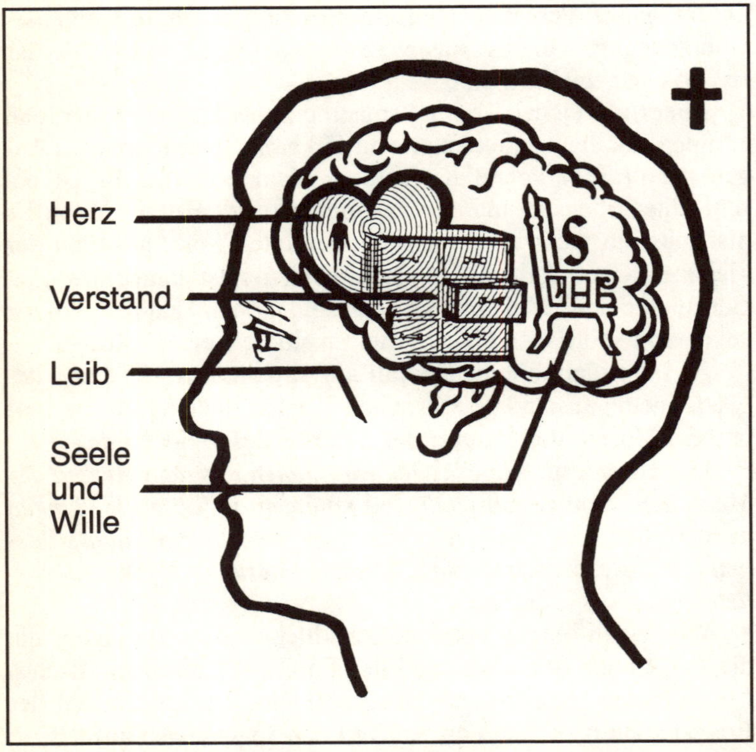

Abbildung 9: Vier Teile des ungeretteten Menschen

Diese Abbildung gründet sich auf die Aussage unseres Herrn in Lukas 10,27, wo er vier Teile unseres Seins anspricht, mit denen wir Gott lieben sollen: mit dem Herzen (dem emotionalen Zentrum), der Seele (unserem eigentlichen Leben), der Kraft (dem Körper), dem Verstand (Denken).

Wenn Sie genau hinschauen, sehen Sie nur eine Natur im Herzen: die menschliche. Das S (das Selbst, das Ego) sitzt auf dem Thron des Willens, dem Sitz unserer Seele. Beachten Sie auch, daß Christus, symbolisiert durch das Kreuz, sich außerhalb der Person befindet. Jesus Christus ist nicht in ihrem Herzen. Wir müssen Ihn persönlich im Glauben annehmen, bevor Er hineinkommt.

Dieser Nichtchrist kann jeder sein: vom sanften Schullehrer, dem freundlichen Phlegmatiker, der die Kinder, den Hund und die Nachbarn (meistens) liebt, bis hin zum cholerischen Gangster, der ständig „im Fleisch“ wandelt. Selbst der netteste Nichtchrist wird eigensüchtig motivierte Emotionen haben, von denen er einige nicht unter Kontrolle hat. Diese egozentrischen Impulse zerstören die zwischenmenschlichen Beziehungen, besonders im unmittelbaren Familienleben.

Die nächste Abbildung (Nr.10) zeigt einen wiedergeborenen Christen. Beachten Sie, daß Christus nicht mehr außerhalb steht. Wenn wir Jesus annehmen, findet ein Wechsel statt. Das Selbstleben wird, ob wir uns dessen voll bewußt sind oder nicht, gegen das Leben Christi ausgetauscht: Wir glauben an den Herrn Jesus Christus und unterstellen uns Ihm.

Bei der Bekehrung muß also das Ego den Thron verlassen. Wir akzeptieren Gottes Willen für unser Leben, so daß der Heilige Geist die Herrschaft antreten kann. Deshalb wird Er auf dem Thron dargestellt. Das Selbst, jetzt williger Diener Christi, befindet sich unter dem Thron. (Ich bin meinem Freund Bill Bright für diese Thronsymbolik dankbar, die so klar den Herrschaftswechsel zum Ausdruck bringt.)

Schauen wir uns als Beispiel den Apostel Paulus an: Er, der sich auf der Straße nach Damaskus befand, Christen verfolgte und damit gegen Jesus eingestellt war, fiel vor Jesus auf sein Angesicht und tat Buße. Sein Bekehrungsgebet war sehr einfach: *„Herr, was soll ich tun?“* Nachdem Christus sich ihm offenbart

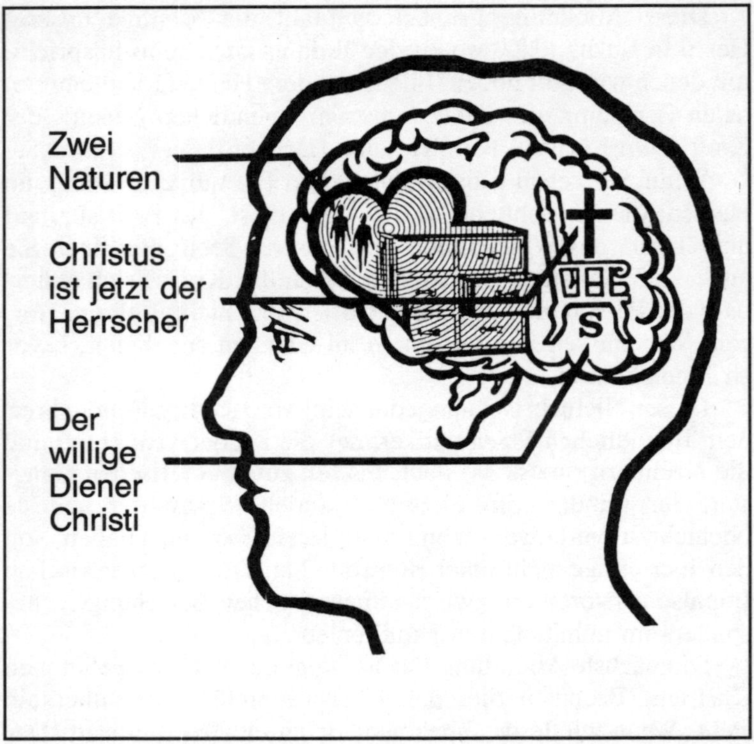

Abbildung 10: Drei Teile des wiedergeborenen Christen

hatte, war er in kürzester Zeit bereit, seinen Willen dem des Herrn unterzuordnen und damit den Herrschaftswechsel zu vollziehen.

Jetzt regiert Christus im Herzen. Diese Veränderung wird in der Abbildung ersichtlich. Beachten Sie auch die zwei Naturen im Herz des Menschen. Alle wiedergeborenen Christen bekamen zum Zeitpunkt ihrer Errettung eine neue Natur (2. Korinther 5,17). Damit wurde ihnen ein Veränderungspotential gegeben, auch im emotionalen Bereich.

Das bringt uns zum wichtigsten Punkt des ganzen Buches: Wenn Sie Jesus Christus als Herrn und Retter angenommen haben, haben Sie Zugang zu dieser übernatürlichen verändernden

Kraft. Gott wirkt durch Seinen Geist am inneren Menschen, und davon sind auch die Emotionen betroffen. Die Liebe und das Mitgefühl im Heiligen Geist können sogar einen Choleriker sanftmütig machen! Und die Freude am Herrn kann den Geist der Depression verscheuchen, von dem die Melancholiker häufig geplagt werden. Der Sanguiniker erlangt Disziplin und der Phlegmatiker Motivation.

Diese Veränderungen finden aber meistens nicht von heute auf morgen und auch nicht automatisch statt, sondern geschehen wachstümlich unter Mitwirkung des einzelnen.

In diesem Zusammenhang sollten wir uns drei Fragen stellen:

1. Wenn zwei Naturen in mir sind:
welche hat die Vorherrschaft in meinem Leben?
2. Wie kann ich sagen, welche Natur
zu einer bestimmten Zeit mein Leben beherrscht?
3. Wie kann ich im Geist wandeln,
wie es mir in Galater 5,16-19 befohlen wird?

Die erste Antwort ist einfach: Die Natur, die Sie am besten nähren, wird am stärksten wachsen und dominieren! Schauen Sie sich wieder Abbildung 10 an. Zwei Naturen wohnen im Herzen. Es gibt vier Hauptkanäle zu diesen beiden Naturen: die zwei Augen und die zwei Ohren. Was Sie an Material über diese zwei Sinne in Ihre Gedankenwelt einlassen, wird die eine oder die andere Natur nähren.

Wenn Sie Gottesdienste besuchen, die Bibel und hilfreiche Bücher lesen, gute christliche Radio- oder Fernsehprogramme verfolgen, nähren Sie die neue Natur. Wenn Sie dagegen über Ihre Augen und Ohren schlechte Dinge einlassen, wie schmutzige Fernsehsendungen, Pornoliteratur und dergleichen, nähren Sie die alte Natur. So einfach ist das.

Das erklärt auch, warum manche Christen in ihrem neu gefundenen Glauben kaum wachsen. Sie versagen darin, ihrer neuen Natur gute Nahrung zu geben. Und es kann auch die Erklärung dafür sein, daß ein langjähriger Christ eine heimtückische Sünde beging, die viele schockierte: Er fütterte ständig die alte Natur, die schließlich das Verhalten bestimmte. Denken Sie daran: Die Natur, die Sie nähren, wird am stärksten werden!

Lesen Sie deshalb die Bibel, so daß Sie eine gute Kenntnis des Wortes Gottes erlangen, und gute christliche Bücher, die Ihr geistliches Leben vitalisieren und bereichern.

Die Antwort auf die zweite Frage — wie ich sagen kann, welche Natur mein Leben beherrscht — ist noch einfacher: Das Verhalten zeigt es an! Wenn Sie selbstsüchtig, zornig oder furchtsam sind, ist die sündhafte Natur am Ruder. Wenn Sie aber liebend, freudig, friedevoll sind — besonders wenn die Situation oder das Temperament Sie in eine andere Richtung treiben will —, übt die neue Natur die Herrschaft über die Emotionen aus.

Die folgende Abbildung, die auf Galater 5,16-23 beruht, macht diesen Punkt klar.

Hauptsächlich zwei Passagen beschreiben im Neuen Testament die Taten und Emotionen, die wir von unserem „Fleisch" erwarten können, nämlich Galater 5 und Kolosser 3. Daß sie Auswirkungen der alten Natur sind, ersehen wir aus Galater 5,19: *„Offenbar sind aber die Werke des Fleisches."* Hier wird darauf hingewiesen, daß die Einwirkungen der alten Natur an den Taten sichtbar werden. Studieren Sie bitte die Abbildung 12 und die erwähnte Schriftstelle im Galaterbrief.

Die Betrachtung der Abbildung läßt uns vielleicht ahnen, warum Paulus in bezug auf seine fleischliche Natur sagen konnte: *„Denn ich weiß, daß in mir, das ist in meinem Fleisch, nichts Gutes wohnt."* Diese Natur, mit der jeder von uns zeit seines Lebens behaftet ist, kann großen Schaden verursachen. Deshalb sollen wir sie in den Tod geben (Kolosser 3,5). Beachten Sie die schreckliche Warnung von Galater 5, 21, wo es heißt, daß diejenigen, die diese Dinge praktizieren, das Reich Gottes nicht erben werden.

Ein Christ kann zwar gelegentlich das eine oder das andere tun, aber ihm werden diese Dinge nicht als ständige Lebensweise anhängen. Warum? Weil er eine andere Natur besitzt: den neuen Menschen, der ihn zu den Dingen anleitet, die Christus gefallen.

Wenn der Geist Gottes in unser Leben gekommen ist, wird

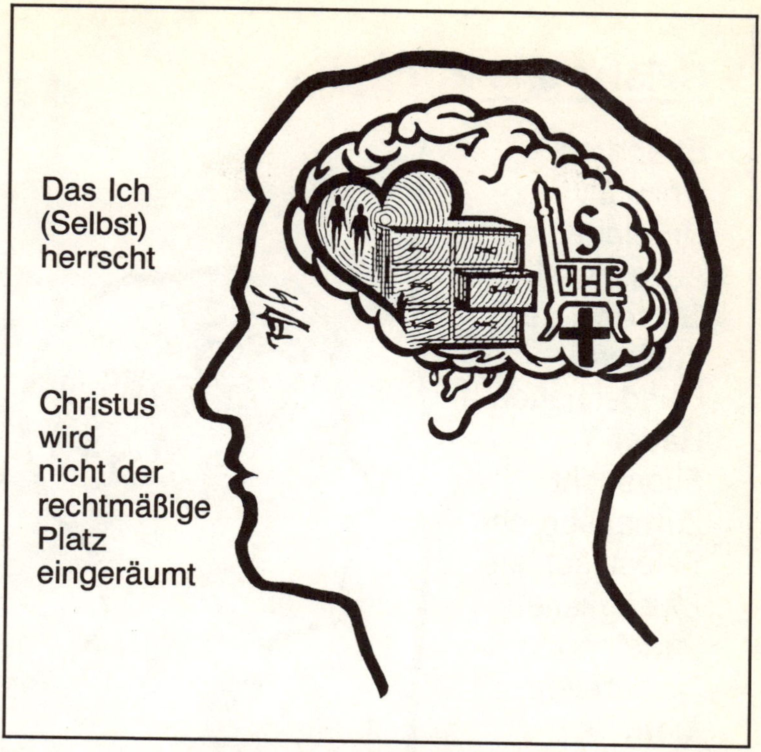

Abbildung 11: Der fleischliche Christ

sich Seine Gegenwart in einer veränderten Lebensweise ausdrücken. Das heißt nicht, daß wir nicht gelegentlich rückfällig werden und unterliegen können. Aber wenn der Christ sich entschieden der Auferbauung seines Glaubens widmet, wird er stark im Herrn werden. Dann wird er sich einer kräftigen, standhaften geistlichen Natur erfreuen, die ihn dazu bewegt, die meiste Zeit im Geist zu wandeln.

Wie wir gesehen haben, wird das ständige Nähren der alten Natur die neue Natur verkümmern lassen, so daß der Christ sich mehr und mehr wie ein Nichtchrist benimmt. Wir müssen dem entgegensteuern, indem wir die neue Natur nähren, so daß die alte mehr und mehr ausgeschaltet wird. Das ergibt zwar

Galater 5,19-21

Ehebruch
Unzucht
Unreinheit
Ausschweifung
Götzendienst
Zauberei
Feindschaften
Hader
Eifersucht
Zornausbrüche
Selbstsüchteleien
Zwistigkeiten
Parteiungen
Neidereien
Mord
Trinkgelage
Völlereien
und dergleichen

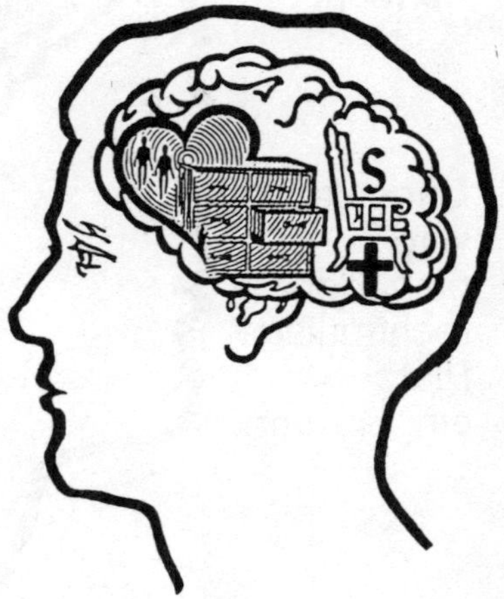

Abbildung 12: Schwächen des Fleisches

keine Sofort-Lösung, aber auf die Dauer doch einen Sieg über das Fleisch.

Was hat das alles mit der Beziehung der Ehepartner untereinander zu tun? Sehr viel! Die beste Weise, mit anderen Menschen auszukommen, besonders mit denen in der eigenen Familie, besteht darin, dem Geist Gottes so Raum zu geben, daß auch unsere Emotionen von Ihm erfaßt sind und so werden, wie

Gott sie haben will. Die Abbildung 13 zeigt das Potential, das zur Überwindung der Schwächen und zum Aufbau eines starken geistlichen Lebens zur Verfügung steht

„Die Frucht des Geistes aber ist: Liebe, Freude, Friede, Langmut, Freundlichkeit, Güte, Treue, Sanftmut, Enthaltsamkeit" (Galater 5,22-23).

Diese neun Wesenszüge des Geistes Gottes beinhalten auch diese zwei Dinge: emotionale Leitung und Kraft zur Überwindung der Schwächen. Was an erster bis dritter Stelle als Frucht

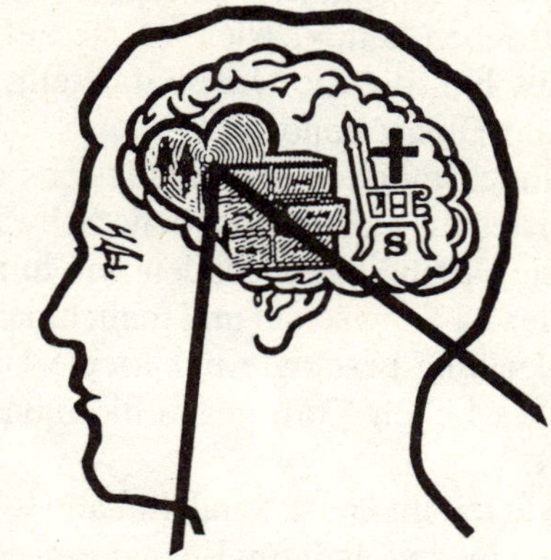

Stärken des Geistes

Galater 5,22-23

Liebe
Freude
Friede
Langmut
Freundlichkeit
Güte
Treue
Sanftmut
Enthaltsamkeit

Kolosser 3,12-17

herzliches Erbarmen
Güte
Demut
Milde
Langmut
Ertragen
Vergebung
Liebe
Friede
Singen im Herzen
Gnade
Danksagung

Abbildung 13: Stärken des Geistes

aufgeführt ist — Liebe, Freude, Friede —, ist das Gegenmittel zu mangelnder Beherrschung (wie Zorn, Rache, Haß oder Furcht, Sorge, Bedrohtfühlen).

Geisterfüllte Personen sind nicht Sklaven ihrer Emotionen. Sie mögen emotionale Schwankungen bei Sorgen und Verletzungen des Lebens durchlaufen, aber sie sind Überwinder. Es gibt Sieg für das Kind Gottes durch den inwendigen Dienst des Heiligen Geistes.

Die neunfache Frucht des Geistes überwindet die menschlichen Schwächen. Als ich vor einigen Jahren einen Kurs im Christian Heritage College gab, bat ich die 65 Teilnehmer, die alle seelsorgerlich tätig waren, mir menschliche Schwächen zu nennen, die ihnen in der Seelsorge begegneten. Nachdem wir 84 solcher Schwächen aufgeschrieben hatten, wies ich sie auf die neunfache Frucht des Geistes hin, die die Quelle darstellt, die wir als Seelsorger in unserem Dienst benötigen.

Ich fragte dann, ob es ihnen möglich sei, mindestens eine Frucht (oder Stärke) des Geistes für jede menschliche Schwäche zu nennen. Als wir die Liste durchgingen, fanden wir mindestens zwei Stärken für jede der 84 Schwächen und manchmal sogar bis zu fünf. Diese Entdeckung bestätigte nur meine Überzeugung, daß ein geisterfülltes Leben Kraft gegen die menschlichen Schwächen garantiert.

Auf die dritte Frage — wie ich im Geist wandeln kann — bin ich schon detailliert in einigen meiner anderen Bücher eingegangen, so daß ich mich hier etwas kürzer fasse: Der Wandel im Geist ist nicht etwas, das wir leichtfertig übergehen könnten, denn dies ist der Wille Gottes für unser Leben (Epheser 5,17-18) und grundlegend wichtig für ein siegreiches Leben als Christ. Und darin liegt auch der Schlüssel zur richtigen Einstellung auf den Lebenspartner. Die folgenden sieben Schritte sollen Ihnen helfen, die Erfahrung des Wandels im Geist auch zu Ihrer eigenen zu machen:

1. Prüfen Sie sich selbst
(1. Korinther 11,28)

Ein Christ, der mit dem Heiligen Geist erfüllt sein möchte, muß regelmäßig darauf achten, daß er sich selbst prüft. Nicht um Klarheit darüber zu bekommen, ob er sich mit den anderen messen kann oder den Traditionen und Anforderungen der Kirche entspricht, sondern ob er noch eng mit dem Herrn verbunden ist, auf Sein Wort eingeht und sich die Wirkungen des Heiligen Geistes zeigen.

Wenn ihm Kraft zum Zeugnis fehlt, er keinen freudigen Geist ausstrahlt oder es an den neun Wesenszügen des Heiligen Geistes mangelt, wird die Selbstprüfung dies zeigen und sie wird auch anhaftende Sünde offenbaren. Die Sünde soll dann auch auf die richtige Weise beseitigt werden:

2. Bekennen Sie alle erkannte Sünde
(1. Johannes 1,9)

„Wenn wir unsere Sünden bekennen, so ist Er treu und gerecht, daß Er uns die Sünden vergibt und uns von aller Ungerechtigkeit reinigt.“

Nachdem wir uns im Licht des Wortes Gottes geprüft haben, sollten wir alle Sünde, die uns durch den Heiligen Geist zum Bewußtsein gebracht wurde, bekennen. Desgleichen sollen wir dem Herrn auch unseren Mangel an den Wesenszügen des geisterfüllten Lebens bekennen: das Fehlen von Mitleid, den Mangel an Selbstbeherrschung und Demut und daß sich bei uns Zorn statt Sanftheit, Bitterkeit statt Güte und Unglaube statt Glaube zeigte. Wenn wir diese Dinge einfach übergehen, werden wir keine Erfüllung mit dem Heiligen Geist erfahren. Wenn wir jedoch diese Mangelerscheinungen als Sünde erkennen und sie Gott bekennen, wird Er uns von aller Ungerechtigkeit reinigen. Und wenn wir reine Gefäße geworden sind, sind wir bereit für die Erfüllung mit dem Heiligen Geist. Gott wohnt nur in reinen Gefäßen (2. Timotheus 2,21).

3. Liefern Sie sich Gott völlig aus (Römer 6,12-13)

„So herrsche nun nicht die Sünde in eurem sterblichen Leib, daß er seinen Lüsten gehorche. Stellt auch nicht eure Glieder der Sünde zur Verfügung als Werkzeuge der Ungerechtigkeit, sondern stellt euch selbst Gott zur Verfügung als Lebende aus den Toten und eure Glieder Gott zu Werkzeugen der Gerechtigkeit.“

Diesen Schritt versäumen viele Christen. Sie unterstellen sich Gott, aber nicht hundertprozentig. Aus verschiedenen Gründen weigern sie sich, alles dem Herrn hinzugeben, und ziehen es vor, ein kleines Lebensgebiet für sich selbst zurückzubehalten. Sie erkennen nicht, daß dies sie davon abhält, mit dem Heiligen Geist erfüllt zu werden. Gott will Ihre Liebe nicht mit etwas anderem oder einem anderen teilen. Gott ist nicht mit 97 Prozent Ihres Lebens zufrieden. Er will eine hundertprozentige Übergabe. Vielleicht vergessen wir zu oft, daß Gott keinem Menschen etwas schuldig bleibt. Je mehr wir geben, desto mehr werden wir gesegnet. Die beste Übereinkunft, die Sie treffen können, ist die, daß Sie Ihr ganzes Ich Gott übergeben.

Machen Sie nicht den Fehler, Gott etwas vorzuenthalten. Römer 8,32 sagt uns: *„Der Seinen einzigen Sohn nicht verschonte, sondern Ihn für uns alle dahingegeben hat, wie sollte Er uns mit Ihm nicht alles schenken?“* Wenn Gott uns so sehr liebt, daß Er Seinen Sohn sandte, um für uns zu sterben, dann ist Er gewiß an unserem Wohlergehen interessiert. Deshalb können wir Ihm ruhig unser Leben anvertrauen! Einen Christen, der sich im Zentrum des Willens Gottes befindet, werden Sie kaum unglücklich finden.

Epheser 5,18 ermahnt uns, uns nicht voll Weins zu saufen, sondern mit dem Heiligen Geist erfüllt zu werden. Wenn eine Person betrunken ist, hat der Alkohol die Herrschaft. Bei demjenigen, der mit dem Heiligen Geist erfüllt ist, hat Gott die Herrschaft. Wenn wir uns nicht ganz bewußt dem Willen Gottes unterstellen, kann es passieren, daß wir zwar viele wertvolle Ziele verfolgen, aber dabei gar nicht merken, daß wir mehr mit uns selbst als mit dem Heiligen Geist erfüllt sind.

Wenn Sie Ihr Leben Gott übergeben, sollten Sie keine Klauseln und Bedingungen daran knüpfen, sondern sich vorbehaltlos Gott hingeben. Er ist solch ein Gott der Liebe, daß Sie sich Ihm ohne Befürchtungen anvertrauen können. Sie dürfen wissen, daß Sein Plan viel besser ist als Ihrer. Und denken Sie daran: Die Haltung der Demut und Unterordnung ist absolut notwendig für die Erfüllung mit Gottes Geist.

Wenn wir uns Gott hingeben, stehen wir dem Geist Gottes zur Verfügung. Petrus und Johannes geben in Apostelgeschichte 3 ein Beispiel, wie so etwas geschehen kann. Sie waren auf dem Weg zum Tempel, um zu beten, als sie einen lahmen Mann sahen, der bettelte. Weil sie sensitiv für die Impulse des Heiligen Geistes waren, heilten sie ihn im Namen Jesu Christi von Nazareth. Der Mann begann herumzuspringen und lobte Gott, so daß sich eine Menschenmenge sammelte.

Immer noch auf die Eingebungen des Heiligen Geistes achtend, begann Petrus zu predigen. *„Viele aber von denen, die das Wort gehört hatten, wurden gläubig; und die Zahl der Männer kam auf etwa fünftausend“* (Apostelgeschichte 4,4). Uns wird nicht weiter gesagt, ob nun Petrus und Johannes noch zum Gebet in den Tempel gingen, jedenfalls hatten sie ihre Pläne durch den Geist Gottes umstellen lassen.

Manchmal sind wir so in eine nützliche christliche Aktivität eingebunden, daß wir nicht mehr erreichbar sind für Impulse des Heiligen Geistes. Wenn ein Christ sich Gott hingibt als Lebender aus den Toten, wird er sich Zeit nehmen, auf die Anweisungen des Geistes zu achten und ihnen zu folgen. Das gilt auch in bezug auf sein Temperament: Er wird die Emotionen unter der Herrschaft des Geistes äußern.

4. Bitten Sie um die Erfüllung mit dem Heiligen Geist (Lukas 11,13)

„Wenn nun ihr, die ihr böse seid, euren Kindern gute Gaben zu geben wißt, wieviel mehr wird der Vater, der vom Himmel gibt, den Heiligen Geist denen geben, die Ihn bitten.“

Wenn ein Christ sich selbst geprüft hat, alle erkannte Sünde bekannt und sich selbst ohne Vorbehalte Gott hingegeben hat, ist er bereit für das letzte Erfordernis: die Bitte um die Erfüllung mit dem Heiligen Geist. Wir werden nicht aufgefordert zu fasten oder zu betteln, daß Gott uns mit Seinem Geist erfüllt. Wir müssen nur auf Seine Bedingungen eingehen und bitten, von Seinem Geist erfüllt und geleitet zu werden.

5. Glauben Sie, daß Sie mit dem Heiligen Geist erfüllt worden sind, und danken Sie für die Erfüllung.

„Wer aber zweifelt, wenn er ißt, der ist verurteilt, weil er es nicht aus Glauben tut“ (Römer 14,23).

„Sagt in allem Dank, denn dies ist der Wille Gottes in Christus Jesus für euch“ (1. Thessalonicher 5,18).

Für viele Christen wird der Kampf hier gewonnen oder verloren. Nach der Überprüfung, dem Bekennen, der Hingabe und der Bitte um Erfüllung, stehen sie vor einer wichtigen Entscheidung: zu glauben, daß sie erfüllt wurden, oder es nicht zu glauben.

Dieselben Christen, die dem Neubekehrten sagen, er solle sich bezüglich seiner Errettung auf das Wort Gottes stützen, finden es oft schwierig, dies auch bei der Erfüllung mit dem Heiligen Geist zu beherzigen. Wenn Sie die ersten vier Schritte getan haben, dürfen Sie Gott im Glauben für die Erfüllung danken. Warten Sie nicht auf Gefühle oder sichtbare Zeichen. Setzen und richten Sie Ihren Glauben auf das Wort Gottes und nicht auf Gefühle. Zu glauben, daß Sie erfüllt sind, bedeutet nur, Gott bei Seinem Wort zu nehmen, das einzig Beständige auf Erden (Matthäus 24,35).

Dann beachten Sie, wie der Heilige Geist auch Ihre Emotionen verändert. Wenn Sie von Natur aus eine feindselige Person sind, werden Liebe, Freude und Friede auch bei solchen Situationen in Ihnen aufkommen, auf die Sie früher mit Zorn reagierten. Und daß der Glaube die Furcht verdrängt, ist ebenfalls ein Werk des Heiligen Geistes.

6. Lesen Sie täglich das Wort Gottes.

Es ist nicht möglich, beständig im Geist zu wandeln (wie es uns befohlen ist), ohne daß man regelmäßig Gottes Wort liest. Geistliche Kräfte, mit denen wir die Versuchungen und die Lüste des Fleisches überwinden können, werden uns durch das Wort zugeführt. Genau wie die Nahrung dem Körper Kraft zuführt, damit wir leben können, so nehmen wir durch die Aufnahme des Wortes Gottes, durch Bibellesen und Bibelstudium, Kraft auf und gehen gestärkt durch den Tag.

7. Vermeiden Sie es, den Heiligen Geist durch Zorn oder Furcht zu dämpfen oder zu betrüben.

Wenn Sie durch Zorn und Furcht den Heiligen Geist gedämpft oder betrübt haben und alte Gewohnheiten wieder aufgenommen haben, sollten Sie dies unverzüglich als Sünde bekennen und um neue Erfüllung bitten. Lassen Sie nichts anstehen und gehen Sie, wenn nötig, die sieben Schritte wieder durch, auch wenn es mehrmals am Tag sein muß.

Mehr und mehr wird es Ihnen gelingen, durch den Tag zu gehen und vielleicht nur ein- oder zweimal davon Gebrauch machen zu müssen. Die geistliche und emotionale Veränderung wird sichtbar. Mit der Zeit wird es Ihre größte Freude sein, die Gegenwart des Geistes Gottes in Ihrem Leben zu spüren, der Sie auch emotional führt und Ihnen Kraft gibt, Ihre Schwächen zu überwinden.

15. Kapitel

Meiden Sie Kritik wie die Pest

Je mehr man eine Person liebt, desto mehr wünscht man sich ihr Lob. Und umgekehrt trifft uns der Tadel der Person, mit der man das Leben teilt, viel stärker. Aus diesem Grund sollten es die Partner lernen, den anderen zu loben, statt ihn zu beschuldigen.

Niemand braucht Lehrstunden in Kritik. Das ist eine Kunst, die ganz natürlich beherrscht wird. Allerdings sind bestimmte Temperamente dafür begabter als andere. Aber das Verlangen aller Temperamente richtet sich auf Lob, nicht auf Tadel. Nichts zerstört die Liebe schneller als ein ständiger Schwall von Kritik. Wenn ich durchs Land reise, höre ich immer wieder, wie sich Männer beschweren: „Meine Frau kritisiert ständig an mir herum, auch wenn es nur Kleinigkeiten sind!"

Kürzlich sprach ich bei einer Gemeindefeier hier in Washington und hörte das Zeugnis eines Ehepaars, das sich bekehrt hatte und so vor dem Gang zum Scheidungsrichter bewahrt wurde. Der Mann, der für beide sprach, war dabei, von dieser Erfahrung zu berichten, als seine Frau ihm etwas zuflüsterte. Darauf unterbrach er kurz, um etwas zu berichtigen. Er sagte: „Ich muß korrigieren: es war zu der Zeit, als unser jüngstes Kind dreieinhalb Jahre alt war!" (Er hatte vorher von fünf Jahren gesprochen.) Ich fragte mich: „Wen kümmert es? Eine ungefähre Angabe genügt doch! Wenn sie bei allem so pedantisch bleibt, wird es der Mann trotz der Bekehrung schwer haben!"

Wie schon angedeutet, heiraten Sanguiniker, die sich wenig um Einzelheiten kümmern, oft Melancholiker, die es sehr genau nehmen. Letztere sollten nicht jedem Drang nachgeben, ihren Partner zu korrigieren! Vielleicht haben Sie auch schon gehört, wie ein Sanguiniker jemand, der nach einem Ort fragt, Auskunft gibt und dabei von seinem Partner korrigiert wird: „Nein, es sind drei Kilometer!" (statt zweieinhalb). Der Fragende ist aber meist mit der ersten Angabe zufrieden, denn er will ja nur die ungefähre Entfernung wissen.

Eine Frau kam von einer Feier nach Hause, bei der ihr sanguinischer Mann die Anwesenden durch seine humorvollen Geschichten den ganzen Abend unterhielt. Sobald sie zu Hause angekommen und die Türe hinter sich geschlossen hatten, ging es los. Die Frau begann, alle seine Ungenauigkeiten aufzuzählen. Er antwortete einfach: „Sie haben sich amüsiert, oder nicht?" Der melancholische Partner möchte eine genaue, informative Schilderung, denn Ungenauigkeiten sind für ihn Lügen.

Eine perfektionistische Frau sitzt schnell aufrecht, wenn ihr Mann zum Gebet in der Gemeinde aufgerufen wird. Sie mag ihn aufgrund seiner Neigung zur leichtfertigen Ungenauigkeit als Lügner und geistlich untauglich einstufen. Er wiederum wird protestieren, daß sie übergenau und überzogen kritiksüchtig sei. Und in gewissem Sinn haben beide recht. Wenn die Partner einmal alles offen ausgesprochen haben, sollte der eine nicht die Rolle des Heiligen Geistes spielen wollen und den anderen ständig auf das stoßen, was seiner Ansicht nach nicht ganz korrekt ist.

Weibliche Kritik setzt den Männern schwer zu. Sie brauchen dringend den Respekt ihrer Frauen, den auch Paulus in Epheser 5,33 fordert, wo er die Frauen daran erinnert, ihre Männer zu achten. Den Perfektionisten fällt es schwer, jemanden zu respektieren, der offensichtlich fehlerhaft ist. Er vergißt dabei, daß niemand seinem Maßstab gerecht werden kann, nicht einmal er selbst.

In solchen Situationen kommt die Kommunikation zwischen den Partnern oft zu einem abrupten Halt. Schon früh in unserer Ehe merkte ich, daß ich die Ideen für bestimmte Vorhaben hatte und meine Frau gute Pläne zur Ausführung derselben. Ich kann einen Gedanken in kurzen Zügen äußern, während sie ihn analysiert. Eines Tages fragte sie mich taktvoll: „Warum bin ich die letzte Person in der Gemeinde, die erfährt, was du vorhast?“ Es war mir gar nicht aufgefallen, daß ich sie nicht unterrichtet hatte. Als sie mir verschiedene Fälle vorhielt, mußte ich ihr recht geben.

„Du willst also in Zukunft gleich Bescheid wissen?“ fragte ich. „Natürlich!“ war ihre Antwort. Dann machte ich sie sanft darauf aufmerksam, daß jedesmal, wenn ich mit einer Idee kam, sie diese zerpflückte und als unbrauchbar ansah.

Weil ich anfangs mehr das Ganze als Details im Auge habe, liebe ich es, meine Gedanken vor den Mitarbeitern auszubreiten und ihre Einstellung dazu zu hören. Sie geben dann Ratschläge, die das Projekt mehr Gestalt annehmen lassen. Wenn ich es mit sechs oder acht Personen durchgesprochen habe, bin ich soweit, daß ich das Programm schon formulieren kann. Weil mein jugendliches Ego die Kritik von Bev nicht ertragen konnte, vermied ich unbewußt die Diskussionen mit ihr, so daß sie die letzte war, die von meinen Plänen für die Gemeinde erfuhr.

Von dem Tag an änderte sie ihre Taktik. Zunächst lobte sie mich wegen meiner guten Gedanken. Dann schätzte sie das Projekt ein und gab positive Ratschläge. Als ich merkte, wie die Akzeptanz meiner Pläne bei ihr wuchs, begann ich auch ihre Stellungnahme mehr zu schätzen. Heute ist sie ohne Frage nicht nur mein bester Freund, sondern auch diejenige, die meine neuen Ideen am besten abwägen kann. Sie können sich kaum vorstellen, wieviel das zur Kommunikation zwischen uns beigetragen hat. Jetzt haben wir kaum noch Zeit, alle Aktivitäten des anderen durchzusprechen.

Versuchen Sie zu loben!

Ein bekanntes Buch, das sich mit Verwaltungsaufgaben befaßt, trägt den Titel „One-Minute Manager“. Im Grunde geht es bei diesem Buch darum, daß der Leiter seine Leute täglich eine Minute lobt. Wenn er sie dann tatsächlich korrigieren muß, haben sie an dem Tag wenigstens nicht nur Kritik, sondern auch Lob gehört.

In der Bibel finden wir ähnliches. Wenn Sie daran zweifeln, sollten Sie das Thema „Loben und Preisen" studieren. Nachdem wir Gott gelobt und Ihm für alles gedankt haben, können wir auch den Menschen gegenüber Dank und Anerkennung zeigen und sie loben, wenn sie sich lobenswert verhalten. Im Philemonbrief beginnt Paulus mit Dank: *„Ich danke meinem Gott"* und kommt dann zur Bitte: *„Nehmt ihn (Onesimus) auf wie mich!"*

Kritik hat wenig positive Auswirkungen auf eine Beziehung, aber Lob läßt sie aufblühen. Der Mann hat diesen Rat besonders nötig. Wenn er es unterläßt, seine Frau zu loben, wird sie ein schlechtes Bild von sich bekommen. Der Mann erhält seine Selbstbestätigung im Beruf, eine Frau ihre aber von ihrem Mann. Wenn er sie lobt und seinen Freunden erzählt, wie sehr er sie als Person schätzt, kann sie sich als Frau gut akzeptieren. Wenn er sie aber ständig tadelt und beschuldigt, wird er ihr Selbstwertgefühl zerstören.

In der Seelsorge hatte ich etwa ein Dutzend Fälle, bei denen das gleiche Problem aufgetreten war: Eine Frau verließ mit ihren Kindern ihren Mann, um mit einem anderen Mann wegzulaufen. Und allen gemeinsam war die Tatsache, daß der Mann ständig die Frau kritisierte; nicht nur unter vier Augen, sondern auch vor Freunden. Das ist einer der ärgerlichsten Angriffe, die ein Mann auf die Frau unternehmen kann. Umgekehrt wird das Leben der Frau durch das verbale Streicheln des Mannes — durch Lob und Komplimente — ungemein positiv beeinflußt.

Nicht so leicht geht es allerdings bei Mädchen und Frauen, die vor der Eheschließung in sehr schlechten Verhältnissen lebten (die mißbraucht, ständig kritisiert wurden usw.). Bei ihnen mag es bis zu zehn Jahre dauern, bis die liebende Behandlung des Gatten ihnen wieder zu einem echten Selbstwertgefühl verhilft. Aber früher oder später wird das, was ihr Gatte von ihr denkt, ob gut oder schlecht, der Hauptgrund der Selbstannahme oder Selbstablehnung der Frau sein.

Frauen brauchen Liebe! Deshalb hat Gott den Ehemännern im Neuen Testament viermal befohlen, daß sie ihre Frauen lieben sollen. Gott, der die Frau erschaffen hat und um dieses große Bedürfnis weiß, hat den Mann dazu bestimmt, es zu erfüllen.

16. Kapitel

Akzeptieren Sie das Temperament Ihres Partners

Inzwischen ist Ihnen wahrscheinlich klargeworden, daß die Unterschiede zwischen Ihnen und Ihrem Partner kein Einzelfall sind. Manche Unterschiede werden durch die Herkunft, andere durch die Verschiedenartigkeit der Geschlechter verursacht, die meisten aber durch das gegensätzliche Temperament.

Den großen Nutzen, den die Ehepaare aus dem Studium der Temperamente ziehen können, ist der, daß sie eine Erklärung dafür finden, warum ihr Partner diese oder jene Entscheidung trifft, warum er Vorurteile hegt oder eine Vorliebe für bestimmte Dinge hat. Das Verständnis des Temperaments wird Ihnen zwar bei der Frage nach dem Warum helfen, aber bei der Anpassung brauchen Sie die Hilfe des Herrn.

Eine Frau, mit einem Buchhalter (einem Melancholiker) verheiratet, war verärgert über die ständige Nachprüferei ihres Mannes. Im Familienbudget hatte sie jeden Monat eine bestimmte Summe für Nahrungsmittel, Kleidung und Diverses zur Verfügung. Sie eröffnete ein eigenes Bankkonto, um selbst Überweisungen vornehmen zu können.

Sie nahm ihrem Mann übel, daß er darauf bestand, jeden Monat ihre Unterlagen zu sehen, um sicherzugehen, daß das Konto ausgeglichen war. Sie empfand es als einen Einbruch in ihren persönlichen Bereich und meinte, daß er kein Recht habe, solche Forderungen zu stellen. Als sie das Buch „Geisterfülltes Temperament“ gelesen hatte, verstand sie, warum ihr Mann so eine Prüfernatur hatte und ein „Kleinlichkeitskrämer“ war. Sein Bestehen auf der Einsicht in die Unterlagen sah die Frau jetzt in einem ganz anderen Licht, und sein Verhalten war ihr jetzt verständlicher.

Einige Zeit später, als er Steuererstattungsanträge für seine Freunde ausfüllte, stand sie in der Türe und beobachtete ihn, wie er Zahlenreihen auf das Antragsformular übertrug. Obwohl er eine Rechenmaschine benutzte, schrieb er das Ergebnis auf, drehte dann das Blatt um und prüfte die Addition der Rechenmaschine nach. Auch dieses, ohne Rechenmaschine errechnete, Ergebnis kontrollierte er nach. Zum Schluß überprüfte er die drei Ergebnisse, und nach Übereinstimmung übertrug er die Zahl auf das Formular. Plötzlich dämmerte es der Frau: „Er kontrolliert ja nicht nur mich, sondern auch alles andere. Er überprüft sogar sich selbst!“ Die Erkenntnis änderte zwar nichts an dem Gebaren ihres Mannes, aber es half der Frau, diesen Wesenszug ihres Mannes besser zu akzeptieren.

Wenn Sie um die Temperamente wissen, können Sie das Temperament Ihres Partners einschätzen und entsprechend reagieren. Es erhellt manche Züge Ihres Gefährten, und Sie können erkennen, wo sein Potential liegt.

Wenn Sie Ihr eigenes Temperament und das Ihres Partners gut kennen, fällt es Ihnen leichter, ihn zu akzeptieren und die Temperamente zur Ergänzung statt zum Zusammenstoß zu führen.

1. Geben Sie zu, daß auch Sie Schwächen haben.

Demut ist die bestmöglichste Ausgangsbasis, um eine gute Beziehung zwischen zwei Menschen entstehen zu lassen. Das trifft besonders auf die Ehe zu, wo zwei viel Zeit gemeinsam verbringen. Wahre Liebe für den Partner basiert auf einem demütigen Geist.

Ein gesunder Blick auf Ihr eigenes Temperament wird Sie erkennen lassen, daß auch Sie nicht nur Stärken in die Ehe gebracht haben und daß Gott mit Seiner Arbeit an Ihnen längst noch nicht fertig ist. Wenn Sie bei sich selbst Schwächen erkennen, hilft es Ihnen, auch auf den zweiten Punkt einzugehen.

Die Bibel besteht klar darauf, daß unser größtes Problem unser Stolz ist — also genau das Gegenteil von Demut. 1. Petrus 5,8 spricht davon, daß der Teufel umhergeht wie ein brüllender Löwe und sucht, wen er verschlingen könnte. Die meisten Christen meinen, daß vor allem Lust, Habgier oder dergleichen uns in Gefahr bringen. Aber beide Male zeigt der Kontext, daß es um den Mangel an Demut — um Stolz — geht, der uns verwundbar für die feurigen Pfeile des Teufels macht.

Letztes Jahr veröffentlichte ich ein Buch mit dem Titel „Ministers Fall, Can They Be Restored?" (Pastoren fallen. Können sie zurückfinden?) Während der Untersuchungen über dieses Thema ging mir auf, daß der häufigste Grund für ihr Versagen nicht Pornographie oder dergleichen war, sondern Stolz.

Der Mensch, der demütig genug ist, sich einzugestehen, daß er nicht vollkommen ist, ist auch fähig, erstens sich verbessern zu lassen und zweitens die Unvollkommenheiten anderer zu ertragen.

2. *Akzeptieren Sie die Tatsache, daß Ihr Partner — und alle anderen — nicht vollkommen sind.*

Eine Komplikation während der Einstellungsphase in der Ehe (die ersten drei bis sieben Jahre) ergibt sich dadurch, daß die meisten anfangs unbewußt oder einfältig die Schwächen des Partners übersehen oder gar glauben, sie beheben zu können. Eine Frau bekannte: „Ich wußte, daß Tom nicht vollkommen ist, aber ich dachte, ich könnte ihn nach der Heirat schon hinkriegen!"

Eine überraschend große Zahl von Menschen beabsichtigen, bewußt oder unbewußt, ihren Partner nach der Eheschließung nach ihren Vorstellungen umzuformen. Das funktioniert nicht. Lernen Sie es, Ihren Partner so zu akzeptieren, wie er ist, und phantasieren Sie nicht darüber nach, was für einen absoluten „Engel" Sie statt dessen hätten heiraten können. Auch derjenige hätte seine Macken. Jeder stellt eine Sammlung von Schwächen dar, so daß Sie gut daran tun, die Ihres Partners zu akzeptieren.

3. Konfrontieren Sie Ihren Partner einmal in Liebe mit seinen Schwächen.

Wenn Ihnen die Schwächen Ihres Partners weh tun und Sie sich an ihnen reiben, obwohl Sie versucht haben, sie zu übergehen, sollten Sie auf den Rat von Epheser 4,15 eingehen und die Wahrheit in Liebe aussprechen. Gewöhnlich können Sie Ihren Partner nur einmal sanft auf dieses Ärgernis ansprechen — deshalb tun Sie es sorgfältig.

Zum Beispiel: „Ralf, mein Süßer, darf ich dich ganz lieb auf etwas hinweisen, was du tust, was mich aber stört?" Die meisten werden schon, wenn nicht aus einem anderen Grund, so doch aus Neugierde einverstanden sein, daß Sie damit herausrücken. Und dann sagen Sie das, was Sie bedrückt, in gemäßigtem, keinesfalls hitzigem Ton.

Seien Sie trotzdem nicht überrascht, wenn eine trotzige oder zornige Erwiderung kommt, die Selbstverteidigung oder Ablehnung enthält. Aber argumentieren Sie nicht darüber. Belassen Sie es einfach so. Was Sie wollen, ist nicht vorrangig eine verbale Äußerung, sondern eine Änderung im Verhalten. Lassen Sie ihn darüber nachdenken. Und:

4. Legen Sie das Problem in Gottes Hände.

Christen haben es sehr gut. Sie können die Schwierigkeiten zu Gott bringen. Der Herr fordert uns auf, Ihm unsere Bitten vorzutragen, warum dann nicht auch die um Veränderung des Verhaltens Ihres Partners? Gottes Kraft kann Veränderung bewirken. Und es beruhigt uns auch innerlich, die Sache in Gottes Hände gelegt zu haben. Nun können wir diese Angelegenheit bei Ihm lassen. Halten Sie Ihrem Partner diese Sache nicht mehr vor und hacken Sie nicht auf ihm herum — das bringt nichts.

5. Beziehen Sie die Schwächen Ihres Partners mit ein und gehen Sie nicht auf Kollisionskurs mit ihnen. Kritisieren Sie nie, was Sie als seine Temperamentsschwäche erkannt haben.

Wie das Temperament Ihres Partners auch sein mag, denken Sie daran, daß Sie eine Wahl getroffen haben. Ein Mann gab mir einmal eine Karte mit folgendem Spruch: „Kritisieren Sie nie Ihre Frau. Sie haben sie selbst ausgewählt!" Solange Sie eine kritische Haltung zu dem temperamentsbedingten Verhalten Ihres Gatten einnehmen, wird es Konflikte geben. Eine Frau berichtete mir kürzlich: „Mein Mann und ich gehen uns auf die Nerven! Der eine ärgert sich über den anderen!" Warum? Keiner wollte den anderen sich selbst sein lassen.

Die beiden ähnlichsten Temperamente, denen ich begegnet bin, waren ein Chol-San-Mann und eine Chol-Mel-Frau. (So ihre Einschätzung. Ich persönlich denke, daß sie Mel-Chol war, aber ich argumentiere nicht über ihre Selbsteinschätzung.) Die Frau bewunderte ihren dynamischen, fleißigen, kräftigen Mann, aber eine Sache machte ihr zu schaffen: Er war grob zu jedem, der sich ihm in den Weg stellte, besonders zu den Kindern. (Cholerische Männer werden oft beschuldigt, die Züchtigung ihrer Kinder zu übertreiben.) Sie klagte: „Er ist kalt und lieblos, wenn ich nicht alles perfekt mache. Ich habe es satt, nur als Belohnung für gutes Verhalten geliebt zu werden!"

Das Problem muß von beiden Seiten angegangen werden: Er muß seinen Zorn als Sünde erkennen, und sie muß ihn, mit Gottes Hilfe, akzeptieren, ob er nun darüber Sieg hat oder nicht. Gewöhnlich macht es keine große Mühe, einen Streit anzuzetteln, wenn man es will, aber Jesus sagte: *„Selig sind die Friedfertigen."*

Es ist absolut notwendig, daß die Partner es lernen, wie sie angesichts ihrer Temperamente miteinander umgehen müssen. Gut, daß nicht alle Paare so unterschiedlich sind wie meine Frau und ich. Egal, was ansteht, jeder hat seine eigene Art, etwas zu tun. Wenn wir eine Reise machen, dann meint Bev, daß es besser ist, die nördliche Route zu nehmen, während ich für die südliche bin. Nach meiner Meinung fährt sie zu langsam, nach ihrer fahre ich zu schnell. Wir haben schließlich dieses Problem mit folgender Regel gelöst: Der, der am Steuer sitzt, entscheidet, der andere schweigt!

Auch beim Einkaufen sind wir unterschiedlicher Meinung. Bev kauft, was sie gerade braucht. Ich mag es hingegen nicht, nur wegen ein paar Kleinigkeiten meine Zeit im Geschäft zu vergeuden. Wenn ich daher in den Laden gehe, kaufe ich gleich ordentlich ein. Es war für Bev ein Ärgernis, daß ich immer mit mehr ankam, als sie auf den Einkaufszettel geschrieben hatte. Nun weiß sie um meine Schwächen und sieht sie als den Preis an, den sie zu zahlen hat, wenn sie nicht selbst den Einkauf tätigt.

Wir brauchen auch unterschiedliche Zeitspannen für unsere Entschlüsse. Ich kann mich gewöhnlich innerhalb von ein paar Sekunden entscheiden. Bev hat die Neigung, erst längere Zeit nachzudenken, die Sache von allen Seiten zu beleuchten und dann zu entscheiden. In dieser Beziehung habe ich gelernt, daß sich meine kurzfristig gefaßten Entschlüsse am Ende nicht immer als der beste Weg erwiesen. Mit dieser Erkenntnis kam auch eine wachsende Würdigung des Urteilsvermögens meiner Frau.

Wenn ich vor einer Entscheidung stehe, rät sie mir: „Laß es uns durchdenken.“ Zuerst hat mich das genervt, aber dann habe ich entdeckt, daß diese Verzögerung oft wirklich einen Zeitgewinn einbringt. Auf der anderen Seite habe ich auch gelernt, sie nie zu einer schnellen Entscheidung zu drängen, denn sie wird beinahe immer negativ ausfallen. Wenn ich etwas weiter vorausplane, sage ich: „Liebes, da ist etwas, worüber du nachdenken könntest, aber gib mir nicht gleich die Antwort.“ Es erweist sich dann, daß sie schließlich mit ähnlichen Gedanken wie ich endet oder mir nützliche Ratschläge geben kann, die meine Idee verbessern.

Studieren Sie Ihren Partner. Finden Sie seine Vorlieben, Abneigungen, Vorurteile und Schwächen heraus. Und dann versuchen Sie, Forderungen und Druck auf diesen Gebieten zu vermeiden. Ist das nicht Liebe? Selbstsucht fordert immer, daß sich alles nach ihr richtet, und dadurch wird die Beziehung ruiniert;

aber Liebe gesteht dem Partner Schwächen zu und richtet sich darauf ein.

Wenn wir auf Reisen gehen, plant Bev schon Wochen vorher alle Einzelheiten. Ich arbeite fast bis zur letzten Minute, fahre einfach los und schaue, was sich ergibt. Zum Beispiel hatten wir geplant, mit den Kindern zu einem Ferienaufenthalt nach Detroit zu fahren. Ich hatte mir einen Dachgepäckträger auf meinen Wagen montieren lassen, damit wir bei dem vielen Gepäck nicht wie Sardinen im Auto sitzen mußten. Bevor wir wegfuhren, hatte ich drei Morgen- und zwei Abendpredigten gehalten und kam ziemlich geschafft nach Hause.

Die Abfahrt war auf eine Stunde vor Mitternacht geplant. Ich bin ein Nachtmensch und wollte, während meine Familie im Auto schlief, die ersten 600 Kilometer durchfahren. Am Morgen konnte ich dann Bev das Steuer übergeben und ausruhen. So pflegen wir es schon einige Jahre zu tun.

Als ich aus der Garage fuhr, um die fast 4000 km lange Reise in Angriff zu nehmen, fragte ich meine Frau kurz: „Liebling, würdest du mal bitte im Handschuhfach nachschauen, ob ich die Straßenkarte mithabe?“ Sie hatte alles Recht zu reklamieren: „Du Einfaltspinsel! Soll das etwa heißen, daß du nicht einmal auf der Karte nachgeschaut hast, welche Route wir fahren?“ (Es gab verschiedene Möglichkeiten.) Sie können sich vorstellen, daß sie mit meiner Nachlässigkeit nicht einverstanden war.

Aus Erfahrung war sie aber klug geworden: Sie hatte geahnt, daß ihr vielbeschäftigter Gatte keine Zeit für solche „belanglosen“ Details haben würde. So griff sie also in ihre Reisetasche und holte eine Straßenkarte hervor, die sie sich besorgt hatte. Sie hatte bereits den besten Weg herausgesucht, und ich muß gestehen, daß ihre Vorausplanung die Reise zu einem vollen Erfolg werden ließ. Sie gab aber auch gütig zu, daß meine Idee, alles Gepäck nach oben aufs Dach zu verfrachten, ebenfalls viel dazu beigetragen hat. Nun können Sie vielleicht verstehen, warum ich sage: „Gemeinsam geht es besser!“

17. Kapitel

Zwei Türen, die geschlossen werden müssen

Bevor wir einen weiteren Schritt in der ehelichen Anpassung gehen, müssen zwei Türen geschlossen werden. Ich hoffe, daß Sie bei Ihnen gar nicht erst offen stehen.

Die erste Tür ist die Scheidung. Wenn zwei Menschen, die sich aufeinander einstellen sollten, die Möglichkeit der Scheidung als echte Option betrachten, wird der Einstellungsprozeß behindert. Wenn Sie Christ sind, ist Scheidung keine Alternative — es sei denn, Ihr Partner hat die eheliche Treue gebrochen. Das ist die einzige Ausnahme, die unser Herr erwähnt (Matthäus 19,9).

Ehebruch ist das Zerstörerischste und Entwürdigendste, was ein Partner dem anderen zufügen kann. Die Ehe ist ein Bund, der auf Lebenszeit geschlossen wird und der die Treue im sexuellen Bereich einschließt. Wenn jemand dagegen verstößt, bricht er diesen Bund. Im Alten Testament wurden Ehebrecher hinausgeführt und gesteinigt. Wir sehen, wie ernst in Gottes Augen dieses Vergehen ist.

Einem Gatten zu erlauben, sexuell mit jemand anderem zu verkehren, ist nicht nur moralisch verwerflich, sondern bringt auch emotionale und geistliche Nöte mit sich und ist auch physisch sehr gefährlich. Es ist keineswegs ein Einzelfall in meiner Beratung, daß eine Person, die ein einziges Mal untreu geworden war, Herpes oder Aids in die Ehe hineingeschleppt hat.

Die Bibel betont Vergebung, und für die bin ich auch, wenn

der Partner aufrichtig Buße tut über sein Verhalten. Nach echter Reue und dem Versprechen, daß es nicht wieder vorkommen soll, rate ich den Paaren, ihren Bund auf der Basis der Vergebung und Liebe wieder neu aufzurichten.

Ungeachtet der Probleme zwischen den Partnern ist es aber Gottes Absicht, daß sie zusammenbleiben. Bei einer heutigen Scheidungsrate von ungefähr 50 Prozent scheint es für die, die sich in diesen Konflikten befinden, das einfachste und leichteste, auseinanderzugehen.

Wo mit dem Gedanken gespielt wird, daß Scheidung ein leichter Ausweg ist, gestaltet sich die Lösung der Differenzen schwieriger. 1. Korinther 7,27 sagt: *„Bist du an eine Frau gebunden? Versuche nicht, los zu sein.“* Das besagt nicht, daß das Paar dann zu lebenslangen Konflikten verdammt ist, sondern daß Konfliktlösungen gesucht werden.

Die dritte Person fallen lassen

Der zweite Hemmschuh bei der Eheanpassung ist die dritte Person. Sie muß verschwinden. Die eheliche Liebe ist, anders als elterliche Liebe, die sich gleichzeitig auf mehrere Kinder erstrecken kann, nur auf Zweierschaft eingerichtet. Nichts verkompliziert die normale eheliche Einstellung so sehr wie die Gegenwart einer dritten Person.

Wenn ein Ehepartner sich von seinem Lebensgefährten trennt, besonders wenn die Frau ihre Kinder verläßt, frage ich: „Haben Sie jemand anders im Auge?“ Beinahe immer wird dies bejaht. Oft hat die Gegenwart dieser dritten Person den Anstoß zum Auszug gegeben. Offen gestanden: Ich sehe absolut keinen Erfolg, ein Paar zur Versöhnung zu führen, wenn einer von ihnen in Kontakt mit einer dritten Person steht.

Das erste, was geschehen muß, ist daher, daß der dritte, der Außenseiter, fallengelassen wird. Unglücklicherweise mag einer der Ehepartner in diese dritte Person verliebt sein, und es mögen sich schon sexuelle Kontakte entwickelt haben. In jedem Fall ist die Existenz einer dritten Partei nicht von Gott! Die

Bibel ist klar darüber, daß die Ehepartner zueinander gehören und eine dritte Person nichts zu suchen hat.

So schmerzlich es sein mag, die dritte Person muß die Sachen packen und sollte sich nicht mehr sehen lassen. Aus meinen Unterlagen kann ich bei den Paaren, die diese Herausforderung bewältigt haben, sehen, daß auf den Glaubensschritt des Abstoßens des illegitimen Liebhabers eine Zeit der Neueinstellung folgen und dann eine neue Liebe auf der Basis der Hingabe an Gott entstehen kann. Jeder von uns braucht Gottes Hilfe, um die Liebesbeziehung lebendig zu halten, aber wir können nicht mit Gottes Hife außerhalb der Treuegrenzen rechnen.

Eine Frau aus dem Nordwesten war ganz hingerissen von einem Don Juan, der ein ausschweifendes Liebesleben führte, sie aber ganz in seinen Bann schlug. Ihr Mann war ein seriöser, gesetzter, verläßlicher, aber wenig aufregender Typ. Als Schuldirektor war seine Vorstellung von einem schönen, erholsamen Wochenende die, am Samstag auszuschlafen, dann bis zum Mittagessen im Haus herumzutrödeln, am Nachmittag in der Garage herumzustöbern, am Sonntag morgen in die Kirche zu gehen und am Sonntag nachmittag ein Nickerchen zu machen.

Er war kein feuriger Liebhaber. Seine sexuelle Einstellung der Frau gegenüber ging etwa nach dem Motto: Es kann sein — muß aber nicht! Eine gefährliche Haltung! Als ich mich mit den beiden befassen sollte, hatte die Frau bereits mehrere Male mit diesem Don Juan geschlafen.

Glücklicherweise war ihr Mann bereit zu vergeben und sein phlegmatisches Selbst zu aktivieren. Die Frau sah ein, daß die Beziehung mit diesem Mann sündig war und daß Gott ihr Leben nicht segnen würde, bis sie zu ihrem Gatten und ihren zwei Kindern zurückkehrte. Ihr Verlangen nach diesem Schwerenöter war jedoch so stark, daß ich ihr den Rat gab, mich anzurufen, wenn sie wieder den Trieb spürte, zu ihm zu gehen, damit ich für sie beten konnte. Ihr Wunsch, ein gottgefälliges Leben zu führen, überwand schließlich diese Leidenschaft, und heute führt sie eine gesunde Ehe, wofür sie mir immer dankt, wenn ich mich in ihrer Gegend zu einem Dienst aufhalte.

Gottes Weg ist immer der beste, aber er erfordert auch Glaubensschritte. Ich schreibe dies, da ich gerade von einer traurigen

Situation komme, wo sich eine Frau bei einem dreimal geschiedenen Mann mit Herpes angesteckt hat. Sie ist überzeugt, daß sie diesen Mann liebt. Irgendwie meint sie, ihren Mann und ihre beiden Jungen verlassen zu müssen, um diesem Schürzenjäger zu beweisen, daß er in ihrem Bett für den Rest seines Lebens das große Glück findet.

Eines Tages, das kann man schon vorausschauend sagen, wird sie verlassen werden, allein dastehen, in Depressionen verfallen und vielleicht noch kränker werden. Unwillig, ihre Zukunft vertrauensvoll in Gottes Hände zu legen und zu ihrem Gatten zurückzukehren, der sich auch zu einem besseren Partner entwickeln möchte, verstößt sie auf eigene Gefahr gegen Gottes Leitlinien. Wie wenig erkennt sie doch, daß ihre schlimmsten Tage erst noch kommen werden.

Hoffnungsvoll

Ich hoffe, daß Sie sich nicht so verhalten und daß Sie statt dessen daran interessiert sind, wie Sie es lernen können, sich auf Ihren gegensätzlichen Partner einzustellen. Darüber erfahren Sie noch mehr auf den restlichen Seiten dieses Buches.

18. Kapitel

Entschuldigung und Vergebung

Ich wünschte, ich könnte sagen, daß ich nie etwas tat, was meiner Frau mißfiel und wofür ich mich entschuldigen mußte. Aber das kann ich leider nicht. Wenn ich es täte, wäre es eine Lüge. Ich habe meiner Frau Grund genug gegeben, daß sie für den Rest ihres Lebens verletzt und beleidigt sein könnte, und umgekehrt hat auch sie mir oft wehgetan. Aber all unser Fehlverhalten haben wir einander bekannt und haben es schon lange vergeben.

Die Bibel fordert uns auf: „*Bekennt einander eure Verfehlungen*" (Jakobus 5,16). Das trifft auf alle zwischenmenschlichen Beziehungen zu, aber nirgendwo ist es angebrachter als in der Ehegemeinschaft. Weil man soviel Zeit miteinander verbringt, kommen auch immer wieder Reibungen vor. Und weil wir einander lieben, ist es uns möglich, auch einander viel stärker zu verletzen.

Aus diesen und anderen Gründen müssen wir uns darauf einrichten, auf täglicher Basis die uns oft so schwer von den Lippen kommenden Worte an unseren Partner zu richten: „Es tut mir leid!" Eine Entschuldigung bewirkt zwei Dinge: Sie hindert die potentielle Wurzel der Bitterkeit am Wachsen, und sie läßt die Rachegedanken schwinden.

Die Bibel sagt: „*Eine linde Antwort stillt den Zorn.*" Ist es Ihnen auch schon vorgekommen, daß Ihr Partner über Sie verärgert war und mit Ihnen geschimpft hat? Aber anstatt Einwände zu erheben oder sich zu rechtfertigen, haben Sie zugegeben: „Du hast recht. Ich hätte das nicht tun sollen. Bitte vergib mir!"

Das nimmt dem anderen die Luft aus den Segeln. Ich rate Ihnen nicht, dies als Taktik anzuwenden, damit Sie gut davonkommen, sondern bekennen Sie aufrichtig Ihren Fehler, wenn Sie etwas falsch gemacht haben — selbst wenn die Reaktion Ihres Partners vielleicht ebenso falsch war wie Ihre Tat. Der gereizte Partner wird Ihnen gewöhnlich nicht nur vergeben, sondern seinerseits um Vergebung für die Worte bitten, die er beim Zurückschlagen ausgestoßen hat. Entschuldigen macht die Luft rein.

Entschuldigen Sie sich, und versuchen Sie nicht bloß, das Vorgefallene irgendwie auszugleichen

Bei meinen Eltern habe ich es, soweit ich mich erinnern kann, nur selten erlebt, daß sie sich gegenseitig entschuldigten. Sie waren nach der alten Schule erzogen worden, daß man den verletzten Partner dadurch besänftigt, daß man etwas für ihn tut, was ihm gefällt.

Ich erinnere mich an die wenigen „Entschuldigungen" meines Vaters. Sie gingen mir gegen den Strich. Wenn er meine Mutter verletzt hatte, sagte er zum Beispiel: „Margret, nächsten Sonntag machen wir nach dem Gottesdienst eine kleine Ausfahrt und besuchen auch den Friedhof." Er wußte genau, daß seine Frau gerne am Grab ihrer Mutter war, dort ein paar Tränen vergoß, zurück ins Auto stieg und dann bemerkte: „Jetzt geht es mir wieder besser!"

Da waren Mutters „Entschuldigungen" schon besser. Sie besänftige meinen Vater dadurch, daß sie ihm einen dreilägigen Schokoladekuchen machte, von dem wir natürlich alle etwas abbekamen. Meine Eltern hätten sich aber das Benzin und die Kalorien sparen können, wenn sie es gelernt hätten, den anderen anzuschauen und ihn aufrichtig um Vergebung zu bitten: „Liebling, es tut mir leid, daß ich dich verletzt habe. Bitte vergib mir!" Es hätte eines steinernen Herzens bedurft, solch eine Bitte abzuschlagen.

Leider sind manche Partner zu stolz oder zu verletzt, um zu

bekennen, daß sie dem anderen weh getan haben. Und doch war es unser Herr Jesus selbst, der den Gottesdienst mit dem Bekennen und Versöhnen verknüpfte: „*Wenn du nun deine Gabe darbringst zu dem Altar und dich dort erinnerst, daß dein Bruder etwas gegen dich hat, so laß deine Gabe dort vor dem Altar und geh zuvor hin, versöhne dich mit deinem Bruder; und dann komm und bringe deine Gabe dar*“ (Matthäus 5,23-25).

Die Bereinigung der Beziehungen war dem Herrn so wichtig, daß sie unbedingt noch vor dem Gottesdienst geschehen sollte. Und doch gehen manche Paare so zerstritten und gereizt in die Kirche, daß sie kein Wort miteinander sprechen. Kein Wunder, wenn die heranwachsenden Kinder die Christen als Heuchler ansehen. Sie wollen sehen, daß ihre Eltern Vergebung praktizieren. Sie verstehen, daß die Eltern auch nur Menschen sind und gelegentlich einander anfahren und verletzen. Sie erwarten auch nicht, daß die Eltern vollkommen sind, aber es sollte ein Geist der Versöhnung herrschen.

Leon Jaworsky, Anwalt und Kläger im Watergate-Prozeß, schrieb einen Artikel über Vergebung, der im Moody-Magazin erschien. In der Zeit, als die Untersuchungen auf Hochtouren liefen, besuchte er an einem Sonntagmorgen eine Kirche in Washington. Er hatte vorher stundenlang die Tonbänder abgehört und die bösen Worte des Präsidenten vernommen. Er stellte fest, daß Nixons Verhalten noch viel übler war, als er es angenommen hatte. Plötzlich, direkt vor dem Gottesdienst, ging die Tür auf und man geleitete Präsident Nixon und seine Frau zu ihren Plätzen.

Jaworsky gab zu, daß er innerlich instinktiv so reagierte: „Dieser alte Heuchler! Wie kann er sich im Weißen Haus so schändlich verhalten und dann hier frömmelnd hereinmarschieren und vorgeben, Gott anzubeten?“ Aber etwas später versank Jaworsky in Scham und Reue, als er über die Kanzel hinaus auf die farbigen Kirchenfenster blickte, wo der Heiland im Garten Gethsemane dargestellt war; wo Er sich durchrang, für uns den Tod zu erleiden. Plötzlich mußte Jaworsky seine Schuld bekennen. Und dann konnte er auch gegenüber Nixon gnädig sein: Vielleicht, so überlegte er, war diese geplagte Seele hierher gekommen, um auch Vergebung zu empfangen.

Sobald Jaworsky Vergebung erfahren hatte, war er bereit, sie von seiner Seite aus auch anderen Menschen zuzugestehen. Alle brauchen die vergebende Berührung Gottes — auch aus dem Amt geschiedene Präsidenten.

Alle glücklichen Ehen haben eine Gemeinsamkeit: Vergebungsbereitschaft. Zwar ist es immer leichter zu vergeben, wenn der Übeltäter sich entschuldigt, aber wir sind zur Vergebung aufgefordert, ob derjenige sich nun entschuldigt oder nicht. Sie können nicht darüber entscheiden, ob Ihr Partner Ihnen vergibt, aber Sie Ihrerseits können sich entschließen, ihm zu vergeben.

Gutes und Schlechtes ist hier zu berichten: Das Gute besteht darin, daß wir, wenn wir gegen unseren Partner sündigen und ihn verletzen, Vergebung erlangen können — wenn wir uns entschuldigen. Das Schlechte ist, daß dann, wenn wir dies versäumen, die Kluft immer größer wird und schließlich in keinem Verhältnis zur Tat mehr steht. Als Gegenmittel gegen Groll, Unmut, Verstimmung, Enttäuschung, Frustration und feindliche Gefühle habe ich die folgende Therapie für Sie: Entschuldigen Sie sich und bitten Sie um Vergebung!

19. Kapitel

Lassen Sie sieben christliche Tugenden wirksam werden

Jeder erwartet, daß Christen anders sind. Sogar die Medien setzen bei den Christen einen höheren moralischen Maßstab an als bei den Ungläubigen. Vor einigen Jahren hatten wir hier in der Hauptstadt ein klassisches Beispiel dafür: Zwei ältere Kongreßabgeordnete waren in einen Sex-Skandal mit Amtsboten (die minderjährig sind) verwickelt. Einer, der sich als Christ bekannte und eine stark konservative Wählerschaft hinter sich hatte, wurde mit einem 17jährigen Mädchen erwischt.

Der andere, der sich als homosexuell bekannte und eine liberale Wählerschaft hinter sich hatte, wurde beim Verkehr mit einem 17 Jahre alten Jungen geschnappt. Beide wurden vom ethischen Komitee getadelt, und beide entschuldigten sich vor dem Kongreß und bei den Wählern. Der Homosexuelle wurde von seiner Wählerschaft in Massachussetts dreimal wiedergewählt und ist immer noch im Kongreß. Der sich als Christ bekennende Mann wurde aber von den Wählern in Illinois fallengelassen. Warum? Weil der Christ sich nicht so verhalten hatte, wie man es von ihm erwarten durfte.

Dieselbe Haltung findet man auch bei den Sex-Skandalen der Fernsehprediger oder beim Versagen lokaler Pfarrer und Pastoren. Und doch hat unter den bedeutenderen Berufen der geistliche Dienst die niedrigste Ehebruchrate, obwohl auch dieser Personenkreis mitunter großen Versuchungen ausgesetzt ist. Man verlangt automatisch von einem Geistlichen ein besseres Verhalten als von einem Vertreter eines anderen Berufsstandes. Und das ist auch recht so, denn sie bezeichnen sich als Christen. Gott selbst spricht: *Ihr sollt heilig sein, denn Ich bin heilig!*"

Was junge Menschen abstößt

Die beste Weise, junge Christen von Christus und der Gemeinde zu entfremden, besteht darin, zu Hause nicht das auszuleben, was man in der Kirche hört und bekennt. Junge Menschen, besonders diejenigen, die eine Zeit der Rebellion durchlaufen, schauen nach Gründen aus, mit denen sie ihr Verhalten rechtfertigen können. Die doppelte Moral und Heuchelei ihrer Eltern gibt ihnen den richtigen Einwand bzw. Vorwand. Wenn Sie Christ sind, möchte ich Sie daran erinnern, daß zu Hause der wichtigste Platz ist, die Erfüllung mit dem Heiligen Geist auszuleben. Dort ist der vorrangige Platz!

Drei Stellen im Neuen Testament fordern uns auf, voll Geistes zu werden bzw. im Geist zu wandeln (Galater 5, Epheser 5, Kolosser 3). Wie wir schon gesehen haben, beginnen in den letzten beiden Fällen die längsten Abschnitte des Neuen Testaments, die das Familienleben zum Thema haben. Daraus müssen wir schließen, daß es Gottes Absicht ist, daß dem geistgeführten Leben zu Hause große Bedeutung zukommt. Um es unmißverständlich zu sagen: Wenn wir diese Lebensqualität nicht zu Hause widerspiegeln, wo dann sonst? Ja, wie wir zu Hause sind, zeigt, wie wir wirklich sind. Unsere Kinder wissen das und erwarten, daß wir uns zu Hause als Nachfolger Christi erweisen.

Ziehen Sie die Tugenden wie Kleidungsstücke an

Der Apostel Paulus formulierte es so: *„Legt ab"* (Zorn, Grimm, Bosheit usw.) und *„Zieht an"* (dann spricht er von den Tugenden). Die Worte „zieht an" kann man auch mit „kleide dich mit" übersetzen. In anderen Worten: So wie wir jeden

Morgen aufstehen und uns Kleidungsstücke aus Stoff anziehen, sollten wir auch geistliche Kleidungsstücke anziehen. Sie werden in der New International Version (einer 1978 herausgekommenen Übersetzung in englischer Sprache) als „Tugenden“ bezeichnet. Acht werden erwähnt. Sieben davon werden wir in diesem Kapitel und eine im nächsten behandeln. Wenn wir sie im einzelnen betrachten, werden wir merken, daß sie die richtige Ausstattung für eine gute, glückliche Ehe sind und die Anpassung erleichtern.

1. Ziehen Sie herzliches Erbarmen an.

Der erste in Kolosser 3,12 erwähnte Wesenszug ist Erbarmen. Er ist der Liebe ähnlich und bedeutet hauptsächlich Mitleid, Gnade, Güte. Offensichtlich ist es viel leichter mit einem barmherzigen Partner zusammenzuleben, der offen für die Bedürfnisse des anderen und mit Mitleid für ihn erfüllt ist, als mit einer harten, gefühllosen Person.

Alle Temperamente brauchen Erbarmen, der Choleriker jedoch mehr als die anderen. Dem Sanguiniker fällt es am leichtesten, sein Erbarmen zu zeigen, wenn er nicht zu sehr auf sich selbst konzentriert ist.

Vor 20 Jahren holte uns Dr.J. Dupree, der Besitzer eines großen Möbelhauses und jahrelang Vorsitzender der christlichen Geschäftsleute, vom Flughafen in Grand Rapids ab. Nur wenige Männer haben mich mehr beeindruckt als er. Er war zu der Zeit bereits 73 und doch immer noch dynamisch und wirkungsvoll. Aber er war auch ein barmherziger Mann und sensitiv gegenüber den Bedürfnissen und Wünschen seiner Nächsten. Nach dem dritten Tag bei ihm sagte ich zu meiner Frau: „Wenn ich 73 bin, möchte ich auch so sein wie er!“

Später habe ich erfahren, daß er nicht immer so war. Er kaufte die Firma während der Wirtschaftskrise. Durch harte Arbeit und Entschlossenheit gelang es ihm, das Geschäft hochzubringen. Solche dynamischen, kräftigen Persönlichkeiten sind gewöhnlich keine empfindsamen und gnädigen Herren. Was veränderte ihn? Der Geist Gottes, der durch das Wort in sein Leben hineinwirkte.

Kurz nach seiner Bekehrung Ende der dreißiger Jahre begann er einen Hausbibelkreis, der montags stattfand. Dann richtete er auch einen für Dienstag und Donnerstag ein. Heute führen mindestens zwei Gemeinden ihre Entstehung auf diese Hauskreise zurück. Nicht nur die Besucher, sondern auch er als Hauskreisleiter wurde gesegnet. Erbarmen war für ihn keine natürliche, sondern eine übernatürliche Gabe. Und sie ist für jeden Christen da, der sie sucht.

Dieser Wesenszug fehlt vielen Menschen, besonders den Männern. Nach meinen Seminaren kommen manchmal Männer zu mir, die von ihren Frauen verlassen wurden. Oft sagen sie: „Ich wollte, ich hätte das früher gehört. Ich habe meine Frau aus dem Haus getrieben, weil ich mich ganz anders verhalten habe." Ich habe noch keinen Mann getroffen, der herzliches Erbarmen angezogen hatte und von seiner Frau im Stich gelassen wurde. Frauen verlassen solche Männer nicht! Der Traum jeder Frau ist es, einen Mann zu heiraten, der sie liebt und seine Liebe durch Freundlichkeit und Güte zeigt. Wenn die Frauen wählen können zwischen einem stattlichen, gutausehenden, aber unbarmherzigen und gefühllosen Mann und einem weniger stattlichen, einfachen Mann, der aber barmherzig ist, werden sich die meisten Frauen für den letzteren entscheiden.

2. *Ziehen Sie Güte an.*

Die Güte, zu der uns Paulus auffordert, ist nicht etwas Unerreichbares. Güte als der Wunsch, dem anderen etwas Gutes zu tun, ist der Gegensatz von Selbstsucht. Gütige Leute achten auf andere, um ihnen in ihren Nöten helfen zu können. Dies ist von unschätzbarem Wert bei der Einstellung auf den gegensätzlichen Partner: anstatt Gelegenheit zu suchen, den anderen zu übervorteilen und auszunutzen, will man dem anderen Gutes tun.

In Indien kam ich mit einem Christen ins Gespräch, der von seiner Frau in rührender Liebe umsorgt wurde. Er sagte mir, daß das nicht immer so war. Die Eltern der Frau hatten die Hochzeit arrangiert, doch zu der Zeit hatte sie ihr Herz schon auf einen anderen Mann gerichtet. Der Christ erkannte, daß er erst die Zuneigung seiner Frau gewinnen mußte. Er wollte nichts fordern. Einige Wochen lang beherrschte er seine Sexualität, aber war ständig nett und freundlich zu ihr. Sie hatte von ihrem Vater wenig Güte erfahren, und so gelang es dem Mann, sie innerhalb einiger Wochen zu gewinnen und auch ein Fleisch mit ihr zu werden. Die Liebe war gewachsen. Es gibt kaum eine Frau, die nicht auf Güte und Freundlichkeit positiv reagiert.

Kein Temperament ist von Natur aus zu uneigennützigen Wohltaten gesinnt. Sanguiniker tun sie, um Beifall oder Freundschaft zu erlangen. Melancholiker tun sie vielleicht, wenn sie guter Laune sind, und Phlegmatiker nur gezwungenermaßen. Choleriker sehen Güte als Schwäche an. Wenn Sie einen gütigen, rücksichtsvollen Christen kennenlernen, der ständig anderen dienen will, haben Sie eine Person vor sich, die unter der Herrschaft des Geistes steht.

3. Ziehen Sie Demut an.

Die Aufforderung, demütig zu sein, ist etwas Bezeichnendes für das Christentum. In den meisten anderen Kulturen wird der Demut wenig Wert zugemessen. Den Griechen, wie den heutigen säkularen Humanisten, ging es um hochintellektuelle Selbstbestätigung. In der westlichen Welt hat der Philosoph Nietzsche die Demütigen kritisiert, daß deren bloße Existenz schon Minderwertigkeitsgefühle heraufbeschwöre.

Die Bibel hingegen stellt die Demut als wertvollen Wesenszug dar, in dem unsere totale Abhängigkeit von Gott zum Ausdruck kommt. In den Sprüchen wird sie als Tugend häufig erwähnt. Diesen Wesenszug sehen wir bespielhaft bei unserem Herrn Jesus, der sich selbst erniedrigte, um den Tod für uns zu sterben. Wir als Nachfolger Christi werden aufgefordert, diese Demut nachzuahmen. *„Ein jeglicher sei gesinnt, wie es Jesus Christus auch war.“* Nichts zeigt besser, daß wir in Fleischlichkeit und Eigenwillen handeln und nicht im Heiligen Geist wandeln, als der Mangel an Demut in unserem Leben.

Alle Temperamente haben von Natur aus mit der Demut Probleme. Sanguiniker neigen zu Arroganz und Aufgeblasenheit, was gerade das Gegenteil von Demut ist. Melancholiker sind selbstgerecht und stehen anderen kritisch gegenüber. Choleriker sind ganz intolerant gegenüber den Schwächen der anderen. Phlegmatiker scheinen zwar demütig zu sein, weil sie oft so still und passiv sind. Doch obwohl sie scheinbar demütig irgendwo am Rand einer Gruppe sitzen, sind sie innerlich von Stolz erfaßt. Es mag nicht so anstößig zum Ausdruck kommen wie bei ihren extravertierten Freunden, und doch haben auch sie in dieser Hinsicht mit sich zu kämpfen.

Ein Christ, der leugnet, daß er nicht immer wieder gegen seinen Stolz ankämpfen muß, ist nicht ehrlich gegen sich und andere. Und denken Sie daran, daß wir gerade dann, wenn wir den Herrn um Demut baten und sie sich in unserem Leben zeigte, versucht sind, aufgrund dieses Ereignisses mit stolzgeschwellter Brust einherzugehen.

Echte Demut ergibt sich aus einer engen Beziehung zu Gott. Je weiter sich eine Person von Gott entfernt, desto mehr neigt sie zu Stolz. Und je näher sie Gott steht, desto mehr ist sie zur Demut geneigt. Warum haben sich die demütigsten Gottesmänner nicht von der Angewohnheit abhalten lassen, täglich die Bibel zu studieren und zu beten? Weil sie wirklich verstanden, was mit dem Wort „Ohne Mich könnt ihr nichts tun“ gemeint ist. Die bewußte Abhängigkeit von Gott zwang sie dazu, beständig Sein Wort auf sich wirken zu lassen und zu beten.

Stolz läßt uns auf uns selbst setzen, während Demut uns auf andere achten läßt. Die Bibel verheißt: *Demütigt euch unter die mächtige Hand Gottes, und Er wird euch erhöhen.*“

Ein Ehepaar kam zu mir zur Beratung, und der Mann sagte geradeheraus: „Pastor, für diese Ehe gibt es keine Hoffnung mehr!“ Er, der Vater von vier Söhnen, wiederholte diese Feststellung dreimal und hieb zur Bekräftigung jedesmal mit der Faust auf den Tisch. Drei Stunden später, als wir an einem toten Punkt angekommen waren und ich wirklich keine Hoffnung mehr für sie sah, betete ich still: „Herr, ich habe jetzt alles getan, was ich konnte, und alles gesagt, was ich weiß, aber nichts hilft. Wenn diese Ehe gerettet werden soll, mußt Du ein Wunder vollbringen!“

Ich war überrascht, daß innerhalb weniger Augenblicke der

Mann in Tränen ausbrach, auf die Knie ging und sein Leben erneut dem Heiland weihte. Als er zu weinen aufhörte, stand er auf, umarmte seine Frau, seine Haltung war total anders. Am Anfang der Unterhaltung hatte er sie für das Unglück in der Ehe verantwortlich gemacht. Aber jetzt, da er sich vor Gott gedemütigt hatte, nahm er unverzüglich alle Schuld auf sich und bat seine Frau um Vergebung.

Er war seither nicht vollkommen, aber nach zweieinhalb Jahren führen sie immer noch eine Christus verherrlichende, glückliche Ehe. Es begann mit Demut, der Herzenshaltung, die ausdrückt: *„Herr, in meinem Fleisch wohnt nichts Gutes"*, und *„Ohne Dich kann ich nichts tun."* Demütige Paare haben keine unlösbaren Probleme, ungeachtet ihrer temperamentsbedingten Konflikte.

4. Ziehen Sie Sanftmut an.

Sanftmut ist der Demut ähnlich und wird oft mit ihr zusammen in der Schrift erwähnt. Viele möchten gerne bei anderen Sanftmut sehen, aber haben wenig Verlangen, daß diese Tugend in ihnen selbst wirksam wird.

Unser Herr zeigte Sanftmut (wie alle anderen Tugenden, die Er bei uns sehen möchte). In Matthäus 11,29 sagte Er: *„Nehmt auf euch Mein Joch und lernt von Mir, denn Ich bin sanftmütig und von Herzen demütig, und ihr werdet Ruhe finden für eure Seelen."*

In den Seligpreisungen verheißt der Herr: *„Selig sind die Sanftmütigen, denn sie werden das Erdreich besitzen."* Diejenigen, die sanftmütig genug sind, sich zu demütigen und ganz von Gott abhängig zu sein, sind es, denen im zukünftigen Leben viel anvertraut wird. Jeder, der sich in Geschichte auskennt, wird bestätigen, daß das Studium der Menschheit hauptsächlich eine Aufeinanderfolge von Kriegen ist. Oft werden die Länder nicht von sanftmütigen Regenten, sondern von stolzen, habgierigen Egoisten regiert. Und auch in vielen Ehen ist Eigensucht und Streit an der Tagesordnung. Ein sanftmütiger Geist jedoch kracht nicht mit anderen zusammen.

Von allen Temperamenten scheint nur der Phlegmatiker von

Natur aus sanftmütig zu sein, denn er versteht es, alle gemeinen Gedanken, die in ihm hochkommen, auf feine, diplomatische Weise zu manifestieren. Sanguiniker sind das Gegenteil von sanftmütig. Sie sind der sprichwörtliche Elefant im Porzellanladen und sind zu selbstzentriert, um sanftmütig zu sein. Choleriker schauen Sanftmut als ein Zeichen von Schwäche an, und deshalb finden sie auch das Christentum zu passiv und kraftlos. Des Melancholikers Mangel an Sanftmut kommt in seinem Hang, andere zu kritisieren und zu korrigieren, zum Ausdruck. Alle Temperamente brauchen Sanftmut, und wenn sie angezogen wird, wird sie zum großen Heiler zerbrochener Beziehungen.

Man hat Sanftmut als den Gegensatz von Härte und Schärfe bezeichnet, denn sie achtet den anderen und nimmt auf seine Rechte und Gefühle in sanfter Weise Rücksicht. Sie ist auch keine natürliche Begabung, sondern wird vom Geist Gottes bewirkt. Deshalb finden wir sie auch als Frucht des Geistes aufgeführt.

Eine feinfühlige Frau, die mit einem besonders gefühllosen Mann verheiratet war, hatte nach Jahren der Frigidität und des Unglücklichseins schon dreimal die Scheidung eingereicht. Nur um ihrer drei Kinder willen hielt sie noch aus. Beim Sexualleben fühlte sie sich (neben seinem Zorn, der immer wieder zum Durchbruch kam) von seiner vulgären Sprache abgestoßen. Da er beim Militär war, hatte er auch im Geschlechtlichen viele anstößige Ausdrücke. Für ihn war das Umgangssprache, aber sie fand den Gebrauch dieser Worte ekelhaft.

„Bei solchen Worten schalte ich sofort ab“, erklärte sie. Nachdem beide im Gebet ihr Leben und ihre Ehe erneut dem Herrn anbefohlen hatten, sagte er zärtlich zu ihr: „Liebling, es tut mir leid, daß ich dich die ganzen Jahre geärgert habe. Mit Gottes Hilfe will ich auch diese schmutzigen Worte nicht mehr gebrauchen. Und wenn ich es versehentlich tue, bitte ich dich um Vergebung.“ Sanftmut beinhaltet auch das: die Bereitwilligkeit, das eigene Verhalten (auch die Redensarten) auf die Wünsche des Partners abzustimmen.

Sanftmut sucht nicht sich selbst, sondern sie ist vorrangig daran interessiert, statt der eigenen die Bedürfnisse des anderen zu erfüllen. Wenn Sie Gott um Hilfe ersuchen, Ihr Verhalten zugunsten des Partners zu ändern, profitieren Sie auf lange Sicht davon mehr als er. Wir ernten immer mehr, als wir säen. Das ist ein göttliches Prinzip. Säe ein Getreidekorn, und es wächst eine ganze Ähre mit ihren Körnern. Säe Sanftmut, und du erntest besänftigende, milde, gütige Gefühle.

Als Bev und ich herausgefunden hatten, daß wir kulturell völlig gegensätzlich waren, fand sie einen Ausweg. Sie liebt klassische Musik, die mir nicht viel bedeutet. Sie möchte gern Konzerte, Symphonien und Theateraufführungen besuchen. Ich kann darauf verzichten. Mich zieht es mehr zu Sportereignissen. Dabei beschränke ich mich aber auf Football, sonst würde mich der Sport zu sehr in Anspruch nehmen.

Nach einigen Ehewochen merkte ich, daß Bev nicht viel von Football hielt. Ungefähr zur selben Zeit wurde ihr klar, daß mir Musik, Theater usw. wenig bedeuteten. Da sie nicht mit zum Football ging, weil sie nichts davon verstand, und ich mit Musik und Theater nicht viel anfangen konnte, standen wir vor der Frage: Mußten wir auf diesen Gebieten getrennte Wege gehen, oder war ein Kompromiß möglich, durch den wir auch bei diesen Dingen zusammenbleiben konnten? Nach langer Diskussion kamen wir überein, daß sie mit mir neunmal im Jahr zum Football geht und ich mit ihr einmal zum Konzert.

Als wir nach San Diego zogen, war für mich der College Football zu Ende, und ich ging zum professionellen Football. Dabei richtete ich ein Bibelstudium für die Sportler ein. So konnten wir drei Jahre lang Sport und geistlichen Dienst verbinden. Außerdem war es üblich, daß in der Halbzeitpause eine Konzertband spielte, so daß Bev nun jedes Jahr ein großes und neun kleine Konzerte hören konnte.

Einmal, als wir wieder ein Spiel besuchten, stellte Bev eine dumme Frage. Da merkte ich zum erstenmal, daß sie gar nicht richtig verstand, um was es in diesem Spiel ging. Sie lernte aber schnell. Nach ein, zwei Spielen fand sie heraus, wie gespielt wurde, und findet seitdem dieses Spiel auch interessant.

Jetzt bedeutet es nicht länger ein Opfer für sie, mir neun Spiele zuzugestehen, denn sie freut sich auch daran. Und ich gehe mit ihr einmal zum Konzert. Und heute, wo wir nicht weit vom Kennedy Center for the Performing Arts wohnen, das die feinsten Programme bietet, nehme ich sie zu drei oder mehr Konzerten mit — und unser Sohn begleitet sie bei vier, fünf weiteren. Unsere gegenwärtige Harmonie begann damals, als Bev bereit war, sanftmütig oder demütig mehr zu geben, als sie zunächst erhielt. Nun erhält sie mehr, als sie gibt.

Wenn wir die Tugend der Sanftmut anziehen, gehorchen wir dem Herrn und tun gleichzeitig einen großen Schritt vorwärts in der Eheanpassung.

5. Ziehen Sie Geduld an.

Von dieser fünften Tugend lesen wir oft in der Schrift. Häufig wird sie auch in bezug auf Gott, der so viel Geduld mit uns hat, gebraucht. Und als der Herr Jesus auf Erden lebte, zeigte auch Er diesen Wesenszug. Wir als Christen müssen dieses Kleidungsstück ebenfalls anziehen. Geduld kann als der ruhige, gelassene Gemütszustand beschrieben werden, mit der man das Unpassende und Böse des Lebens erträgt, ob es nun von Dingen oder Menschen ausgeht.

Geduld erwartet fröhlich einen besseren Tag, während die Drangsale und Widerwärtigkeiten des Lebens präsent sind und uns zusetzen. Zu Geduld gelangen wir durch ein geisterfülltes Leben und durch Glauben, der den Widrigkeiten trotzt. Jakobus 1,3-4 zeigt, daß wir Geduld beweisen, wenn wir Freude und Glauben auch angesichts von Not und Unglück behalten.

Auch Ehen durchlaufen schwierige Zeiten. Alle menschlichen Beziehungen sind Spannungen und Belastungen ausgesetzt. Wenn wir diese Zeiten geduldig durchstehen, können wir Schaden von der Beziehung abhalten. Aber wenn wir im Fleisch reagieren, werden die Schwierigkeiten um so größer.

Geduld ist ein Beweis von Liebe. Wenn wir Liebeszeichen aussenden, geht die Geduld mit einher. Aber wenn wir uns selbst mehr als den anderen lieben, kommt ganz natürlich Ungeduld auf. Vier Söhne eines Ehepaars gingen in den vollamtlichen geistlichen Dienst, obwohl der Vater Alkoholiker war und sich buchstäblich zu Tode trank. Sie hatten erlebt, wie ihre Mutter geduldig auf ihren betrunkenen Vater wartete, ihm den Dreck abwusch, wenn er schmutzig ankam, und ihn gesundpflegte, als er sich eine selbstverschuldete Krankheit zugezogen hatte. Einer der Söhne sagte, seine Mutter sei eine Heilige. Er meinte damit, daß sie ein übernatürliches Verhalten zeigte.

Sie war eine kräftige Frau, und solche Geduld hätte man normalerweise nicht von ihr erwartet. Sie behandelte ihren Mann trotz seiner Schwäche nie in verächtlicher Weise. Die Söhne erkannten das Wesen des Heilands an der Art, wie ihre Mutter so geduldig mit ihrem Vater umging.

Sanguiniker und Choleriker sind gewöhnlich sehr ungeduldig. Immer in Eile und schnell mit dem Mund, verwüsten sie andere mit ihren Worten, wenn durch ein wenig Geduld alles hätte vermieden werden können. Durch die Zunge, die sie manchmal wie ein Schwert gebrauchen, richten sie großen Schaden an. Wenn Sie einem geduldigen Extravertierten begegnen, sehen Sie das Werk des Heiligen Geistes vor sich. Melancholiker könnten viel geduldiger als die beiden vorerwähnten sein, aber ihre Neigung zu Kritik, Rache und anderen negativen Gedankengängen macht sie weniger geduldig, als sie es sein könnten.

Phlegmatiker können geduldig bleiben, auch wenn Stürme um sie toben, aber ihr Motiv ist mehr Selbstschutz als Liebe und Anteilnahme am anderen. Eine Frau ertrug eine 25jährige schlechte Ehe, bis sie schließlich ihren Gatten aus dem Haus wies. Ich befürchtete, es würden weitere 25 Jahre vergehen, bis sie Bereitschaft zeigte, ihn wieder aufzunehmen. Damit, daß sie ihren Eigenwillen Gott unterordnete und ihrem bußfertigen Mann eine zweite Chance gab, rettete sie ihre Ehe. Heute ist sie froh, daß sie damals so handelte.

6. Ziehen Sie Langmut an.

Langmut ist uns ein ziemlich fremder Ausdruck. Er bedeutet, gnädig und nachsichtig mit den Schwächen des anderen umzugehen. Wir haben dies schon angeschnitten: Wenn wir einmal unseren Partner so sehen, wie er wirklich ist — einschließlich seiner Schwächen —, will die Liebe zu ihm erkalten, und wir neigen dazu, ihn zu kritisieren, verächtlich zu behandeln oder durch andere Formen unser Mißfallen zum Ausdruck zu bringen. Eine ständige Fixierung auf die Schwächen des anderen löscht selbst die stärkste Liebe aus und in manchen Fällen sogar den Sexualtrieb.

Wenn dies bei einem Christen geschieht, müssen wir zugeben, daß nicht der Geist, sondern das Fleisch bei ihm die Oberhand gewann. Er muß Gott suchen, damit der Heilige Geist wieder Raum gewinnt und Seine Frucht auswirken kann. Es gilt, Langmut zu gewinnen und den Gatten trotzdem zu lieben.

Langmut wird in der Bibel hauptsächlich dazu gebraucht, zu beschreiben, wie Gott sich uns gegenüber verhielt, als wir noch Sünder waren: Er liebte uns trotzdem! Und das wird auch vom Christen erwartet: Er darf es nicht erlauben, daß die Schwächen des Partners seine Liebe schwächen. Wir sollen gleichwohl den Partner gütig und freundlich behandeln. Langmut kann neues Leben und Licht in die Ehe bringen und ist der Klebstoff, den Gott gegeben hat, um die Partner in einer langen und glücklichen Ehe zusammenzuhalten. Beziehungen ohne Langmut dauern gewöhnlich nicht lange — und wenn, dann ist das Glück nicht besonders groß.

7. Ziehen Sie Vergebung an.

Ein wichtiges Element einer langen, freudevollen Ehe stellt die Vergebung dar. Choleriker und Melancholiker neigen zu Intoleranz und Unduldsamkeit, weshalb es ihnen schwerfällt zu vergeben. Choleriker gestehen dem anderen kaum Fehler zu, und das Gedächtnis des Melancholikers läßt die ihm zugefügten Verletzungen immer wieder Revue passieren. Von allen Temperamenten fällt es dem Sanguiniker am leichtesten zu vergeben. „Keiner ist vollkommen", sagt er fröhlich, „mach dir keine Gedanken mehr darüber!"

In allen unseren Beziehungen haben wir Vergebung nötig. Alle Paare — sogar die, die die besten Ehen führen — sind auf Vergebung angewiesen. Ich kann deshalb nur betonen: Wenn Sie

Vergebung ablehnen, wenn sie nötig ist, wird Ihnen das teuer zu stehen kommen — geistlich, emotional, physisch und beziehungsmäßig.

Nicht zu vergeben hat schädliche Wirkung, denn der damit verbundene Groll betrübt den Heiligen Geist (Epheser 4,30-32) und hindert das Gebetsleben (1. Petrus 3,7). Außerdem machte es unser Herr klar, daß, wenn wir unseren Schuldigern nicht vergeben, Gott uns auch nicht vergibt (Matthäus 6,14-15).

Keiner wird geistlich wachsen, wenn er nicht Vergebung praktiziert. Feindseligkeit beizubehalten kann nicht nur zu physischen Krankheiten führen, sondern bringt auch emotionelle Schwierigkeiten mit sich und hemmt den Strom der Liebe, der Freude und des Friedens. Wo wir steinernen Herzens Vergebung ablehnen, wächst die Bitterkeit, und die gegenseitigen Beschuldigungen nehmen zu, bis schließlich die Scheidung eingereicht wird. Die Ehe wird geschieden, die Wohngemeinschaft aufgegeben, und oft sind die Kinder die Leidtragenden.

Vergebung ist nicht etwas, das uns freigestellt ist zu tun. Es ist eine Anordnung Gottes, Sein Auftrag an alle Christen. Millionen von Ehen können die gegenwärtige Harmonie auf die Vergebung des einen oder anderen Partners zurückführen. Vor kurzem hatte ich mit einem christlichen Ehepaar zu tun, bei dem beide untreu geworden waren: der Mann aus Lust, die Frau als Vergeltung. Es gab scheinbar keine Hoffnung für dieses Paar, bis sie aufrichtig Gottes Vergebung suchten. Als sie diese empfangen hatten, baten sie den Herrn um Hilfe, ihrem Partner auch zu vergeben. Es ist zu früh, um ein endgültiges Urteil geben zu können, aber ich gehe davon aus, daß ihre Beziehung wieder heilt.

Vor vielen Jahren, als eine Frau aus unserer Gemeinde ihren Mann mit dem Beweis des Ehebruchs konfrontierte, gab dieser seine Verfehlung zu und tat aufrichtig Buße. Sie versöhnten sich wieder. Drei Monate später stand sie wieder in meinem Büro: „Ich habe alle Gefühle für meinen Mann verloren. Ich kann es nicht ausstehen, wenn er mich berührt!" Ich stellte sie vor die Tatsache, daß sie ihrem Gatten nicht wirklich vergeben hatte und deshalb ihre Gefühle für ihn abgestorben waren.

Zornig erwiderte sie: „Warum sollte ich ihm vergeben? Er

verdient es nicht. Er wußte, was er tat! Wir gehen in die gleiche Gemeinde. Er wußte, daß Ehebruch Sünde ist!" Ich konnte die Enttäuschung mitfühlen, aber der Mangel an Vergebungsbereitschaft verlängerte nur ihren Schmerz. So fragte ich sie: „Wollen Sie für den Rest Ihres Lebens traurig und unglücklich oder froh und glücklich sein?" Unter Tränen erwiderte sie: „Natürlich glücklich!" „Dann werden Sie Ihrem Mann vergeben müssen, wie es die Bibel sagt: Nicht als einem, der Vergebung verdient hat, sondern so wie Gott in Christus Ihnen vergeben hat!"

Sie müssen nicht vollkommen sein

Das waren sieben der acht Kleidungsstücke aus dem christlichen Kleiderschrank. Wie viele haben Sie schon angezogen? Die Antwort sagt viel darüber aus, wie weit Ihre Ehe glücklich ist. Wenn Sie 60 Prozent tragen, denke ich, daß Sie sich über 60 Prozent des Glücks freuen können, das Gott für Sie hat. Es ist Zeit, daß Sie mehr für Ihre christliche Ausstattung tun! Vielleicht haben Sie schon bemerkt, daß der Wandel im Geist, zu dem wir in Galater 5,16-25 angehalten werden, beinahe mit dem Anziehen der Tugenden in Kolosser 3 übereinstimmt. Das letzte Kleidungsstück ist sozusagen der Übermantel, der über allem angezogen werden muß.

20. Kapitel

Teilen Sie Ihre Liebe mit

„Nun aber bleibt Glaube, Hoffnung, Liebe, diese drei; die größte aber von diesen ist die Liebe“ (1. Korinther 13,13).

„Die Liebe ist das Band, das alles zusammenhält und vollkommen macht“ (Kolosser 3,14).

Die Bibel spricht sehr viel von Liebe. Wir lesen, daß Gott Liebe ist und daß wir, wenn wir Gott lieben, auch unseren Nächsten lieben sollen. Und andersherum: Wenn wir unseren Bruder hassen, zeigen wir damit, daß die Liebe Gottes nicht in uns ist.

Die Bibel sagt uns auch, daß wir unseren Ehepartner lieben sollen.

Den Männern wird viermal gesagt, daß sie ihre Frauen lieben sollen. Die Frauen wiederum sollen ihre Männer und die Kinder lieben und das Haus in Ordnung halten (Titus 2,4-5).

Gott erwartet, daß christliche Ehepaare lebenslang wahre Liebe praktizieren. Der Nachweis, daß wir Gott von ganzem Herzen lieben, ist, daß wir unsere Mitmenschen lieben. Das christliche Paar, das in Liebe zusammenhält, ist ein Zeugnis der Liebe Gottes, die in ihnen wirkt.

Ich habe bereits Emerson zitiert, der gesagt hat, daß Liebe ein Gefühl ist, das mit (der) Heirat endet. Mit Gottes Hilfe jedoch kann die Liebe wachsen, so daß jemand sagen kann: „Ich liebe dich heute mehr als damals, als wir heirateten.“

Jeder braucht Liebe

Es ist ein Grundbedürfnis des Menschen, zu lieben und geliebt zu werden. Aus diesem Grunde geben jedes Jahr Millionen von Menschen ihre Unabhängigkeit auf und wollen fortan gemeinsam durchs Leben gehen. Das Verlangen nach dieser Zweierbeziehung wird auch daran deutlich, daß 75 Prozent derer, die sich scheiden ließen, erneut eine Ehe eingehen.

Beinahe 50 Prozent dieser zweiten Ehen brechen ebenfalls auseinander, aber das Bestreben, nach einem Scheitern wieder eine Beziehung aufzunehmen, zeigt, daß ein instinktives Verlangen da ist, das Leben mit einer Person des anderen Geschlechts zu teilen. Daß dies persönliche und finanzielle Opfer bedeutet, kann sie nicht zurückhalten. Wir werden vom Bedürfnis getrieben, zu lieben und geliebt zu werden. Die deprimierendste Erfahrung auf Erden ist es deshalb, von der Person, die man liebt, abgelehnt und abgewiesen zu werden.

Ein Ingenieur, Vater von fünf Kindern, lief vor meinem Schreibtisch hin und her und befand sich offensichtlich in großem Schmerz darüber, daß seine Frau ihn und die Kinder verlassen hatte. Sie hatte sich mit einem Seemann davongemacht, dessen Einkommen nur eine Viertel des seinigen betrug. Ich ging das Problem an, indem ich ihn fragte: „Haben Sie Ihrer Frau gesagt, daß Sie sie lieben?“

„Vielleicht liegt hier das Problem“, antwortete er. „Sie war immer darauf aus, daß ich es ihr sagen sollte, daß ich sie liebe, aber ich bin nicht darauf eingegangen. Ich meinte, daß ich meine Liebe besser dadurch bezeugte, daß ich ihr bestimmte Dinge kaufte. Ich habe ihr, als sie es wünschte, ein Auto gekauft, einen neuen Teppich usw.“

In typisch männlicher Denkweise fügte er hinzu: „Außerdem habe ich ja mit ihr fünf Kinder gezeugt!“ Ich erfuhr, daß er in den vergangenen zehn Jahren seiner Frau nie gesagt hatte, daß er sie liebe.

Der Seemann hingegen hatte der Frau nichts zu geben als Liebe. Sie war so hungrig nach Liebe, daß sie sich entschloß, alles zu opfern, um sie zu bekommen — eine Zeitlang. Gewöhnlich bedauern solche Frauen hinterher ihre Entscheidung. Die

Affäre ist meistens von kurzer Dauer, und dann steht sie wieder ohne Liebe da, aber nun auch ohne Kinder. Ich bin überzeugt, daß sie diesem Seemann nicht anheimgefallen wäre, wenn ihr Gatte seine Liebe in einer Form übermittelt hätte, die sie wirklich ansprach.

Die meisten Männer verstehen recht wenig von Frauen und behandeln sie so, wie sie selbst behandelt werden möchten. Dieser Mann hatte nicht das Bedürfnis, daß seine Frau zu ihm „Ich liebe dich" sagte — zumindest nicht zu der Zeit, als seine Selbstbestätigung hauptsächlich auf seinem beruflichen Erfolg beruhte. Aber seine Frau bedurfte solcher Worte. Das ist bei den meisten Frauen so. Frauen brauchen Liebe, und die Männer müssen daran erinnert werden, daß sie sie in einer Form bringen, die die Frau anspricht.

Männer wollen oft die Zuneigung ihrer Frauen erkaufen: mit einem Zweitwagen, mit Schmuck usw. Sie könnten sich aber eine Menge Ausgaben sparen, wenn sie einfach sagen würden: „Schatz, ich liebe dich, und ich würde mich wieder für dich entscheiden, wenn ich noch einmal wählen dürfte!" Einer Frau gibt das Zuversicht, besonders wenn eine solche Feststellung vom rechten Verhalten begleitet wird.

Letztes Jahr veröffentlichte die Zeitung „USA TODAY" eine Meinungsumfrage über die Ehe, die sehr aufschlußreich war. Auf die Frage, ob sie, wenn sie wieder die Wahl hätten, erneut ihre Frau nehmen würden, antworteten 72 Prozent der verheirateten Männer mit ja, während 51 Prozent der Frauen mit nein antworteten.

Die Frauen, die mit ja geantwortet hatten, wurden dann gefragt: „Bietet sich Ihr Mann freiwillig zu Arbeiten im Haus, im Garten usw. an?" Dabei erwies sich, daß 82 Prozent dieser Frauen solche freiwillige Hilfe, die auch ein Zeichen der Liebe und Achtung ist, erfuhren.

Frauen wollen nicht, daß ihre Männer Haushaltssklaven werden. Sie benötigen nur Liebe, die sowohl verbal als auch physisch übermittelt wird. Meine Frau ist mir besonders wohlgesonnen, wenn ich mich freiwillig zum Abwasch begebe und anschließend das saubere Geschirr wegräume. Aus irgendeinem Grund mag sie diese Arbeit nicht. Sobald das Essen zu Ende ist, trägt sie das schmutzige Geschirr zum Spülstein, aber dann gibt es immer Verzögerung. Ich gehe dann nicht zum Abwasch, weil es mir besonders Freude macht, sondern weil dies meine Frau schätzt und beglückt — und ich möchte sie gern glücklich sehen.

Dasselbe trifft auf das Staubsaugen zu. Durch die Arthritis in ihrer Schulter fällt es Bev schwer, dies zu tun. Also tue ich es. Wenn ich die Maschine einschalte, bevor sie überhaupt fragt, könnte man meinen, ich hätte ihr gerade ein Dutzend Rosen gekauft. So super findet sie das!

Ein weiser Partner schaut nach Gelegenheiten aus, seiner Frau zu gefallen. Das ist keine Schwäche, sondern Liebe. Wie Elektrizität können wir auch Liebe nicht sehen, aber an dem, was sie bewirkt, sehen wir, daß sie da ist.

Als ich ein junger Pastor war, habe ich die Auswirkungen der Liebe an zwei aufeinanderfolgenden Besuchen besonders eindrücklich vor Augen geführt bekommen. Zuerst fuhr ich zum Minnentonka-See, wo ich ein sehr reiches Paar zu beraten hatte. Sie hatten alles: ein Boot am Strand, zwei große Autos in der Garage und eine palastähnliche Villa mit einem Teppich, der so tief war, daß ich „fast bis zu den Knien" einsank. Aber Liebe war nirgends zu finden. Eine kalte Atmosphäre durchzog das Haus. Ich konnte ihnen nicht helfen, und die Ehe endete mit Scheidung — nach einem langen und bitteren Streit um ihren Besitz.

Am nächsten Morgen fuhr ich auf einer schlammigen Straße zu der ärmsten Familie der Gemeinde. Sie hatten drei Töchter, und ihr Sohn ging gerade in den vollzeitlichen Dienst am Evangelium. Sie hatten mich gebeten, zu ihnen zu kommen und für diesen jungen Mann und ihr Haus zu beten. Sie hatten nur sechs Stühle in der Küche, weshalb sie eine Lattenkiste, in der sie das Obst aufbewahrten, umdrehten, so daß noch eine Sitzgelegenheit vorhanden war und ich mit ihnen Kaffee trinken konnte.

Als wir sprachen, beeindruckte mich die Atmosphäre der Liebe in dieser Familie. Eine Liebe und Zärtlichkeit auch bei den Eltern, die schon 24 Jahre verheiratet waren. Sie waren so arm, daß die Frau in keinen Schönheitssalon gehen konnte und zur Kirche immer das gleiche nette Kleid anhatte. Sie nähte auch die Kleider der Mädchen selber. Obwohl ihr der Mann keinen Reichtum bieten konnte, sondern nur Liebe, war dies doch genug.

Drücken Sie Ihre Liebe immer in einer Form aus, die Ihr Partner fassen kann. Sanguiniker, Phlegmatiker und Melancholiker brauchen verbalen Ausdruck der Liebe. Letzterer wird allerdings sorgfältig ihr Verhalten studieren, um herauszufinden, ob dies Ihren verbalen Äußerungen entspricht.

Choleriker geben vor, sie brauchten eine solche Rückversicherung nicht. Sie neigen dazu, das Maß der Liebe an der Leistung zu messen. Eine warme Mahlzeit, wenn er die Tür öffnet, wirkt bei ihm stärker als Liebesbemerkungen. Melancholiker sind unverbesserliche Romantiker. Sie lieben Kerzen, Parfüm, Musik und unwahrscheinlich viel Zeit. Dies alles besagt ihnen: „Ich liebe dich!“

Beste Liebe = bester Sex

Eine lebendige Ehe beinhaltet auch gegenseitige sexuelle Befriedigung. Gott hat unsere Anatomie, Gedanken, Gefühle und sogar unsere Hormone dahingehend geplant.

Für den Mann ist Sex eine kurze Erfahrung, für die Frau ein Prozeß. Wenn die Partner, besonders die Männer, dies nicht verstehen, gelangen sie nicht zu dem Liebesleben, zu dem sie eigentlich fähig sind. Nach der Bibel sucht die Liebe nicht das ihre, also nicht die eigene Befriedigung.

Alle Paare, wie sehr sie sich auch lieben, brauchen Anpassung. Zugegeben, zu besonderen Zeiten sind beide in Stimmung, die Umstände sind in Ordnung, und es kommt zu einer wunderbaren sexuellen Verschmelzung. Aber wie ist es an den Tagen, an denen der eine mag und der andere gar nicht darauf ansprechbar ist? An diesem Punkt greift 1. Korinhter 7,1-5 ein: Als verheiratete Person ist die eheliche Liebe nicht ausschließlich Ihre eigene Sache, sondern der Partner hat ein Mitspracherecht. Wenn Sie Ihren Partner so lieben, wie Christus die Gemeinde liebt, werden Sie auf die Bedürfnisse Ihres Partners Rücksicht nehmen und eher Ihre eigenen zurückstellen.

Frauen beklagen sich öfters: „Immer wenn ich in die Nähe meines Mannes komme, denkt er nur an das eine. Ich brauche aber Zeit, um in Stimmung zu kommen." Manche Temperamente benötigen mehr Zeit als andere, aber im allgemeinen benötigen Frauen einen längeren Anlauf, während Männer innerhalb kürzester Zeit bereit sind. Wenn ein Mann um diese Tatsache weiß und seine Frau liebt, wird er versuchen, seine schnell entfachbare Leidenschaft zu dämpfen und sich auf die langsam zum Lodern kommende Reaktion seiner Frau einzustellen. Viele nichtsexuelle, aber zärtliche Berührungen sollten vorangehen.

Die Frau, die am Abend romantisch und zärtlich behandelt wurde, ist gewöhnlich daran interessiert, auch den Höhepunkt des Zusammenseins zu erfahren. Mein Freund und Arzt Ed Wheat, der viel über dieses Thema geschrieben hat, nennt dies „sich gegenseitig physisch erfreuen". Bester Sex entsteht aus bester Liebe.

Die Freuden der Sexualität werden heute groß herausgestellt — meistens von Männern, die von diesem Unterschied zwischen Mann und Frau nichts wissen wollen. Sie erwecken den Eindruck, als ob Super-Sex zu Super-Liebe führe, obwohl es in Wirklichkeit gerade umgekehrt ist. Besten Sex erfährt man von dem Partner, dem man in wahrer Liebe zugetan ist. Und denken Sie daran, echte Liebe hat viele selbstlose Ausdrücke. Sie stellt sich selbst hintenan und geht freudig auf die Bedürfnisse des Partners ein.

Seien Sie kreativ!

Ein Wesenszug der Liebe ist die Achtung des anderen und die Rücksichtnahme auf ihn. Manche Gesten mögen Ihnen ganz bedeutungslos vorkommen, aber für Ihren Partner haben sie Bedeutung, insbesondere wenn er weiß, daß darin Ihr Bemühen zum Ausdruck kommt, ihm zu gefallen.

Vor einigen Jahren, als ich mich in Europa aufhielt, besuchte ich Wien. Ich war in einem Gebiet, in dem viele Hotels standen, zum Joggen unterwegs und kam an einem dunklen, unansehnlichen Gebäude vorbei, auf dem „Opernhaus" stand. Das sagte mir nicht viel, aber dann schaltete ich: Hier hatte ich eines der berühmtesten Opernhäuser Europas vor mir! Ich erfuhr, daß die letzte Aufführung von Don Giovanni anstand. Ich kaufte zwei Karten, lief zurück zum Hotel und erklärte meiner Frau: „Wirf dich in Schale, Bev. Wir gehen heute abend aus!"

Wir nahmen in einem Restaurant das Abendessen ein und spazierten dann zum Opernhaus. Ehrlich gesagt, diese herumspringenden, singenden Figuren machten keinen großen Eindruck auf mich. Aber ich beobachtete, wie es Bev gefiel und sie ganz darin aufging. Sie merkte, daß es für mich eine „Tortur" war, aber sie erkannte auch, daß es ein Opfer der Liebe darstellte. Sie hat diesen erinnerungswürdigen Moment nie vergessen, der hundertmal wirksamer war als sonst, weil der Vorschlag von meiner Seite kam (obwohl es sich bei mir nur so ergeben hatte). Finden Sie Gebiete heraus, die Ihrem Partner viel bedeuten, und gebrauchen Sie sie, um darin Ihre Liebe auszudrücken.

Einem Ingenieur aus Pasadena, der Oldtimer sammelte und reparierte, verleihe ich einen Orden für seinen kreativen Ausdruck der Liebe. Als er sich mit seinem Auto auf einer viertägigen Geschäftsreise befand, wollte seine schöne, sanguinische Frau in der Stadt einkaufen. Das einzige Fahrzeug, das zur Verfügung stand, war ein zweisitziger Thunderbird, den ihr Gatte überholt hatte. Er hatte jedes Teil auseinandergenommen, gereinigt und wieder zusammengesetzt. Mit der neuen Lackierung sah er fast besser aus als zur Zeit, als er vom Band lief. Er war sein Stolz und seine Freude.

Seine junge Frau ging in die Garage, zog die Abdeckung weg, unter der er das Auto zu halten pflegte. „Mensch", überlegte sie, „das wäre etwas, dieses Auto zu fahren." Dann dachte sie: „Charlie hat mir ja nie gesagt, daß ich den nicht fahren darf!" So schob sie das Verdeck zurück, stieg ein, betätigte den Anlasser und fuhr los. Können Sie sich diese junge Frau in dem Prachtauto vorstellen, wie sie stolz in die Stadt fuhr und ihre braunen Haare im Wind flatterten?

Alles ging gut, bis urplötzlich ein kleiner Lieferwagen auftauchte und ihres Mannes Wagen zu Schrott fuhr. Sie blieb unverletzt, aber jammerte: „Mein Mann wird mich umbringen, wenn er erfährt, daß ich sein Auto kaputtgefahren habe!" Als die Polizei um die Papiere bat, fand sie den Kraftfahrzeugschein im Handschuhfach. Er war in einer durchsichtigen Plastikumhüllung. Mit eingepackt war auch die Bedienungsanleitung und eine Aufstellung aller Ausgaben, einschließlich Benzin und Öl, sowie die km-Zahl beim Ölwechsel. Dann bemerkte sie noch einen Umschlag, auf dem ihr Name stand. Sie öffnete ihn, nahm das Blatt heraus und las folgendes:

„Liebe Beth, wenn du dieses Blatt liest, dann deshalb, weil du mit meinem Wagen einen Unfall hattest. Aber Liebste, denke daran, daß ich dich mehr liebe als alles andere! Charlie!"

Das ist Kreativität in der Liebe!

Liebe ist eine Entscheidung

Gary Smalley und John Trent aus Phoenix, Arizona, sind bekannt für ihre Familienseminare. Als ich mir an einem Abend ein christliches Fernsehprogramm ansah, bemerkte ich eine Anzeige für ihr Seminar mit dem Titel „Liebe ist eine Entscheidung". Ich war ganz beeindruckt von dem, was ich sah, und ich stimme mit ihnen überein.

Das trifft immer zu, sogar bei arrangierten Ehen, wo zwei sich beinahe ganz Fremde gegenüberstehen: Sie kommen entweder zu dem Entschluß, sich zu lieben, oder zu dem, es durchzustehen. In jedem Fall war es eine Entscheidung.

Gott fordert uns in der Bibel viele Male auf, einander zu lieben. Wenn sich zwei Christen in der Ehe nicht lieben können, befinden sie sich außerhalb des Willens Gottes. Sie werden vielleicht protestieren: „Ich kann nur gerade diese Person nicht lieben!" Sie haben recht: Liebe (oder nicht zu lieben) beruht auf einer Entscheidung. Wenn Sie jedoch versprechen: „Mit Gottes Hilfe will ich ihn (sie) lieben", öffnen Sie die Tür zu einer emotionell neuen Lebensweise. Keiner kann Sie zwingen zu lieben. Denken Sie aber daran: Gott befiehlt uns nie etwas, das wir nicht zu tun fähig sind.

Im vorhergehenden Kapitel haben wir die sieben Kleidungsstücke (Tugenden) betrachtet, die wir anziehen sollten. Das achte, das in Kolosser 3,14 steht, verdient ein ganzes Kapitel. Beachten Sie die folgenden Worte: *„Vor allem zieht die Liebe an. Das ist ein völlig zusammenhaltendes Band.“*

In diesem Kontext ist Liebe das äußere Gewand, das über allem angezogen werden muß. Wenn dieses letzte Kleid der Liebe den Rest überdeckt, ist alles in Ordnung. Wenn wir es aber ausziehen, können andere Teile unserer Kleidung darunter leiden und ausfasern.

Wie Sie Ihre Liebe lebendig halten können

Briggs und Alice Olson lieben sich schon über 50 Jahre. Sie war Organistin in der ersten Gemeinde, die wir vollzeitig übernahmen, nämlich in Minneapolis. Er war Ältester und Vorsitzender des Baukomitees. Sie waren wie Pflegeeltern zu mir und meiner Frau. Wir waren damals sehr jung, kamen gerade aus dem College zu unserer ersten Gemeinde, und sie wohnten neben uns. Das erste, was mir bei ihnen auffiel, war ihre große Liebe zueinander. Wir haben seither viele Ehepaare kennengelernt, aber keines kommt an ihre Liebe und Hingebung heran.

Im Verlauf der Jahre habe ich gemerkt, daß Paare, die sich wirklich lieben, vier Merkmale aufweisen, die ich als Schlüssel dafür ansehe, daß die Liebe lebendig bleibt:

1. Sie waren Christen, die immer wieder vom Geist erfüllt wurden

O nein, sie waren nicht vollkommen. Das ist keinem möglich. Aber es war ihr Verlangen, täglich im Geist zu wandeln. Und sie erkannten, daß die erste Frucht des Geistes Liebe ist. Man kann nicht im Geist wandeln und dabei versäumen, seinen Partner zu lieben!

2. Sie waren gütige, rücksichtsvolle Partner

Briggs und Alice, die nun beim Herrn sind, hörte ich nie ein böses Wort zueinander sagen. Sie wollten ihren Partner nicht herunterputzen, sondern auferbauen. Wer bei ihnen war, hatte das Gefühl, willkommen zu sein. Und wer sie verließ, wußte, daß sie auch allein glücklich miteinander waren.

3. Sie verweilten nicht bei negativen Dingen

Keiner von ihnen war ohne Fehler, und sie waren schnell bereit, das zuzugeben. Wenn sie über die Vergangenheit sprachen, kramten sie keine traurigen Ereignisse vor, sondern sie sahen vor allem das Gute.

4. Sie dankten Gott offen dafür, daß Er sie zusammenführte und für ihr frohes, fruchtbares Leben

Dankbare Menschen sind glückliche Menschen, und glückliche Menschen sind leichter zu lieben.

Wie man glimmende Liebe wieder neu entfacht

Für manche Paare gibt es ein böses Erwachen: Eines Tages merken sie, daß sie den anderen nicht mehr so mögen wie früher. Ja, sie haben sich satt! Ein Paar beschrieb es so: „Unsere Liebe ist gestorben!"

Über die Jahre habe ich ein einfaches Rezept entwickelt, wie man die Liebe wieder entfacht. Und es funktioniert! Wie tot auch die Liebe erscheinen mag. Denken Sie daran: Was den Menschen unmöglich erscheint, das ist bei Gott möglich! Ich bitte die Paare einfach, die bereits erwähnten vier Schritte zu tun und dann noch einen weiteren:

5. Machen Sie eine Aufstellung von zehn Dingen, die Sie an Ihrem Partner lieben

Danken Sie Gott zweimal täglich für diese zehn Dinge, und halten Sie sich nicht an den negativen Zügen des Partners auf.

Liebe wird einem dankbaren Herzen automatisch folgen. 1. Thessalonicher 5,18 können wir entnehmen, daß diese Art danksagenden Lebens Gottes Wille in Christus Jesus für uns ist.

Ein Geschäftsmann lud mich zum Mittagessen ein und verbrachte ungefähr eine halbe Stunde damit, negative Verhaltensweisen seiner Frau zu schildern. Er schloß mit den Worten: „Wir stecken in großen Schwierigkeiten: wir lieben uns nicht mehr und haben alle Gefühle füreinander verloren. Wir schlafen seit drei Monaten nicht mehr im gemeinsamen Bett. Wenn wir nicht Christen wären und einen Sohn aufzuziehen hätten, würden wir die Scheidung einreichen."

Ich fragte ihn einfach: „Wie wäre das, wenn Sie sich innerhalb von wenigen Wochen wieder ganz toll in Ihre Frau verlieben würden?" Er schaute mich skeptisch an: „Soll das möglich sein?"

„Ja, ich habe ein Mittel, das Ihnen hilft. Wenn Sie die Anweisung treu befolgen, können Sie beide glücklicher als zuvor sein."

Ich nahm ein Stück Papier und bat ihn, etwas über seine Frau zu sagen, das ihm gefalle. Er dachte ungefähr eine Viertelstunde nach und sagte dann: „Meine Frau ist gut zu meiner Mutter!" Dann bat ich um eine weitere Sache, und schließlich hatte ich eine Liste von zehn Dingen, die ihm an seiner Frau gefielen.

Ich gab ihm das Papier und forderte ihn auf, zweimal täglich Gott für diese Dinge zu danken: Am Morgen bei der stillen Zeit und abends, wenn er von der Arbeit nach Hause kam. Außerdem sollte er jedesmal, wenn er etwas kritisieren wollte, es durch einen Dank aus der Liste ersetzen.

Zehn Tage gingen vorüber. Am Sonntag besuchten die beiden den Abendgottesdienst, was ungewöhnlich war. Sie kamen hinterher zu mir. Als wir uns unterhielten, legte er den Arm um seine Frau, und sie schmiegte sich an ihn. Ich war beeindruckt. Hier sprach die Körpersprache Bände!

Als wir das Gespräch beendet hatten, verabschiedeten sie sich. Als sie vor ihm durch die Schwingtür ging, hielt er noch etwas Abstand, um mir zuzuflüstern: „Jetzt schlafen wir wieder in einem Bett!"

Einige Zeit danach rief ich ihn an und wollte wissen, wie sich die Dinge entwickelt hatten. Ich dachte, er müßte längere Zeit überlegen, aber er begann gleich über die Freuden der Ehe und den Segen einer Liebesbeziehung zu reden.

Ich muß zugeben, daß ich mich gleich etwas fleischlich verhielt: Ich wollte nämlich wissen, ob mein Papier zu diesem großen Fortschritt beigetragen hatte. Ich vermied es aber, ihn direkt danach zu fragen, sondern stellte ihm die Frage so: „Haben Sie die zehn Dinge, die ich Ihnen aufschrieb, schon im Kopf?" Seine Antwort vergesse ich nie: „Ja. Am dritten Tag konnte ich schon alles auswendig, und ich habe dann noch 15 weitere Dinge dazugeschrieben, die ich ebenfalls an meiner Frau liebe."

Dank erweckt auch beim Partner Dank, und das wiederum mehrt die Liebe. Versuchen Sie es! Sie werden angenehm überrascht sein!

„Über das alles zieht die Liebe an, welche alles in Vollkommenheit zusammenhält" (Kolosser 3,14).

Jeder will Liebe haben. Die meisten fordern sie von anderen, aber das ist nicht die richtige Art, sie zu bekommen. Die Bibel sagt: *„Gebt, und es wird euch gegeben werden"*, und: *„Mit demselben Maß, mit dem ihr meßt, wird euch wieder gemessen werden"* (Lukas 6,38).

Wir können aus diesem Vers lernen, daß wir, wenn wir Liebe haben wollen, sie geben müssen. Mit demselben Maß, mit dem wir geben, wird uns gegeben werden.

Geben Sie Liebe mit vollen Schöpflöffeln, dann dürfen Sie eine reiche Liebesernte erwarten. Das ist Gottes Gesetzmäßigkeit.

Unterziehen Sie Ihre Liebe einem Test

Die Selbstsucht macht es den meisten Menschen unmöglich, ihre Liebe objektiv zu sehen. Wir sollten die Frage „Liebe ich sie (oder ihn)?" durch ein „Liebe ich sie (oder ihn) mehr als mich selbst?" ersetzen. Nur das ist der Maßstab echter Liebe. Der folgende Test gibt Ihnen Gelegenheit, Ihre Liebe zu prüfen. Geben Sie sich eine faire Benotung bei jeder Frage (null bis zehn Punkte), und zählen Sie dann Ihre Punkte zusammen.

Der zehnteilige Liebestest

1. ______ Fühlen Sie sich mit Ihrem Partner so verbunden und gehen Ihnen seine Bedürfnisse und Wünsche so nahe, daß Sie auch Opfer bringen, um sie zu erfüllen?
2. ______ Freuen Sie sich an Ihrem Partner als Person, Kamerad und Freund?
3. ______ Haben Sie gemeinsame Ziele und Interessen, über die Sie sich austauschen?
4. ______ Achten und ehren Sie Ihren Partner trotz der erkannten Mängel und Schwächen und wenn Sie auch mit seinen Entscheidungen nicht einig gehen?
5. ______ Haben Sie sexuelle Anziehungskraft zueinander, die häufig zu gegenseitigem befriedigendem Zusammensein führt?
6. ______ Wünschen Sie sich Kinder (wenn physisch möglich), die die körperlichen und temperamentsmäßigen Merkmale beider Partner tragen und denen Sie geistliche und moralische Werte vermitteln wollen (oder haben Sie dies bereits getan, als Sie im entsprechenden Alter waren)?
7. ______ Haben Sie einen lebendigen Glauben, der einen hilfreichen geistlichen Einfluß auf andere hat?
8. ______ Fühlen Sie sich Ihrem Partner so zugetan und sind Sie vom Gedanken der Dauerhaftigkeit Ihrer Beziehung mit ihm so geprägt, daß andere Männer/Frauen nicht mehr so attraktiv für Sie sind?
9. ______ Haben Sie ein wachsendes Verlangen danach, mehr Zeit mit Ihrem Partner zu verbringen?
10. ______ Schätzen Sie die individuellen Erfolge Ihres Partners?

______ Summe der erreichten Punkte.

Wenn Sie über 90 kommen, haben Sie eine ideale Liebesbeziehung. Pflegen Sie sie weiter! Wenn Sie etwas über 80 liegen, können Sie damit beginnen, die Prinzipien, die im zweiten Teil dieses Buches erwähnt werden, zu beherzigen. Wenn Sie nur um die 70 erreichen, ist Ihre Beziehung nicht besonders gut. Sprechen Sie mit Ihrem Pastor oder einem christlichen Berater. Jeder, der um die 60 erreicht, wird ziemlich unglücklich mit seinem Partner sein. Sie stecken in Schwierigkeiten, und die Situation wird sich kaum ohne Hilfe von außen verbessern. Es ist höchste Eisenbahn, daß Sie sich Rat und Hilfe in der Gemeinde geben lassen.

Der Schlüssel zu einer guten Beziehung ist: Ziehen Sie Liebe an! Mit Gottes Hilfe wird es Ihnen gelingen!

21. Kapitel

Wie Sie die besten Freunde werden

„Einsamkeit ist das erste, was Gott als ungut einstufte ... Im Ehestand liegt ein besonderer Trost, eine wohltuende Einbettung, die andere Gemeinschaften nicht bieten können ... Wenn aber die Bedingungen (der Partnerschaft) nicht erfüllt werden, gibt es keine richtige Ehe" (John Milton, 1643).

Nach einem Familienseminar, bei dem Dr. Brandt und ich sprachen, kam ein Paar zu uns und fragte: „Welchen Rat geben Sie einem Ehepaar, dessen letztes Kind vor dem Hochschulabschluß steht und nur noch ein halbes Jahr zu leben hat?" Ohne zu zögern erwiderte Dr. Brandt: „Es ist besser für euch, wenn ihr als Eltern gute Freunde werdet!"

Das ist zweifellos das, was John Milton, der große Schriftsteller des 17. Jahrhunderts, in seiner Abhandlung „The Doctrine and Discipline of Divorce" meinte, aus der ich zu Anfang des Kapitels zitierte. Er schreibt dann noch weiter:

„Aus Gottes Sicht ist eine sich begegnende und berührende Unterhaltung das edelste Ziel der Ehe. Die eigentliche Gemeinschaft spielt sich mehr in der Seele als im Körper ab. Das größte Dilemma ist nicht körperliche, sondern geistliche Unfähigkeit ... weil wir wissen, daß es nicht der Zusammenschluß zweier Leiber ist, der die Einsamkeit beseitigt, sondern die Vereinigung der beiden Seelen."

Auch Milton sieht, wie wichtig es ist, daß die beiden Partner richtige Freunde werden.

Ehrlich gesagt, die meisten Personen, die heiraten, kennen den Partner, mit dem sie den Rest ihres Lebens verbringen wollen, nur sehr wenig. Sie meinen, ihn gut zu kennen, aber sie sind so von den Wellen des Geschlechtstriebs, der zwischen 17 und 24 am stärksten ist, mitgerissen, daß die eigentliche Freundschaft nicht tief geht. Erst wenn der Sexualtrieb (die Bibel nennt es „brennen") im Eheakt gestillt wird, beginnen sie wirklich, miteinander vertrauter zu werden.

In jeder Ehe gibt es gute Überraschungen, aber auch schlechte. Sie beginnen damit, daß man den Eigennützigkeitsquotienten des Partners erkennt, den Zorn und die Ängste, die Gewohnheiten, den Geschmack, das Verhalten aufgrund des Temperaments, um nur einige von den Dingen zu nennen, die wir bereits betrachtet haben.

Die meisten Paare werden erst einige Jahre nach der Eheschließung richtige Freunde. Sie brauchen Zeit, einander kennen-, schätzen und lieben zu lernen, und dazu steht ihnen nur eine bemessene Zeit zur Verfügung, denn da sind die Kinder, das Haus, der Beruf und andere Gebiete.

Ich habe Paare kennengelernt, die vor der Scheidung standen und meinten, sie seien die schlimmsten Feinde. Und doch lernten sie es dann, die besten Freunde zu werden. Diejenigen, die nie versucht haben, richtige Freunde zu werden, enden unweigerlich bei der Alternative: einem traurigen, einsamen Leben. Dabei sollte die Ehe die Lösung für das Problem der Einsamkeit sein.

Wir sehen also, daß die Gemeinschaft mit einem Partner nicht immer die Einsamkeit des einzelnen beseitigt. Statt dessen kann die Person in eine Beziehung geraten, der sie entrinnen möchte und nicht kann. Wenn die Partner es nicht lernen, echte Freunde zu werden, wandelt jeder in seiner Einzelexistenz. Das entspricht nicht Gottes Absicht. Er plante die Ehe, um die beste Freundschaft zu ermöglichen, die zwei Menschen auf Erden haben können.

Wenn Sie das noch nicht erreicht haben, besteht noch kein Grund zur Verzweiflung. Freundschaft kann man lernen. Ich habe dieses Kapitel in dieses Buch hineingenommen, weil ich hoffe, daß viele merken, daß sie nicht so eng miteinander verbunden sind, wie es möglich wäre, und daß in ihnen das Verlangen wächst, ihrem Partner noch näherzukommen und sein bester Freund zu werden.

Menschen verändern sich

Die Partner verändern sich im Verlauf der Ehe. Vor hundert Jahren, als die durchschnittliche Lebenserwartung bei den Männern bei 34 und bei den Frauen bei 37 Jahren lag, war das nicht so wichtig — und es mag mit ein Grund gewesen sein, warum Ehescheidung damals nicht so häufig anzutreffen war. Der einzelne lebte einfach nicht so lange, daß er stark verändert worden wäre.

Jetzt jedoch, wo die Lebenserwartung auf 73 Jahre bei den Männern und 77 Jahre bei Frauen gestiegen ist, sind viel mehr Ehejahre zu erwarten. Im Laufe der Jahre treten dann solche Veränderungen zutage, daß die Partner, wenn die Kinder ausgezogen sind, nicht selten wie Fremde im gleichen Haushalt leben.

Verschiedene Freundschaften

Die Ehe ist nicht die einzige Freundschaft, die sich im Leben ergibt. Die meisten von uns hatten schon in der Kindheit gute Freunde, mit denen sie zusammen aufwuchsen, die Schule oder die Kirche besuchten usw. Die Freundschaft blühte, weil man viele Dinge gemeinsam machte. Dies waren asexuelle Freundschaften, denen dann eine noch höherstehende Verbindung folgte: die Ehe.

Im allgemeinen verlieren im Laufe der Ehe die Freundschaften mit dem gleichen Geschlecht an Bedeutung, weil man viel Freude in der ehelichen Beziehung erlebt und auch viel Zeit in gemeinsame Interessen investiert. Die Paare können natürlich Freundschaft mit anderen Paaren oder zu individuellen Freunden auch nach der Heirat pflegen (Leute, die man schon lange kennt und mit denen man in schwierigen Zeiten Kontakt aufnahm), aber die Ehe verträgt nur einen gegengeschlechtlichen Freund: den Ehepartner!

Die Ehepartner brauchen nicht in allem einer Meinung zu sein, aber sie sollten genügend gemeinsame Interessengebiete entwickeln, die ihnen die Freude des Zusammenseins bereiten. Man sollte dem Partner nicht drohen, wenn er mit Freunden zu einer Freizeit oder einer Sportveranstaltung geht, denn Zeiten kurzer Trennung können dazu beitragen, daß man den anderen wieder mehr schätzt. Enge Freunde freuen sich, die Zeit zusammen verbringen zu können.

Die Charakteristiken eines guten Freundes

Es kommt selten vor, daß Menschen vorher Freundschaften planen. Sie ergeben sich einfach und können dann jahrelang bestehen, denn sie werden nicht, wie die Ehe, dadurch überstrapaziert, daß man sich jeden Tag viele Stunden lang hautnah ausgesetzt ist.

Selbst wenn die Ehepartner einen Zusammenhalt durch viele gemeinsame Interessen haben, können doch Meinungsverschiedenheiten und Streitigkeiten ein Maß annehmen, das sie nicht mehr bewältigen können — besonders wenn Selbstsucht, Zorn oder Furcht vorherrschen. Dann sieht man das Negative plötzlich so dominant, daß die positiven Züge gar nicht mehr gewürdigt werden.

Die meisten der folgenden Charakteristiken werden in einer soliden Freundschaft zu finden sein.

Ein guter Freund ist jemand,

1. mit dem es Ihnen Freude macht, zusammen zu sein,
2. mit dem Sie viele Interessen teilen,
3. mit dem Sie sich frei und offen unterhalten können,
4. dem Sie vertrauen können und der Sie nicht betrügt,
5. dessen Wohlergehen Ihnen am Herzen liegt,
6. dessen Fehler Sie nicht übelnehmen,
7. mit dem Sie lachen und weinen können
   und an dessen Unternehmungen Sie sich freuen können,
8. dessen Erfolg und gelungene Leistungen
   Ihnen Freude machen,

9. dessen Freundschaft Ihnen so viel bedeutet,
daß Sie bereit sind, Opfer zu bringen, um sie zu erhalten,
10. dessen längere Abwesenheit
Ihnen schmerzlich bewußt wird.

Wenn Sie für jeden der vorerwähnten Punkte bis zu zehn Punkte vergeben, können Sie schnell die Qualität der Freundschaft mit einer Person (die entweder Ihr Partner oder jemand anders ist) ermitteln. Eine lebendige, solide Freundschaft bringt es auf 80 Punkte und mehr. Wenn Sie Ihre Gefühle zu anderen mit denen zu Ihrem Ehepartner vergleichen, sollten Sie immer berücksichtigen, daß, wenn Sie diesem anderen auch ständig so nahe sein würden wie Ihrem Ehepartner, die Punktezahl wahrscheinlich drastisch fallen würde. Manche Menschen sind großartige Freunde — wenn die Beziehung nicht „überdosiert" wird.

Die wichtigsten Lebensgebiete

Es gibt acht bedeutende Lebensgebiete, die Übereinstimmung und Einheit oder Disharmonie und Konflikte schaffen. Am Anfang werden die Partner bei der Wertigkeit der einzelnen Gebiete noch nicht hundertprozentig übereinstimmen. Wie wir schon gesehen haben, verändern sich auch viele Leute mit den Jahren. Die, die mit 19 oder 22 noch wenig Reife aufwiesen, werden, wenn sie heiraten, mit 28 oder 30 richtig erwachsen und gefestigt sein. Wenn ihr Partner sich anders entwickelt, werden sie nach einiger Zeit merken, wie wenig gemeinsame Interessen verblieben. Sie haben sich entfremdet und fühlen sich einsam, obwohl sie noch mit der gleichen Person in der gleichen Wohnung zusammenleben.

Ein wichtiger Beitrag zur Beständigkeit und Langlebigkeit einer Freundschaft und der Ehe ist gemeinsames Wachstum. Bevor ich einige Ratschläge zur Förderung und Verbesserung der Partner-Freundschaft gebe, wollen wir die wichtigsten Lebensgebiete betrachten.

Es geht um Übereinstimmung

Die Bibel stellt eine wichtige Frage: „Können etwa zwei miteinander wandern, sie seien denn einig untereinander?" Die glücklichsten Beziehungen sind die, bei denen die Partner große Gemeinsamkeiten aufweisen. Studieren Sie sorgfältig die acht wichtigsten Lebensgebiete. Denken Sie daran, daß jeder den verschiedenen Gebieten sein eigenes Maß an Wichtigkeit beimißt.

Die Rangordnung verschiebt sich manchmal, denn für die Menschen, die auf einem bestimmten Gebiet in Schwierigkeiten geraten, ist gerade dieses Gebiet besonders wichtig. Guteingestellte, glückliche Paare suchen selten Hilfe, denn sie sehen die Prioritäten ähnlich. Auf jeden Fall haben alle Gebiete Bedeutung, und wir sollten sie sorgfältig bewerten.

Die wichtigsten Lebensgebiete

1. Familie

Das Gebiet unseres Lebens, das die meiste Zeit ausfüllt, ist die Familie und deshalb äußerst wichtig. Die Basis der Familie ist die gegenseitige Hingabe: zwei Menschen sind füreinander da, und ihre Gemeinschaft wird bedeutungsvoll und erfüllend für die Partner. Dann kommen die Kinder, dieser große Schatz, den zwei Menschen auf Erden haben können. Durch sie kommen zwar Lasten, Strapazen und Sorgen, aber sie bringen der Familie auch unbeschreibliche Freude, wie sie sonst auf keinem anderen Gebiet erreicht werden kann.

Wir sollten auch nicht den weiteren Familienkreis übersehen, der auch eine zusammenhaltende Wirkung auf die Beziehung zwischen den Partnern hat. Wenn ein Paar heiratet, kommt eine Verbindung zwischen zwei Familien zustande. Gute Freunde kann man in den Mitgliedern der anderen Familie gewinnen.

Meine Frau zum Beispiel ist 18 Monate jünger als ihre Schwester. Sie gingen zusammen auf ein christliches College,

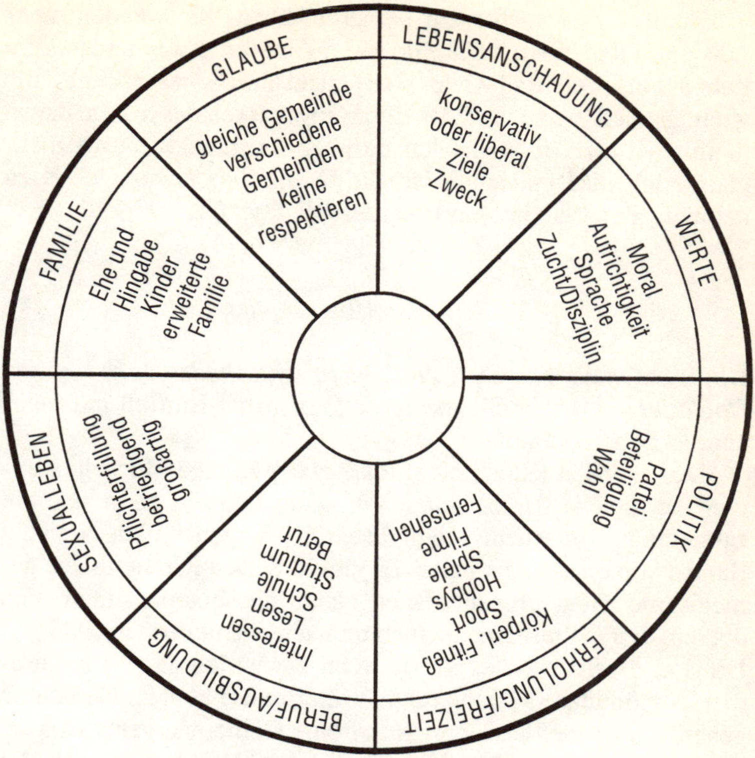

Abbildung 14: Wichtige Lebensgebiete

weil sie beide den Wunsch hatten, dem Herrn zu dienen. Weil die Schwester meiner Frau und ihr Mann in die Mission gingen und wir beide ein Pastorat übernahmen, verband uns über die Jahre hinweg eine starke Freundschaft.

Ein anderer Teil der erweiterten Familie sind die Enkel. Was für eine Freude! Und kein Windelwechseln! Einfach nur herzen und kuscheln (die meiste Zeit). Der Wasserskiurlaub der La-Hayes am Lake Powell wuchs von Jahr zu Jahr auf jetzt 19 Teilnehmer, und wir erwarten bald 25 — Menschen, die durch Blut, Heirat, Interessen und Freundschaft sich verbunden fühlen. Alles was eine dieser Personen betrifft, ist für beide Ehepartner wichtig.

Wenn Sie es noch nicht bemerkt haben: Sie wenden mehr Zeit und Geld für die Familie als für irgend etwas anderes im Leben auf. Zeit und Geld sind, menschlich gesprochen, die wichtigsten Schätze, und die Eltern investieren das meiste davon in ihre Kinder. Je mehr ich darüber nachdenke, desto mehr glaube ich, daß es richtig ist, die Familie als erstes Gebiet zu nehmen, denn sie ist von höchster Wichtigkeit.

2. Religiöse Überzeugung

Die Bibel weist uns an: „*Zieht nicht am fremden Joch mit den Ungläubigen.*" Der Glaube einer Person hat Einfluß auf jedes andere Lebensgebiet.

Das bedeutet jedoch nicht, daß zwei gläubige Menschen immer die gleiche Kirche vorziehen. Zum Beispiel kann sich ein Lutheraner von einem Methodisten angezogen fühlen oder ein Baptist von einem Pfingstler. Es gibt in diesen Kirchen viele gemeinsame Glaubensgrundlagen, aber sie unterscheiden sich doch in den Gottesdienstformen und verschiedenen lehrmäßigen Dingen. Deshalb ist es ideal, wenn zusätzlich zum gemeinsamen persönlichen Glauben die Partner in die gleiche Gemeinde gehen. Es ist viel besser, sich auf eine Gemeinde gemeinsamer Wahl zu einigen und sich dort einzuleben und dort auch die Kinder heimisch werden zu lassen.

Das soll nicht heißen, daß Paare, die verschiedenen Gemeinden angehören, nicht auch eine tiefe, dauerhafte Liebesbeziehung unterhalten könnten. Aber es wird auch unter den besten Bedingungen viel Kraft kosten. Ich fordere deshalb die Paare regelmäßig auf, schon vor der Hochzeit die Frage der Gemeindezugehörigkeit zu klären.

Das Paar kann eine Reihe verschiedener Gemeinden besuchen und sich dann auf eine einigen. Unglücklicherweise haben heute viele Familien kein Interesse am Gemeindeleben. Wenn aber Lebenswidrigkeiten auftauchen und Nöte kommen — und sie werden kommen, denn sie sind ein Teil des Lebens —, braucht die Familie starke geistliche Quellen, zu denen sie in der Gemeinde finden kann.

In manchen Familien ist es nur eine Person, die sonntags den Gottesdienst besucht. Als Pastor kenne ich viele Frauen, deren Mann sonntags Golf spielt. Wenn beide Partner aneinander festhalten und die Sonntagsaktivität nicht zum ständigen Streitobjekt werden lassen, braucht dies nicht zu einem ernsthaften Zerwürfnis zu führen. Aber selbst im besten Falle bleibt eine einsame Stelle in der Ehe, und das Syndrom des getrennten Sonntags wirkt auch nicht gut auf die Kinder: Besonders die Jungen neigen dazu, ihren Vätern zu folgen.

Manche Paare gehen einen Kompromiß ein, daß der eine soundsooft mit dem anderen zum Gottesdienst geht — besonders zu Anlässen wie Weihnachten, Ostern, Konzerte, Kinderprogramme und andere Veranstaltungen. Einer meiner Freunde sagte um der Kinder willen zu, jeden Monat zwei Gottesdienste zu besuchen. Er klagte immer: „Der Prediger will mich bekehren!" Aber weil er immer wieder kam, wurde er mit der Zeit innerlich so vom Wort ergriffen, daß er sich bekehrte. Gott veränderte sein Leben, und dadurch wurde auch die Ehe besser.

Gegenseitige Achtung ist hier der Schlüssel. Respektieren Sie, nachdem Sie Ihrem Partner Ihre eigene religiöse Überzeugung klargemacht haben, auch seine, selbst wenn Sie nicht mit Ihrer übereinstimmt. Andernfalls haben sie ständig Konflikte, was einer guten Freundschaft nicht zuträglich ist.

3. Weltanschauung

Wir dürfen auch die Bedeutung der Lebensanschauung nicht unterschätzen, denn sie beeinflußt beinahe alles, was wir tun. Ein Arbeitsversessener, der es zu viel Geld bringen will, hat eine materialistische Weltanschauung und ist damit nur auf zeitliche Werte ausgerichtet. Jemand, der die Ewigkeitswerte im Auge behält, setzt doch sein Herz auf die oberen Dinge. Paare mit solch kontroversen Anschauungen geraten unweigerlich in Konflikt.

Zwei Worte, die wir alle kennen, stehen für zwei heute vorherrschende Lebensanschauungen: liberal und konservativ. Die ganze Nation ist in diese beiden Anschauungen gespalten. Liberale setzen auf Relativismus und Humanismus. Der Staat hat für alle Bedürfnisse zu sorgen, von der Wiege bis zur Bahre. Konservative sind den traditionellen Werten verbunden und sehen mehr das freie Unternehmertum und die Eigenverantwortung vor Gott.

Zweifellos gibt es Paare, wo ein konservativer und ein liberaler Partner eine gute Ehe führen, aber ich selbst habe noch nie solch ein Paar kennengelernt.

Es ist vorauszusehen, wie schwierig sich eine Familiendiskussion gestalten würde: über fast jedes Thema würde es zu Wortgefechten kommen. Sie würden auf fast allen zur Debatte stehenden Lebensgebieten gegensätzliche Meinungen vertreten. Bei jeder Mahlzeit würde die Küche ein neues Gefechtsfeld. Wahrscheinlich würde es dabei nicht immer freundlich zugehen, und nachts, wenn sie wieder in ihrer Anschauung auseinanderdrifteten, würden sie aufgrund ihrer Uneinigkeit lieblos ins Bett gehen.

Offensichtlich ist es das beste, einen Vertreter einer ähnlichen Lebensanschauung zu heiraten. Wenn nicht, sollte man die anders liegende Meinung des Partners akzeptieren und um der Familienharmonie willen wenig darüber diskutieren. Können Sie sich zum Beispiel zwei glückliche Partner in Kriegszeiten vorstellen, bei denen der eine ein Pazifist und der andere ein Unterstützer der Regierung ist? Auf diesem Gebiet könnte das Paar keine Diskussion beginnen, ohne daß es sich in die Haare geriete.

5. *Wertvorstellungen*

Die Wertmaßstäbe einer Person bilden sich hauptsächlich durch die Erziehung, die Familiensitten, die religiöse Einstellung, die Lebensanschauung und die persönlichen Überzeugungen. Bei denen, die in der westlichen Kultur aufwuchsen, galten Werte wie Moral, Aufrichtigkeit, Tugend, harte Arbeit, Sparsamkeit usw. Die Einschätzung von recht und unrecht ergibt die moralische Position des einzelnen. Je näher eine Person der christlichen Lehre steht, desto mehr wird sie sich den christlichen Werten verbunden fühlen.

Die Werteordnung ist heute durch das Aufkommen des Relativismus durcheinandergeraten, der, wie es jemand ausdrückte, neue Barbaren schuf: Angehörige der westlichen Kultur mit hohem Ausbildungsgrad, aber liberalen Moralvorstellungen. Für sie gibt es nichts Absolutes. Richtig und falsch sind nicht klar zu bestimmen, und im moralischen Bereich gibt es nichts, was unumstößlich wäre.

Es braucht nicht viel Vorstellungskraft, um zu sehen, daß jemand, der traditionelle Werte vertritt, große Schwierigkeiten haben wird, eine liebende, enge Beziehung mit jemand zu haben, der sich nicht diesen Werten verbunden sieht, sondern sich die Möglichkeit offen hält zu lügen, zu betrügen, zu stehlen oder sein Eheversprechen zu brechen, wenn er es für angebracht sieht. Normalerweise ist die Disharmonie schon so zu sehen, daß diese Menschen gar nicht erst die Heirat in Betracht ziehen.

Wenn einer der Partner nach der Heirat Christ wird und sich seine Werteordnung ändert, muß er Gott vertrauen, daß Er ihm Gnade gibt, in Geduld mit dem ungeretteten Partner zu leben, ihn nicht zu kritisieren oder gar abschätzig auf ihn herabzublicken, sonst kann es zum Auseinanderbrechen der Ehe kommen.

5. Politik

Vielleicht haben Sie schon einmal diesen Ausspruch gehört: „Zwei Dinge sollten Sie nie anschneiden, wenn Sie Streitereien vermeiden wollen: Religion und Politik!“ Da ist etwas Wahres dran. Trotzdem: Wenn wir dieses Thema nicht behandeln, lassen wir ein wichtiges Gebiet aus. Heutzutage, wo wir Radio und Fernsehen haben, werden wir von vielen Seiten über die politische Lage informiert. Die Diskussionen um die kontroversen Punkte der Politik werden uns direkt ins Haus gebracht. Und wenn sich Paare politisch uneins sind, besteht die Gefahr, daß die Unterhaltung bald in hitzige Argumentation ausartet.

Am besten ist es daher, wenn beide Partner mit der gleichen politischen Partei sympathisieren. Die Alternative wäre, seine Meinung für sich zu behalten und dem Partner das Recht zuzugestehen, eine gegensätzliche Meinung zu vertreten.

Bei einem Paar, das ich kenne, gehören die Partner zwei sich befehdenden Parteien an. Am Wahltag hörte sich der Mann auf der Fahrt nach Hause im Autoradio die Wahlergebnisse an. Seine Partei erlitt eine Schlappe! Zu Hause, als seine Frau auf eine freudige Begrüßung wartete, ging er nur an ihr vorbei und grollte: „Ich kann mich jetzt noch nicht überwinden, eine Republikanerin zu küssen!" Glücklicherweise haben sie viele andere Gebiete, auf denen sie übereinstimmen, so daß diese politischen Divergenzen ihre Beziehung nicht zerstören.

6. Erholung, Freizeit, Unterhaltung

Jemand hat einmal gesagt: „Ein Paar, das nicht zusammen spielen kann, bleibt nicht zusammen!" In der ersten Zeit, wenn sich das Paar kennengelernt hat, haben sie viel Freude, Dinge zusammen zu tun. Sie merken nicht, daß es diese *Zeit*, die sie zusammen verbringen, ist, die sie zusammenschmiedet, und nicht die Tätigkeit selbst. Nach der Heirat, wenn sie immer zusammen sind, müssen sie eingestehen, daß sie diese Tätigkeiten nicht wirklich mögen.

Eine kluge Person will herausbekommen, was ihrem Partner Freude macht. Wir sind eine skifahrende (Wasser und Schnee) Familie, die gerne kampiert. Nicht alles bringt das gleiche Vergnügen, aber als selbstloser Partner will man mittun, was dem anderen Freude bereitet. Das ist die Motivation der Liebe. Aktivitäten, die man gemeinsam unternimmt, erweitern die Gebiete gemeinsamen Interesses. Versuchen Sie zum Beispiel, dieselben Sportinteressen zu finden. Natürlich muß alles mit Maß erfolgen, aber es ist sehr wichtig, daß Paare bzw. Familien es lernen, zusammen zu spielen.

6. Ausbildung und Beruf

Jahrhundertelang erhielten nur die Männer mehr als eine Grundausbildung. Deshalb bestand oft eine große Ungleichheit in der intellektuellen Entwicklung der Paare. Heute ist es nicht ungewöhnlich, daß beide Partner die gleiche Ausbildung haben. In 70 Prozent aller Fälle gehen Mann und Frau einem Beruf außer Hauses nach, gewöhnlich in verschiedenen Firmen und verschiedenen Berufen.

Daraus folgt, daß sich die Partner ganz bewußt bemühen müssen, mehr über den Beruf des anderen zu erfahren. Wenn sich beide für die beruflichen Fragen des anderen interessieren und sie sich darüber unterhalten können, haben sie einen großen Zeitblock gemeinsamen Interesses gefunden. Dabei sollte es ihnen trotzdem gelingen, die berufliche Welt am Arbeitsplatz zu belassen und sich zu Hause des trauten Heimes zu erfreuen.

Zeitschriften können eine nützliche Ergänzung der Ausbildung sein und das gemeinsame Interesse stimulieren. Jedes Haus, das es sich finanziell leisten kann, sollte christliche und weltliche Zeitschriften abonnieren, die die gemeinsame Lebenseinstellung festigen und fördern.

Viele christliche Familien stärken ihr geistliches und emotionales Gefüge durch christliche Radiosendungen. Andere nähren ihre Seele mit guten christlichen Kassetten und Videos. Seien Sie gewiß: Die Ausbildung, die Sie durchlaufen, entweder auf dem gewöhnlichen Bildungsweg oder durch freiwilliges Lesen und Hören, wird Ihre Lebenseinstellung prägen und Ihre Denkweise beeinflussen. Es ist wichtig, daß die Partner Interesse an der jeweiligen Ausbildung und dem Lesestoff des anderen finden.

8. Sexualleben

Obwohl ich bereits auf die Wichtigkeit eines guten Sexuallebens in der Ehe aufmerksam gemacht habe, möchte ich noch einmal auf dieses wesentliche Gebiet hinweisen, das den Partnern hilft, die besten Freunde zu werden. Je nach ihrem Verständnis dieser Erfahrung und ihrer Selbstbeherrschung können die Partner alles erleben: vom Super-Sex bis zur leidigen Pflichterfüllung.

Betrachten Sie Intimität nie als etwas Selbstverständliches. Versuchen Sie, sie frisch und lebendig zu halten und immer als Ausdruck der Liebe zu sehen. Bei vielen Paaren, die wenig gemeinsame Interessengebiete aufweisen, können diese Mängel durch ein gutes Sexualleben ausgeglichen werden. Jede Beziehung wird durch ein dynamisches Liebesleben gefördert und bereichert.

Die fehlende Komponente

Sie haben vielleicht bei Abbildung 14 bemerkt, daß im inneren Kreis eine leere weiße Stelle verblieb. Das geschah mit Absicht: Es gibt zwei Zentren, die auf alle Gebiete des Lebens einwirken. Wie Sie sehen, wird das eine *Glaube* und das andere *Unglaube* genannt.

Die zwei Kreise

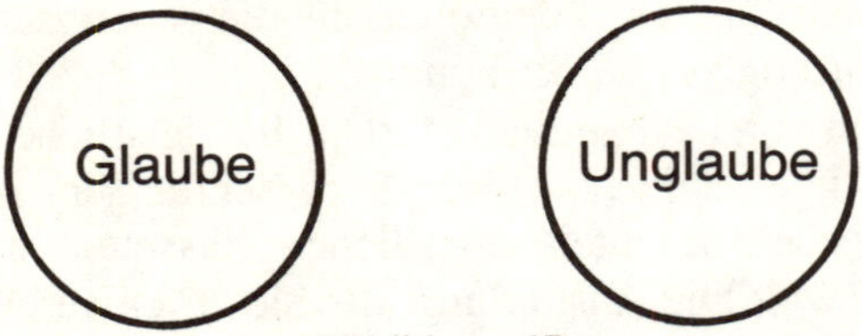

Abbildung 15

Einer dieser beiden Kreise bildet das Zentrum der Lebensinteressen jeder Person. Wenn jemand einen lebendigen, persönlichen Glauben hat, wird dies alle Lebensgebiete dahingehend beeinflussen. Einmal fragte ich einen Handelsvertreter, welche Veränderung er in seinem Leben feststellen konnte, nachdem er Christ geworden war. Er erwiderte: „Meine Wertordnung änderte sich. Vor der Bekehrung mußte ich, wenn ein Kunde anrief, mir immer den Kopf zerbrechen, was ich ihm letztesmal gesagt hatte. Nun sage ich einfach die Wahrheit. Damit weiß ich, daß ich genau auf das eingehe, was ich wirklich gesagt habe.“ Jesus verändert die Menschen, was auf den verschiedenen Lebensgebieten zum Ausdruck kommt.

Dagegen erfährt der Ungläubige kaum Veränderung — zumindest nicht in Richtung auf biblische Prinzipien. Deshalb ist es so wichtig, daß die Partner in der persönlichen Beziehung zu Jesus übereinstimmen.

Niemand kann zwei Menschen besser helfen, Freunde zu werden, als Christus. Kennen Sie Ihn? Kennt Ihr Partner Ihn? Wenn nicht, dann nehmen Sie Ihn als Erlöser an und werden Sie Sein Eigentum. Wenn Sie nicht wissen, wie Sie beten sollen, aber glauben, daß Jesus auch für Ihre Sünden gestorben ist, dann beten Sie das folgende oder ein ähnliches Gebet von ganzem Herzen: „O Gott, ich bin ein sündiger Mensch. Ich danke Dir, daß Dein Sohn am Kreuz auch für meine Sünden gestorben ist. Heute lade ich Dich, Herr Jesus, ein, in mein Leben zu kommen. Ich möchte Dir gehören. Bitte vergib mir meine Sünden und errette mich. Ich möchte von jetzt ab Dir nachfolgen!"

Durch solch ein Übergabegebet sind schon viele Menschen gerettet worden und haben eine Veränderung ihres Lebens erfahren. Jesus sagte: *„Ich bin gekommen, damit sie das Leben und es in Fülle haben!"* Er möchte auf jedes Lebensgebiet Einfluß gewinnen. Und Sie sind der einzige, der Ihm den Zugang einräumen kann.

Zusammenfassung

Ehe-Freundschaft ist kein unerreichbares Ideal. Mit Gottes Hilfe kann es verwirklicht werden — selbst angesichts großer Unterschiede in Temperament, Ausbildung usw. Hier noch, kurz gefaßt, meine restlichen Ratschläge:

1. Gehen Sie von dem Vorsatz einer lebenslangen Hingabe an den Partner aus.
2. Versuchen Sie, soweit möglich, eine gemeinsame Lebensanschauung zu erreichen bzw. zu entwickeln.
3. Versuchen Sie Interesse für die Neigungen, die Arbeit und die anderen Dinge, mit denen sich Ihr Partner beschäftigt, zu gewinnen.
4. Lernen Sie es, sich über die Erfolge Ihres Partners und über die Dinge, die ihm Vergnügen bereiten, zu freuen.
5. Spielen Sie kein Theater, sondern seien Sie ehrlich und stehen Sie zu Ihrem Partner.
6. Helfen Sie selbstlos Ihrem Partner zum Erfolg und zum Erreichen seiner Vorstellungen.

7. Versuchen Sie Dinge, die Ihren Partner bei Ihnen irritieren, aus dem Weg zu räumen.
8. Achten Sie immer die Meinung und die Entscheidungen Ihres Partners, auch wenn Sie damit nicht übereinstimmen.

Gute Freundschaften sind ein beträchtlicher Gewinn und ein Aktivposten, der große Opfer wert ist. Diejenigen, die ohne Freundschaft leben, ermangeln in ihrer Einsamkeit eine zentrale Qualität menschlicher Erfahrung.

Die eigentliche Ursache der Einsamkeit in der Ehe besteht darin, daß einer oder beide Partner zu selbstsüchtig sind, die Opfer zu bringen, die erforderlich sind, um gute Freunde zu werden.

Beste Freunde auch im Tod

Frank und Carrie heirateten vor 60 Jahren. 15 Jahre lang war ich ihr Pastor. Frank war die Art eines gottesfürchtigen Diakons, die jeder Pastor haben sollte. Es war leicht zu sehen, daß sich die beiden liebten. Mehr als das, sie waren einander die besten Freunde. Und weil Gott ihnen keine Kinder gegeben hatte, lebten sie ihre Zweierbeziehung in großer Liebe und Kameradschaft aus. Als Frank krank wurde, pflegte ihn Carrie neun Monate lang, bis er starb. Drei Tage später sackte Carrie, die nie krank war, am Frühstückstisch tot zusammen. Die Ärzte konnten keinen Grund für ihr Abscheiden erkennen — als Einsamkeit.

Als das Bestattungsunternehmen mich anrief, sagte ich: „Lassen Sie uns Franks Begräbnis um zwei Tage verschieben, dann können wir die beiden zusammen beerdigen.“ Am Sonntag fand die Beerdigung statt. Es war keine Trauerfeier, sondern ein Lobpreisgottesdienst. Wir dankten Gott, daß er die beiden errettete, daß sie Ihm ihr ganzes Leben lang treu geblieben waren und für ihre gute Beziehung zueinander. Nun erfreuen sie sich der endgültigen Gemeinschaft und Freundschaft untereinander und mit dem Herrn, wo es keine Trennung mehr gibt.

Wenn der Herr verzieht, und wir auch so lange leben, wünschen Bev und ich es auch, zusammen heimgehen zu können.

22. Kapitel

Die Geheimwaffe des christlichen Ehepaares

Eine aufgeregte Frau aus Tucson, Arizona, rief mich an: „Mein Sohn Rick und seine Frau leben in Ihrer Stadt San Diego und wollen am Donnerstag die Scheidung einreichen. Aber sie versprachen mir, zuerst zu einem Seelsorger zu gehen, wenn ich einen finden würde. Mein Pastor kennt Sie und hat Ihre Bücher gelesen. Er empfahl mir, mich mit Ihnen in Verbindung zu setzen."

Zu der Zeit drohte ich in Seelsorgeterminen fast zu ersticken. Ich brauchte keine zusätzlichen Termine von Leuten von außerhalb. Aber bevor ich absagen konnte, fügte die tiefbesorgte Mutter hinzu: „Sie haben drei Kinder!" Kein wirklicher Seelsorger wird in solch einem Fall die Möglichkeit der Versöhnung nicht nutzen.

Als das Paar am Dienstag abend ankam, erfüllten sie offensichtlich nur eine Verpflichtung der Mutter des Mannes gegenüber, bevor sie die 13jährige Ehe auflösen lassen wollten. Rick begann mit den Worten: „Pastor, entschuldigen Sie, Sie werden nur Ihre Zeit vergeuden. Es gibt nichts, was diese Ehe noch retten könnte!"

Um es noch verständlicher zu machen, fuhr er fort: „Wir waren bereits bei einem christlichen Eheberater in Los Angeles. Er führte mit uns ein paar psychologische Tests durch und fand heraus, daß wir so hoffnungslos unpassend sind, daß wir uns scheiden lassen sollten!"

Plötzlich begehrte ich innerlich auf, denn wer zu einem solchen Schluß kommt, kennt die Kraft Gottes nicht. Dann fragte mich Rick: „Was halten Sie von diesem Rat?"

Ich erwiderte: „Was *ich* darüber denke, ist nicht wirklich wichtig. (Ich wollte ihm nicht auf die Nase binden, daß es der schlechteste Rat war, den ich seit langem gehört hatte.) Was Sie aber hören sollten, ist das, was Gott darüber sagt."

Ich schlug 1. Korinther 7 auf und las die Verse 10 und 27: *„Den Verheirateten aber gebiete nicht ich, sondern der Herr, daß eine Frau sich nicht vom Mann scheiden lassen soll."* und *„Bist du an eine Frau gebunden, so suche nicht, loszuwerden."* Ich werde die Reaktion Ricks nicht vergessen. Mit einem typischen Chol-San-Hohnlächeln griff er an: „Sie meinen, Gott will, daß wir für den Rest unseres Lebens unglücklich sind?"

„Nein", erklärte ich, „Gott möchte, daß Sie den Rest Ihres Lebens glücklich sind, aber dies wird nicht gehen, wenn Sie Seine Anordnungen nicht befolgen!" Dann erklärte ich ihnen die Prinzipien, die ich auch Ihnen in diesem Buch vorgestellt habe und die sich alle auf Gottes Wort gründen. Gott will den Partnern zeigen, wie sie ein glückliches Ehepaar sein können.

„Weil Gott der Stifter der Ehe ist", fuhr ich fort, „hatte Er die Absicht, daß es die großartigste Beziehung sein sollte, die zwei Menschen auf Erden zueinander haben können. Sie beide können Ihrer Ehe keine Freude abgewinnen, weil Sie selbstsüchtig gegen verschiedene Anweisungen Gottes verstoßen."

Zum Glück für die Kinder, von denen sich heute eines auf dem Missionsfeld befindet und die anderen zwei christliche Familien gründeten, gingen ihre Eltern damals mit mir auf die Knie und übergaben ihren Willen dem Herrn. Sie gestanden ihre Sünden ein: er den selbstsüchtigen Zorn, sie die selbstsüchtige Furcht. Und heute erfreuen sie sich einer, ich möchte schon fast sagen, modellhaften Beziehung.

Erinnern Sie sich an Ihre Hochzeit? Bei uns ist es Sitte, daß die Paare auf den Knien in die Ehe eintreten. Sobald der Pastor sie als Ehemann und Ehefrau „deklariert" hat, führt er das Paar zur Gebetsbank oder den Altar — als ein Akt demütiger Hingabe. Darauf folgt das Gebet, mit dem Gottes Segen auf diese Beziehung und die neue Familie ausgesprochen wird. Aber um ehrlich zu sein: Glück in der Ehe beruht nicht nur auf dem Gebet des Pastors, sondern auf einem fortwährenden Eingehen auf den Willen Gottes.

Leider ist dieser symbolische Akt bei den meisten Paaren nur ein bedeutungsloses Ritual. Aber Paare, die regelmäßig gemeinsam beten, werden besser mit den Problemen fertig, denn sie erfahren Gottes Hilfe. Zwietracht und Zank entstehen deshalb, weil die Partner es unterlassen, zusammen zu beten, und weil sie nicht wirklich auf Gottes Willen und Führung eingehen.

Die Schrift bezeichnet den als selig, der das Wort Gottes hört und danach handelt. Der Weg zum Glück besteht nicht darin, unseren eigenen Weg zu gehen, sondern nach Gottes Willen zu handeln.

Gottes Weg ist immer der beste, auch wenn er unattraktiv aussieht. Die Menschen, die Gottes Willen vertrauensvoll ausleben, erfreuen sich einer glücklichen Ehe.

Lebenskrisen

Beinahe jeder Mensch und jede Ehe kommt einmal in eine Krise. Einer oder beide meinen, die Konflikte nicht länger ertragen zu können. Aber anstatt wütend zu werden und den anderen zu beschuldigen, müssen sie es lernen, dieses Problem, ihr Leben und ihren Willen Gott zu unterstellen.

Der Apostel Paulus ist ein klassisches Beispiel. Auf der Straße nach Damaskus betet er wie folgt: *„Herr, was willst Du, daß ich tue?“* (Apostelgeschichte 22,10). Tausende von Menschen haben an Krisenpunkten ihres Lebens ähnlich gebetet, von Augustinus über Wesley, Moody, Graham zu Ihnen und mir.

Wenn die Partner in der Krise demütig ihren Willen im Gebet Gott ausliefern, haben sie den ersten Schritt zur Beilegung der Konflikte getan.

Wie man mit Meinungsverschiedenheiten umgeht

Bev und ich sind entschlossene, willensstarke Menschen. Wenn ich behaupten würde, daß wir in allem einer Meinung sind, wäre ich ein Lügner. Wir sind in vielen Sachen unterschiedlicher Meinung, allerdings nicht in denen, die die geistlichen Richtlinien betreffen.

Wie ich schon früher bemerkte: Wenn es zwei Arten gibt, etwas zu tun, wird Bev die eine und ich die andere wählen. Und doch erfreuen wir uns einer sehr guten Beziehung. Warum? Weil die Differenzen uns nie dazu bringen, den Respekt voreinander zu verlieren. Wir gestehen sogar dem Partner das Recht zu, sich zu irren. Wir haben auch gelernt, über die Meinungsverschiedenheiten zu beten. Wenn Bev den einen Weg vorzieht und ich für den anderen bin, bringen wir diese Uneinigkeit vor Gott.

Solch eine Gebetszeit ist nicht besonders strukturiert, sondern ist einfach ein ehrliches Ausschütten des Herzens. Wir gehen auf unsere Knie und gestehen Gott, daß unsere Meinungen entgegengesetzt sind. Dann übergeben wir Ihm die Entscheidung in der Gewißheit, daß Er einen Plan und eine Bestimmung für unser Leben hat. Weil wir vertrauen, daß Sein Plan der beste ist, unterstellen wir unseren Willen Ihm und beten, wie es unser Heiland tat: „Nicht mein, sondern Dein Wille geschehe!“

Ohne Ausnahme hat Gott auf die eine oder andere Art uns wissen lassen, wo es lang ging. Entweder hat Er einen von uns dazu gebracht, seinen Sinn zu ändern und den Wunsch des anderen zu akzeptieren, oder Er hat uns die Augen für einen völlig anderen Plan geöffnet. Über solchen Gebeten kam es zum Kauf von Häusern, zu Entscheidungen über den Urlaubsaufenthalt, zur Auswahl von Vortragseinladungen, zur Übereinstimmung über die Zahl der Kinder, über die Erziehungsmaßnahmen usw.

Wenn wir zurückschauen, müssen wir sagen, daß wir diese im Zusammenhang mit dem Gebet gefällten Entscheidungen nie zu bereuen brauchten. Die, die wir bedauern — oder wo wir uns anders entschließen würden, wenn wir die Entscheidung noch einmal zu treffen hätten —, sind die, bei denen wir es versäumten, zu beten. Wir wollen die Aufforderung der Schrift wörtlich nehmen: *„Erkenne Ihn auf allen deinen Wegen, und Er wird dich recht leiten."*

Regelmäßiges gemeinsames Gebet

Nach meinen Familienseminaren, bei denen ich zu vielen Menschen spreche, erhalte ich immer wieder solche Kommentare: „Von den Anleitungen, die wir in Ihrem Seminar erhalten haben, half uns Ihre Anweisung zum gemeinsamen Gebet am meisten." Weil sich dieses Buch um die Lösung von Konflikten in der Ehe dreht, möchte ich Ihnen diesen Gedanken sehr ans Herz legen. Das Gebet vermag Ihre Beziehung zu verbessern!

Zunächst möchte ich klarstellen, daß ich hier nicht über die private Andachtszeit oder die Familienandacht spreche. Ich empfehle Ihnen auch diese beiden, aber hier spreche ich über eine Gebetsart, die einfach und doch sehr bedeutsam ist. Sie reduziert die Unterschiede in Temperament, Herkunft, Geschmack und Willen auf eine zu bewältigende Größe und verhütet verletzende Zusammenstöße.

Was ich meine, ist ein sich abwechselndes gemeinsames Gebet. Die Grundregel ist sehr einfach: Am ersten Abend beginnt der Mann, indem er ungefähr zwei Minuten lang über das, was ihm auf dem Herzen liegt, betet. Danach hält er an, ohne mit dem „In Jesu Namen. Amen" zu schließen. Während er pausiert, schließt die Frau sich an und betet für die gleichen Anliegen. Wenn sie zu Ende gebetet hat, macht sie ebenfalls eine Pause. Jetzt betet der Mann für das zweite Anliegen, worauf sich wieder die Frau anschließt. Jedesmal wird sie es aus ihrer Sicht angehen und Gott vielleicht auf eine Weise bitten, die dem Mann noch nicht in den Sinn kam.

Wir machen es uns zur Regel, bei einer Gebetszusammenkunft nie mehr als fünf Anliegen vorzubringen. Einmal beteten wir über acht Fälle, so daß die 16 Gebete beinahe eine Stunde dauerten. Wenn jedoch die Partner unter wirklich großen Lasten stehen, sollten sie schon so viel Gebet aufwenden.

Am zweiten Abend ist die Frau die erste, die ihre Anliegen

vorbringt, und der Mann folgt nach. Derjenige, der das Gebet begann, sollte auch den Abschluß machen, indem er mit „wir bitten dies alles in Jesu Namen. Amen" schließt.

Es ist unwahrscheinlich, wie solche Gebete die beiden Partner zusammenschweißen. Nicht nur ihre Liebe erfährt Bereicherung, sondern sie fühlen sich seelisch und geistlich stark verbunden. Innerhalb von wenigen Tagen wird unweigerlich einer mit dem Anliegen beginnen, das dem Partner auf dem Herzen lag. Offensichtlich haben sie nun gemeinsame Bürden des Herzens, wodurch auch das innere Verbundensein zum Ausdruck kommt.

Wir haben oft entdeckt, daß wir im Gebet Dinge vorbrachten, die wir sonst im normalen Gespräch ganz vergaßen. Manchmal wird sich der eine dem anderen zuwenden und fragen: „Was ist denn mit dem und dem geschehen?", und der andere erwidert: „Wann haben wir denn über ihn gesprochen?" In der Tat, sie hatten nicht darüber gesprochen — außer im gemeinsamen Gebet. Wir dürfen dann Zeiten der Freude und Dankbarkeit erleben, wenn Gott eine Lösung bewirkte und eine oder mehrere Bitten erhörte.

Ich kenne nichts, das die Differenzen zwischen den Partnern so verkleinert und die beiden so zusammenschmiedet wie das gemeinsame Gebet. Aber achten Sie darauf, daß Sie alles an Gott richten und nicht an Ihren Partner. Die Gebete nach oben sind wirkungsvoll, während mit horizontalen nichts erreicht wird.

Erinnern Sie sich an den Bericht über jenes Paar, das an einem Dienstagabend zu mir kam, bevor sie die Scheidung einreichen wollten? Sie waren die ersten, denen ich vor 20 Jahren diese Art gemeinsamen Gebets empfahl. Ihr Temperament ist nicht anders geworden, aber sie haben es gelernt, einander zu vergeben, zu achten, zu lieben und den Partner zu hegen und zu pflegen. Das gemeinsame Gebet war ihr Eheretter!

Probieren Sie es! Es wird Ihre Liebe stärker werden lassen, und Sie werden die besten Freunde werden — auch wenn sie total verschieden sind.

18,80